GRACILIANO RAMOS E A ADMINISTRAÇÃO PÚBLICA

COMENTÁRIOS AOS SEUS RELATÓRIOS DE GESTÃO À LUZ DO DIREITO ADMINISTRATIVO MODERNO

FÁBIO LINS DE LESSA CARVALHO

Delson Lyra da Fonseca
Prefácio

GRACILIANO RAMOS E A ADMINISTRAÇÃO PÚBLICA
COMENTÁRIOS AOS SEUS RELATÓRIOS DE GESTÃO À LUZ DO DIREITO ADMINISTRATIVO MODERNO

1ª reimpressão

Belo Horizonte

FÓRUM
CONHECIMENTO JURÍDICO

2024

© 2017 Editora Fórum Ltda.
2024 1ª reimpressão

É proibida a reprodução total ou parcial desta obra, por qualquer meio eletrônico, inclusive por processos xerográficos, sem autorização expressa do Editor.

Conselho Editorial

Adilson Abreu Dallari
Alécia Paolucci Nogueira Bicalho
Alexandre Coutinho Pagliarini
André Ramos Tavares
Carlos Ayres Britto
Carlos Mário da Silva Velloso
Cármen Lúcia Antunes Rocha
Cesar Augusto Guimarães Pereira
Clovis Beznos
Cristiana Fortini
Dinorá Adelaide Musetti Grotti
Diogo de Figueiredo Moreira Neto (*in memoriam*)
Egon Bockmann Moreira
Emerson Gabardo
Fabrício Motta
Fernando Rossi
Flávio Henrique Unes Pereira
Floriano de Azevedo Marques Neto
Gustavo Justino de Oliveira
Inês Virgínia Prado Soares
Jorge Ulisses Jacoby Fernandes
Juarez Freitas
Luciano Ferraz
Lúcio Delfino
Marcia Carla Pereira Ribeiro
Márcio Cammarosano
Marcos Ehrhardt Jr.
Maria Sylvia Zanella Di Pietro
Ney José de Freitas
Oswaldo Othon de Pontes Saraiva Filho
Paulo Modesto
Romeu Felipe Bacellar Filho
Sérgio Guerra
Walber de Moura Agra

FÓRUM
CONHECIMENTO JURÍDICO

Luís Cláudio Rodrigues Ferreira
Presidente e Editor

Coordenação editorial: Leonardo Eustáquio Siqueira Araújo

Rua Paulo Ribeiro Bastos, 211 – Jardim Atlântico – CEP 31710-430
Belo Horizonte – Minas Gerais – Tel.: (31) 99412.0131
www.editoraforum.com.br – editoraforum@editoraforum.com.br

Técnica. Empenho. Zelo. Esses foram alguns dos cuidados aplicados na edição desta obra. No entanto, podem ocorrer erros de impressão, digitação ou mesmo restar alguma dúvida conceitual. Caso se constate algo assim, solicitamos a gentileza de nos comunicar através do *e-mail* editorial@editoraforum.com.br para que possamos esclarecer, no que couber. A sua contribuição é muito importante para mantermos a excelência editorial. A Editora Fórum agradece a sua contribuição.

C331g   Carvalho, Fábio Lins de Lessa

Graciliano Ramos e a administração pública: comentários aos seus relatórios de gestão à luz do Direito Administrativo moderno / Fábio Lins de Lessa Carvalho. 1. reimpressão. Belo Horizonte: Fórum, 2017.

205 p.
ISBN: 978-85-450-0229-1

1. Direito Administrativo. 2. História do Direito. 3. Direito Municipal. I. Ramos, Graciliano. II. Título.

CDD 341.3
CDU 342.9

Informação bibliográfica deste livro, conforme a NBR 6023:2002 da Associação Brasileira de Normas Técnicas (ABNT):

CARVALHO, Fábio Lins de Lessa. *Graciliano Ramos e a administração pública*: comentários aos seus relatórios de gestão à luz do Direito Administrativo moderno. 1. reimpr. Belo Horizonte: Fórum, 2017. 205 p. ISBN 978-85-450-0229-1.

À Mabel, Reinaldo, Waninha, Léo e Manú, meus amados familiares, que representam três gerações dos *viventes das Alagoas*, estado a quem presto homenagem no ano do bicentenário de sua Emancipação Política; e ao povo brasileiro, que este ano, ao recordar os noventa anos da eleição de Graciliano Ramos para a prefeitura de Palmeira dos Índios, tem a oportunidade de refletir sobre o papel da Administração Pública, do servidor público e da sociedade.

Agradecimentos especiais aos colegas de magistério jurídico, em especial aos amigos da UFAL e do Cesmac; ao professor Fabrício Motta (UFG), por ter-me aproximado da Editora Fórum; ao mestre e amigo Delson Lyra da Fonseca, por ter prontamente atendido meu convite para prefaciar esta obra, aos colegas advogados públicos e privados; aos jornalistas, representados aqui nas pessoas de Rodrigo Cavalcante e Alexandre Lino, pelo incentivo e divulgação de meu trabalho; e aos meus alunos da graduação, especialização e mestrado, com quem tenho podido compartilhar minhas reflexões, dentre elas as sobre o homem público Graciliano Ramos.

"Há quem não comprehenda que um acto administrativo seja isento da idéia de lucro pessoal"
(Graciliano Ramos – Relatório de 1928)

SUMÁRIO

PREFÁCIO
Delson Lyra da Fonseca 13

NOTAS INICIAIS
UMA BUSCA AO PASSADO PARA ENTENDER O PRESENTE E INSPIRAR O FUTURO DA ADMINISTRAÇÃO PÚBLICA BRASILEIRA 17

CAPÍTULO 1
GRACILIANO RAMOS NA ADMINISTRAÇÃO PÚBLICA 23
1.1 Como Presidente da Junta Escolar de Palmeira dos Índios 27
1.2 Como Diretor da Imprensa Oficial do Estado de Alagoas 30
1.3 Como Diretor da Instrução Pública Estadual (Alagoas) 34
1.4 Como Inspetor Federal de Ensino Secundário 44

CAPÍTULO 2
GRACILIANO RAMOS – GESTOR MUNICIPAL E SEUS RELATÓRIOS 49
2.1 O prefeito Graciliano Ramos 51
2.2 A eleição para Prefeitura de Palmeira dos Índios 53
2.3 Combatendo velhas práticas 57
2.4 Relatórios de gestão no contexto histórico e jurídico brasileiro 61
2.5 Outros relatórios de Graciliano pouco conhecidos 64
2.6 Os famosos relatórios do Prefeito Graciliano Ramos 66

CAPÍTULO 3
COMENTÁRIOS JURÍDICO-ADMINISTRATIVOS AOS RELATÓRIOS 73
3.1 O papel dos comentários na doutrina jurídica 74
3.2 Comentários ao primeiro relatório (relativo ao ano 1928) 77
3.3 Comentários ao segundo relatório (relativo ao ano 1929) 129

REFERÊNCIAS 181

REFERÊNCIAS ELETRÔNICAS: TEXTOS, ENTREVISTAS E REPORTAGENS 185

ANEXOS
RELATÓRIO RELATIVO AO ANO DE 1928 193
RELATÓRIO RELATIVO AO ANO DE 1929 199
CRONOLOGIA DE GRACILIANO NA ADMINISTRAÇÃO PÚBLICA 205

PREFÁCIO

O convite do Professor Fábio Lins para prefaciar seu novo livro, "Graciliano Ramos e a administração pública. Comentários aos seus relatórios de gestão à luz do Direito Administrativo moderno", é uma tarefa daquelas em que a dimensão da honra se soma à imensa responsabilidade que o desafio representa.

No caso concreto, a honra e o desafio são potencializados por dois fatores óbvios. O primeiro, por se tratar de um esmerado trabalho de pesquisa e elaboração textual do notável Professor Fábio Lins, profissional do direito e catedrático de escol, notadamente nos meandros do Direito Administrativo, campo que abraçou desde cedo e nele conquistou merecidamente destaque e respeito nos contextos nacionais e além fronteira. Suas obras e seu magistério são marcados pela perfeição no conteúdo; sua vida é permeada pelo rigor ético e o compromisso com a cidadania e o interesse público.

O segundo decorre de ter o Mestre Graça como figura central do livro, particularmente quanto às suas práticas na qualidade de gestor público. Graciliano, que dispensa apresentações, é antes de tudo um ser pleno e complexo, seja nos seus modos pessoais, na sua forte personalidade, seja no seu denso e amplíssimo intelecto construído por conta própria (autodidata). Perfeccionista, fora exigente ao extremo primeiro consigo e depois com os outros; dono de um estilo único na escrita, no qual associa o máximo rigor linguístico com a simplicidade e a concisão, seus textos são absolutamente impecáveis. Conduziu-se com esmero e eficiência em tudo que foi e fez, até mesmo naquilo que não queria e até repudiava.

A amplitude de Graciliano fez dele um ente social gigantesco, um intelectual cujas ideias e produção intelectual continuam sendo um desafio inesgotável para os mais diversos campos do conhecimento. Sociólogos, antropólogos, cientistas políticos, linguistas, pedagogos, juristas ainda terão que muito fazer para desvendar esse Graciliano pleno.

Neste livro o Professor Fábio Lins assume o desafio de apresentar o Graciliano servidor público, o que nunca quis ser, e político, o que repudiava até nas cogitações e esbravejava quando amigos lhe insinuavam. Um Graciliano pouco visto, mas não menos complexo, atual e insuperável.

O texto percorre as linhas gerais no essencial do personagem e aporta rapidamente no objeto escolhido: quem foi o Graciliano servidor público e exercente de mandato eletivo? Eis o desafio.

O leitor descobrirá rapidamente a atualidade desta obra, dentre outros aspectos belíssimos. Chamo logo a atenção para sua atualidade estimulado pelos acontecimentos recentes na política e na sociedade brasileiras neste início de Século XXI, quando as práticas políticas e administrativas estão sendo questionadas; o mau uso do dinheiro público gerando consequências nunca vistas; a falta de ética na política, finalmente, produzindo consequências inéditas.

O autor nos oferece, então, passagens da atuação funcional e política de Graciliano que merecem ser conhecidas e adotadas. Não cometerei a insensatez de "resenhar" o livro prefaciado. Seria um absurdo! Mas não resisti à oportunidade de antecipar aqui o meu próprio deleite com algumas passagens desse sempre atual e empolgante Mestre Graça.

Tendo construído sólido e plural conhecimento por esforço próprio, após a EDUCAÇÃO FUNDAMENTAL que recebeu, Graciliano se transformou num ardoroso defensor da educação como direito fundamental a ser assegurado a todos. Não queria ser político. Abominava a ideia! Forçado pelas circunstâncias, viu-se eleito prefeito de Palmeira dos Índios; verdadeira proclamação, já que fora candidato único. Uma vez no cargo, deparou-se com descalabros de toda ordem e começou a "por ordem na casa". Já na primeira execução do orçamento do Município, destinou mais recursos para a Escola de Música que os que gastou com a justiça e a polícia. As condições físicas das escolas, que também no seu tempo estavam em completo abandono; a valorização dos professores; a garantia de acesso dos alunos do campo e da cidade à escola; o combate à evasão, inclusive com a oferta de merenda escolar se tornaram sua prioridade, sendo certo que cuidou de tudo que pôde. Fez escolha que não sabia serem certas, mas as executou com zelo ímpar.

Sua paixão pela educação o fez abdicar da convicção de que não voltaria a ocupar cargo público por indicação de político algum e aceitou convite para assumir o cargo de Diretor do Ensino Público, o equivalente ao atual Secretário da Educação. Depois veio a exercer cargo na administração federal, também na área da educação. Constata-se, inclusive, que, numa aparente contradição, cedeu à repulsa que nutria contra o ditador Getúlio Vargas, que ordenou sua prisão acusado de "práticas comunistas", para servir à causa da educação.

O Professor Fábio Lins nos oferta ainda uma passagem belíssima e de valor indescritível no campo das práticas retas e fiéis ao interesse público do Graciliano gestor. Diz respeito ao valor da LEI e da sua ausência nas atitudes humanas. Ao assumir a Prefeitura de Palmeira dos Índios, não existiam leis "que prestassem" e instrumentalizassem o exercício das complexas atribuições. O que fez Graciliano? É certo que contratou um advogado para o ajudar a "errar menos". Porém, o que chama a atenção é o fato de que a ausência de leis, piorada pela lentidão do Conselho Municipal (atual Câmara de Vereadores) em votar o projeto que enviara, não foi obstáculo para que adotasse boas práticas, que prestasse contas de seus atos ao povo, ao Conselho e ao governo central. Neste cenário, é que foram produzidos os famosos Relatórios, objeto deste livro.

Na síntese. Naqueles tempos não se tinha uma Constituição Federal e outra estadual e uma lei orgânica municipal que descrevessem rigorosos PRINCÍPIOS a serem seguidos pela administração pública; não havia lei prescrevendo os atos de improbidade e os punindo severamente; não havia lei regulando os deveres de motivação e de transparência e o direito de acesso à informação nos negócios públicos. Graciliano, o Gestor Público, concebeu, instituiu e praticou todos esses princípios dos quais trata o moderno Direito Administrativo – o regime jurídico do interesse público que prestigia os direitos da sociedade e bloqueia os desejos do "príncipe".

Portanto, conhecer e praticar os ensinamentos de Graciliano e do Professor Fábio Lins é exercício essencial a todos que defendemos as boas práticas na gestão pública e na Cidadania. Este belíssimo Livro é um excelente começo!

Boa leitura.

Maceió, março de 2017.

Delson Lyra da Fonseca
Advogado e professor.
Foi membro do Ministério Público Federal.

NOTAS INICIAIS

UMA BUSCA AO PASSADO PARA ENTENDER O PRESENTE E INSPIRAR O FUTURO DA ADMINISTRAÇÃO PÚBLICA BRASILEIRA

Basta uma simples observação do perfil da Administração Pública no Brasil da atualidade para se perceber seu imenso paradoxo: se de um lado se constata, com satisfação, que, no plano teórico, ela nunca esteve tão intensamente sujeita às normas do Direito, inclusive no tocante a seus aspectos materiais (como justiça, isonomia, democracia, dentre outros valores), o que estaria supostamente garantindo uma atividade administrativa mais alinhada aos ditames do Estado Democrático de Direito,[1] por outro lado, é inegável (e lamentável) que, no plano da realidade, somente em raras ocasiões se sentiu neste País tamanha sensação de descumprimento generalizado aos preceitos jurídicos pelos agentes públicos como se verifica nos dias de hoje.[2]

Para tanto, basta lembrar dos diversos escândalos que vêm a público quase que diariamente, denunciados por operações defraudadas

---

[1] Nesse sentido, "faltava ainda ao Direito Administrativo, sempre reconhecido como o Direito da Administração Pública, transformar-se no Direito da Cidadania, incorporando e se impregnando dos valores democráticos (para gerar uma sociedade mais solidária)." (CARVALHO, Fábio Lins de Lessa (Coord.). *Direito administrativo inovador*. Curitiba: Juruá, 2015).

[2] Sobre esta questão, "as críticas reiteradas ao Estado e ao modelo de Administração Pública brasileiros são, em geral, justas, e remontam a razões históricas profundas, que levaram a dominação do aparato estatal por elites sociais que, ao dirigir a atuação administrativa em favor de seus próprios interesses, promoveram a reprodução de um modelo exclusivista e ineficiente no tocante à prestação de serviços públicos à população" (MIRAGEM, Bruno. *A nova administração pública e o direito administrativo*. 2. ed. São Paulo: Revista dos Tribunais, 2013. p. 23).

por órgãos de investigação e de fiscalização que escancaram à população milhares de casos de corrupção, a face apodrecida do poder que insiste em permanecer por estas terras.[3]

Em tempos de transparência, legitimidade e eficiência, a Administração Pública no Brasil não consegue alcançar nada disso, estando a anos-luz de distância do padrão minimamente aceitável.

E pior: surgem a todo instante demonstrações de retrocesso. Após quase duas décadas de vigência da Lei de Responsabilidade Fiscal, discute-se a possibilidade de supressão de diversas de suas principais conquistas. Por outro lado, mesmo após a comprovação de que a Lei de Licitações não conseguiu impedir fraudes milionárias (ou melhor, bilionárias), reluta-se injustificadamente em alterá-la.

Outro exemplo que demonstra o estado de torpor da Administração Pública brasileira é a sua incapacidade de remunerar de forma justa e equilibrada os diferentes profissionais que a integram: os servidores da saúde e educação, as áreas mais sensíveis da Nação, são tratados com desprezo inadmissível.

Nesse sentido, se é verdade que o Direito Administrativo tem procurado avançar consideravelmente nos últimos anos,[4] amoldando-se aos valores constitucionais, respirando ares mais democráticos, afastando-se cada vez mais do formalismo e buscando conferir maior importância à motivação, ao controle da discricionariedade e aos resultados da atuação administrativa, também é fato que a Administração Pública brasileira ainda não tem conseguido acompanhar essas mudanças de paradigma.

Uma circunstância que em parte justifica o quadro acima traçado é que a Administração Pública não é uma máquina, apesar de as pessoas

---

[3] Enquanto a Transparência Internacional aponta que em 2016 o Brasil está na vergonhosa 76ª posição no *ranking* mundial de percepção de corrupção, o Fórum Econômico Mundial traz números ainda mais preocupantes: o Brasil seria o quarto país mais corrupto do planeta. (Informações obtidas na reportagem *Brasil é o 4º país mais corrupto do mundo, segundo Fórum Econômico Mundial*, publicado no dia 06 de outubro de 2016, no *site* do jornal El País. Disponível em: http://brasil.elpais.com/brasil/2016/10/03/internacional/1475517627_935822.html. Acesso em: 26 dez. 2016).

[4] Juarez Freitas ressalta que "O Estado Democrático, em sua crescente afirmação (nem sempre linear) da cidadania, tem o compromisso de facilitar e prover o acesso ao direito fundamental à boa administração pública, que pode ser assim compreendido: trata-se do direito fundamental à administração pública eficiente e eficaz, proporcional cumpridora de seus deveres, com transparência, sustentabilidade, motivação proporcional, imparcialidade e respeito à moralidade, à participação social e à plena responsabilidade por suas condutas omissivas e comissivas. A tal direito corresponde o dever de observar, nas relações administrativas, a cogência da totalidade dos princípios constitucionais e correspondentes prioridades" (FREITAS, Juarez. *Direito fundamental à boa administração pública*. 3. ed. São Paulo: Malheiros, 2014. p. 21).

fazerem referência a ela como tal (a máquina administrativa). Na verdade, o elemento humano sempre foi e será o mais relevante da gestão pública.[5]

Nesse caso, é imprescindível que não só os servidores que ocupam cargos permanentes sejam selecionados de forma adequada, mas que também aqueles que exercem funções decisórias sejam alçados a seus postos de trabalho a partir de critérios que levem em considerações valores técnicos e morais.

Facilitados pela passividade da sociedade civil, gestores públicos desonestos e incompetentes geralmente põem a perder todos os avanços do Direito Administrativo e os esforços da Administração Pública, razão que torna tão relevante o debate acerca dos processos eleitorais e do provimento dos cargos e funções de confiança.

Se facilmente se percebe que, não obstante exista um arcabouço jurídico satisfatório, este se torna ineficaz diante de elementos humanos desvirtuados (com os vícios da desonestidade e da incompetência), indaga-se: e o que poderia fazer uma Administração Pública que possui um gestor honesto e competente, mas que enfrenta condições jurídico-administrativas extremamente adversas? Também a resposta não será muito alentadora.

Apesar do risco das generalizações, os políticos brasileiros têm uma enorme dívida para com a sociedade. É evidente que há muitos gestores públicos bem-intencionados, outros que são bastante preparados, e até mesmo alguns que reúnem as duas qualidades na Administração Pública brasileira. Que tal uma análise de como atuam (ou atuaram) os que formam parte deste último e seleto grupo, a fim de que isso possa servir de exemplo para os gestores públicos brasileiros?

A história mostra que, na primeira metade do século XX, um alagoano de pouca instrução formal, mas de muita capacidade e discernimento, ocupou diversos cargos públicos e demonstrou como a coisa pública deve ser tratada com seriedade. E mais: para a sorte dos brasileiros, ele registrou (e melhor que isso, relatou) as atividades que ajudou a desenvolver.

Trata-se de Graciliano Ramos, tão estudado (e muitas vezes até venerado) no cenário acadêmico brasileiro e internacional pelos que são versados em literatura, mas tão pouco lembrado pelos que fazem parte do meio jurídico, administrativo e político. É exatamente essa lacuna que se pretende, por meio do presente estudo, preencher.

Registre-se, oportunamente, que o presente trabalho não busca realizar reflexões jurídicas a partir da análise da obra literária do Velho Graça

---

[5] Cármen Lúcia Antunes Rocha já destacava que "A Administração Pública tem o seu movimento definido pelo agente. É o ser humano que, agindo no exercício das funções que lhe são conferidas, dota de vitalidade os órgãos e as entidades que a compõem. Administração Pública sem agente é mera ideia abstrata" (ROCHA, Cármen Lúcia Antunes. *Princípios constitucionais dos servidores públicos*. São Paulo: Saraiva, 1999. Introdução XV).

(embora isso também fosse possível e interessante). Na verdade, trata-se de um estudo, sob a ótica do direito administrativo e da gestão pública, de suas atuações enquanto agente público.[6]

E mais: o que se pretende nessa investigação é resgatar as experiências vivenciadas por um brasileiro que, em sua dimensão pública, ao exercer vários cargos e funções, procurou aplicar com tenacidade princípios que hoje são amplamente reconhecidos como obrigatórios no âmbito da Administração Pública.

Assim, em um cenário atual em que se verificam "perdas de parâmetros sociais e ideológicos", trata-se a presente empreitada intelectual de uma tentativa de "retomada do passado em busca de modelos que sirvam para justificar ou inspirar ações no presente".[7]

Ademais, como já alertava o jurista Pontes de Miranda, alagoano como Graciliano Ramos, ao destacar a necessidade de um estudo mais interdisciplinar da ciência jurídica, "quem só o Direito sabe, nem Direito sabe".[8]

Nesse contexto, a presente tarefa será perseguida a partir da análise do desempenho de Graciliano Ramos em quatro cargos públicos que ocupou na Administração Pública brasileira (capítulo 1), por intermédio da pesquisa histórico-sociológica acerca de seu papel enquanto Chefe do Poder Executivo Municipal (capítulo 2) e, especialmente, por meio da interpretação jurídico-administrativa dos relatórios de gestão pública em que prestou contas, enquanto Prefeito, de suas atividades ao Governador do Estado de Alagoas (capítulo 3).

---

[6] Vale destacar, todavia, que aqui se reconhece o papel daqueles que procuram trilhar o primeiro caminho: "as pesquisas referentes à ligação entre Direito e Literatura nos remetem ao 'Law and Literature Movement', grupo de estudiosos americanos que propôs a interseção entre a 'commom law' e as obras literárias. No Brasil, grandes juristas têm pesquisado sobre a relação proposta no presente artigo, imperioso destacar Lênio Streck, grande constitucionalista defensor da fenomenologia hermenêutica; e André Karam Trindade, que, juntos, organizaram o livro 'Os modelos de juiz', uma interessante reunião de ensaios sobre Direito e Literatura. Essa instigante obra conta com memoráveis textos dos próprios organizadores, de Jacinto Nelson de Miranda Coutinho, Alexandre Morais da Rosa, dentre outros" (SCHMIDT, Vinícius Pomar. Literatura para um ensino jurídico crítico. *Revista Jus Navigandi*, Teresina, ano 21, n. 4875, 5 nov. 2016. Disponível em: https://jus.com.br/artigos/53462. Acesso em: 06 jan. 2017).

[7] SIMINI, Fábio Villani. *A trajetória de Graciliano Ramos e a multiplicidade de sentidos de "Memórias do Cárcere"*. Dissertação (Mestrado em Memória Social) – Universidade Federal do Estado do Rio de Janeiro, Rio de Janeiro, 2012. Disponível em: http://www.memoriasocial.pro.br/documentos/Disserta%C3%A7%C3%B5es/Diss299.pdf. Acesso em: 27 jan. 2017.

[8] Além de afirmar a necessidade de ampliação da visão daqueles que lidam com o Direito, o próprio Pontes de Miranda, reconhecido como um dos maiores juristas brasileiros de todos os tempos "foi sociólogo, foi filósofo, foi cientista político, foi antropólogo, foi prosador, foi poeta, foi matemático, foi lingüista e foi jurista, área em que obteve a maior notoriedade. Foi até biólogo, pesquisador que descobriu a pontesiae, uma bactéria assim nomeada em sua honra" (MELLO, Marcos Bernardes de. A genialidade de Pontes de Miranda. *Revista Getúlio*, São Paulo, p. 45, mar. 2008).

O que certamente já se pode afirmar é que as contribuições que o homem público Graciliano Ramos pode oferecer aos agentes públicos e à sociedade dos tempos de hoje, assim como ao estudo do Direito Administrativo, é algo inestimável e, ao mesmo tempo, desconhecido, já que este enfoque, conforme já destacado, não despertou até o presente momento o interesse da comunidade jurídica.

CAPÍTULO 1

GRACILIANO RAMOS NA ADMINISTRAÇÃO PÚBLICA

Consagrado pelo público e pela crítica, reputado por muitos como um dos grandes nomes da literatura mundial, Graciliano Ramos sempre teve uma constante preocupação social, o que se vê de forma acentuada em suas obras literárias ou mesmo em seu ofício de jornalista.

Mais que um pensador e emissor de opiniões, Graciliano teve uma efetiva atuação política, tendo sido membro do Partido Comunista Brasileiro (filiou-se em 1945) e Presidente da Associação Brasileira de Escritores (a partir de 1951), tendo ainda tentado, sem sucesso, um mandato na Câmara dos Deputados por Alagoas (mais uma vez sem fazer campanha).[9]

O que pouca gente sabe (ou repercute) é que Graciliano Ramos dedicou vários anos de seus sessenta anos de vida ao serviço público,[10] tendo exercido diversas funções (em geral, paralelamente à literatura e ao jornalismo), que vão desde cargos administrativos, cargos de direção, e

---

[9] Sobre este episódio, vale registrar ainda que "dezesseis anos depois de renunciar à prefeitura, já morando no Rio, filiou-se ao Partido Comunista e, por insistência dos amigos, candidatou-se à Câmara dos Deputados por Alagoas. O Estado lhe deu 62 votos. Sem pisar lá, enviou por escrito discurso eleitoral que começava assim: 'Meus raros amigos de Alagoas'" (Trecho retirado da reportagem À procura de Graciliano Ramos, de Maria Cristina Fernandes, publicada no site Valor Econômico em 15.03.2013, disponível em: http://www.valor.com.br/cultura/3045934/procura-de-graciliano#ixzz2NcEJKF5r. Acesso em: 11 jan. 2017).

[10] Para se perceber a relevância das atividades públicas na vida do escritor, ao ser solicitado para escrever um pequeno resumo sobre quem era Graciliano Ramos, ele, em um único parágrafo, fez duas referências às funções públicas que ocupou: "É inspetor de ensino" e "Quando prefeito de uma cidade do interior, soltava os presos para construírem estradas" (RAMOS, Graciliano. Auto-retrato aos 56 anos. Disponível em: http://graciliano.com.br/site/autorretrato/. Acesso em: 27 jan. 2017).

até mesmo um mandato eletivo, como Prefeito de Palmeira dos Índios-AL. Como se vê, Graciliano passou, deixando sua marca, pelas Administrações Públicas municipal, estadual e federal.[11]

Nesse contexto, em termos cronológicos, convém registrar que o autor de *Vidas Secas* iniciou sua vida pública[12] na Administração Pública Municipal, como Presidente da Junta Escolar de Palmeira dos Índios em 3 de novembro de 1926, espécie de cargo assemelhado ao atual Secretário Municipal de Educação e foi prefeito do citado município entre 7 de janeiro de 1928 e 10 de abril de 1930, quando renunciou ao cargo.

Em seguida, passa a ocupar cargos no âmbito da Administração Pública Estadual, em que exerceu a função de Diretor da Imprensa Oficial de Alagoas (instituição que hoje leva o seu nome), entre 31 de maio de 1930 e 29 de dezembro de 1931, e ocupou o cargo de Diretor da Instrução Pública Estadual (correspondente ao cargo de Secretário Estadual da Educação), entre 18 de janeiro de 1933 até a data em que foi preso (supostamente por suas convicções políticas), em 3 de março de 1936.

Após deixar o Estado de Alagoas, também integrou os quadros da Administração Pública Federal, quando exerceu o cargo de Inspetor Federal de Ensino Secundário do Rio de Janeiro, tendo sido nomeado em agosto de 1939, e permanecido no cargo até sua morte, em 26 de janeiro de 1953.[13]

---

[11] Sobre o Graciliano agente público e sua marca, já se destacou que se tratava de "Um homem incapaz de cometer ato indigno. A frase me foi dita 20 anos atrás por Philadelpho Wanderley, que testemunhou o período em que Graciliano Ramos governou Palmeira dos Índios. De fato, nos cargos públicos que exerceu (além de prefeito, foi presidente da Imprensa Oficial, diretor da Instrução Pública de Alagoas, e inspetor federal de ensino no Rio de Janeiro), Graciliano primou pelo senso ético, pela coerência de princípios e pela honestidade. Mesmo enfrentando escassez de recursos e o conservadorismo, priorizou suprir carências sociais e moralizar a administração pública, sendo feroz opositor do clientelismo político, da corrupção e da ganância das elites" (MORAES, Dênis de. *Graciliano Ramos, um gestor para os pobres*. Disponível em: http://blogs.oglobo.globo.com/prosa/post/graciliano-ramos-um-gestor-para-os-pobres-502436.html. Acesso em: 28 jan. 2017).

[12] Para ser mais preciso, como registro histórico, pode-se afirmar que o início da vida pública de Graciliano ocorreu em 1910, quando, aos dezoito anos, alistou-se na primeira turma do Tiro de Guerra 384 de Palmeira dos Índios, onde permaneceu durante oito meses. Segundo um amigo da época que também serviu junto de Graciliano, "ele cumpria rigorosamente as ordens, esforçava-se nos treinamentos e era incapaz de gracejos ou piadas de mau gosto. Certa vez, ao fazer uma palestra de duas horas para oficiais e soldados, arrancou aplausos da plateia ao enaltecer, em refinado português, o papel do Exército na formação do caráter do bom brasileiro". Também cabe registrar que entre 06 de outubro e 31 de dezembro de 1938 ele foi contratado para exercer a função temporária de assistente-técnico na secretaria-geral da Universidade do Distrito Federal (UDF), vinculada à Prefeitura do Rio de Janeiro. Nesta função, exercia "tarefas burocráticas, enfadonhas", mas as desempenhou com a necessária e sempre presente dignidade (MORAES, Dênis de. *O velho Graça*: uma bibliografia de Graciliano Ramos. São Paulo: Boitempo, 2012. p. 40 e 165).

[13] Informações obtidas no *site* oficial do escritor Graciliano Ramos. Disponível em: http://graciliano.com.br/site/vida/biografia/. Acesso em: 13 jul. 2016. Vê-se que tais informações estão de acordo com a cronologia descrita na obra MORAES, Dênis de. *O velho Graça*: uma biografia de Graciliano Ramos. São Paulo: Boitempo, 2012.

Em sua juventude, o jovem Graciliano não era muito entusiasta da ideia de exercer o comércio e acreditava que teria grandes dificuldades de encontrar um emprego público. Aos 22 anos, ao escrever a seu pai Sebastião Ramos, dizia:

> Que é que essa gente de Maceió sabe a respeito de minhas resoluções? Não quero emprego no comércio - antes ser mordido por uma cobra. Sei também que há dificuldades em se achar um emprego público. Também não importo com isso. Vou procurar alguma coisa na imprensa, que agora, com a guerra, está boa a valer, penso. Portanto... os amigos que guardem suas opiniões", Viçosa, em 21 de agosto de 1914.[14]

Apesar de suas opiniões negativas e/ou pessimistas, tanto exerceu o comércio, tendo sido proprietário de uma loja de tecidos (*A Sincera*) em Palmeira dos Índios, como foi bastante requisitado para exercer cargos públicos.

Conforme anotam alguns biógrafos, Graciliano Ramos acabou aceitando entrar para o serviço público porque seu ofício de escritor não lhe traria rendimentos necessários para sustentar uma família numerosa (o escritor teve oito filhos). Sobre esta contingência:

> Graciliano, como grandes escritores de sua época, ingressavam no serviço público para complementar a renda, já que o mercado editorial da época – e ainda hoje – estava concentrado no Sudeste e Sul do país e os direitos editoriais eram uma utopia. O próprio Graciliano Ramos descreve a situação, em trecho reproduzido do artigo "Graciliano: literatura e engajamento", do professor e jornalista Dênis de Moraes, autor do livro "O velho Graça: uma biografia de Graciliano Ramos". "Como a profissão literária ainda é uma remota possibilidade, os artistas em geral se livram da fome entrando no funcionalismo público", afirmou Graciliano.[15]

Todavia, além dessas questões de ordem prática e econômica, é inegável que Graciliano Ramos aceitou alguns desafios espinhosos no serviço público especialmente pelo amor que sempre sentiu por sua gente humilde e sofredora, tão bem retratada em seus livros, e inclusive, por

---

[14] LIMA, Mário. Jornalismo na vida e na obra de Graciliano. *Revista Graciliano*, n. 1, p. 38-39, ago. 2008.

[15] Enciclopédia Nordeste. *Verbete Graciliano Ramos*. Disponível em: http://www.onordeste.com/onordeste/enciclopediaNordeste/index.php?titulo=Graciliano+Ramos&ltr=g&id_perso=224. Acesso em: 13 jul. 2016.

sua terra natal,[16] que tanto precisava do talento e obstinação deste que foi escolhido o maior alagoano do século XX.[17]

Sobre a trajetória de Graciliano Ramos como homem público, Luciano Oliveira destaca:

> há uma faceta menos conhecida do "velho Graça", sobre a qual gostaria de clamar a atenção do leitor. Trata-se do Graciliano homem público, o qual, entre 1928 e 1936, ocupou sucessivamente os cargos de prefeito da cidade de Palmeira dos Índios, diretor da imprensa Oficial e depois da Instrução Pública do estado de Alagoas. Deste último saiu diretamente para a prisão, com uma mão na frente outra atrás, de onde emergiu onze meses depois, sem um tostão e sem trabalho. Sem opções, aceitou a nomeação pelo ministro Gustavo Capanema para o modesto cargo de inspetor de estabelecimentos de ensino secundário do Distrito Federal. Para engordar os magros vencimentos, Aurélio Buarque de Holanda conseguiu empregá-lo no jornal *Correio da Manhã* como principal revisor. Basicamente disso Graciliano Ramos viveu até o fim dos seus dias.[18]

Mas como se saiu o consagrado escritor como agente público? Teria sido ele um funcionário exemplar?[19] Ou teria o Velho Graça se acomodado

---

[16] Por causa de alguns acontecimentos, em especial, uma entrevista dada por Graciliano a Joel Silveira, na qual diz que se Alagoas (e Sergipe, onde nasceu Joel) sumisse do mapa poderia dar ao país o golfo que lhe falta, e diante do fato de que o escritor remoeria até o fim da vida a delação de seus conterrâneos que lhe renderia a prisão no Estado Novo contada em "Memórias do Cárcere", há quem ouse dizer que Graciliano não sentia orgulho de suas origens. Isso é um disparate. Para comprovar o contrário, um relato: "Em Paris, escala de uma viagem à Rússia, a convite do governo soviético, passeava às margens do Sena, quando a mulher, Heloísa, lhe perguntou onde nasceria de novo. O diálogo é reproduzido por Dênis de Moraes. – *No Brasil, em Alagoas – Mas em Alagoas, onde? Você nasceu em Quebrangulo, morou em Viçosa, Palmeira dos Índios e Maceió. – Em qualquer desses lugares, não importa, desde que seja em Alagoas. Tudo isso aqui é muito grande, muito bonito, muito desenvolvido, mas é deles. Eles levaram séculos para construir. Nós ainda estamos engatinhando, mas um dia chegaremos lá*" (FERNANDES, Maria Cristina. À procura de Graciliano Ramos. *Valor Econômico*, 15 mar. 2013. Disponível em: http://www.valor.com.br/cultura/3045934/procura-de-graciliano#ixzz2NcEJKF5r. Acesso em: 11 jan. 2017).

[17] Na virada do século XX para o XXI, o jornal Gazeta de Alagoas promoveu uma espécie de concurso para escolha do maior alagoano do século XX. Graciliano ficou em primeiro, tendo o jurista Pontes de Miranda ficado na segunda colocação. Votaram nesse concurso personalidades alagoanas de destaque na atualidade (Graciliano Ramos eleito o alagoano do século. *Gazeta de Alagoas*, 01 jan. 2000).

[18] OLIVEIRA, Luciano. *Graciliano Ramos, sem caixa dois*. Suplemento Cultural do Diário Oficial de Pernambuco, set. 2005. Disponível em: http://www.acessa.com/gramsci/?page=visualizar&id=425. Acesso em: 24 dez. 2016.

[19] Em suas obras literárias, há personagens servidores públicos, como é o caso de Luiz da Silva, de *Angústia*, publicado em 1936. No livro, em tom crítico, Graciliano o descreve da seguinte forma: "Trinta e cinco anos, funcionário público, homem de ocupações marcadas pelo regulamento" (RAMOS, Graciliano. *Angústia*. 67. ed. Rio de Janeiro: Record, 2012. p. 40).

como era (e muitas vezes ainda é) costume no serviço público? Como resposta:

> Custa crer que existiu no Brasil um homem público como o "velho Graça". Prefeito, despediu funcionários que nada faziam; diretor da Instrução Pública, contrariou políticos e praticou um ato de antinepotismo inimaginável, ao despedir a própria irmã junto com um lote de professoras inabilitadas para a função; inspetor de ensino, não faltou a um dia de trabalho, mesmo sendo amigo do ministro que o nomeara.[20]

Ao ser indagado "como se sentia como funcionário público, Graciliano mordeu a ponta do cigarro Selma e despistou: "Não escolhi ser. Mas fiz o que achei que me cabia". Fez bem mais. Dignificou a função pública".[21]

Como o prefeito Graciliano Ramos será objeto do próximo item, convém analisar neste momento seu desempenho à frente dos cargos administrativos que ocupou.

1.1 Como Presidente da Junta Escolar de Palmeira dos Índios

Certamente, o primeiro cargo que ocupou, de Presidente da Junta Escolar de Palmeira dos Índios-AL, é aquele que menos destaque conferiu ao escritor alagoano, assim como o que menos foi investigado por seus biógrafos.

Entretanto, o biógrafo Dênis de Moraes não deixou de lembrar este período:

> Ainda em 1926, Graciliano foi nomeado presidente da Junta Escolar de Palmeira dos Índios, "prebenda que tomava tempo e não dava dinheiro". O lastimável quadro de carência do ensino o deixou perplexo. "As escolas estão pessimamente instaladas. Cada aluno leva a sua cadeira, cada professora, a sua banca", acentuava em relatório encaminhado às autoridades estaduais. A Junta Escolar, bem ou mal, desviava-o dos aborrecimentos.[22]

---

[20] Trecho retirado do artigo OLIVEIRA, Luciano. *Graciliano Ramos, sem caixa dois*. Suplemento Cultural do Diário Oficial de Pernambuco, set. 2005. Disponível em: http://www.acessa.com/gramsci/?page=visualizar&id=425. Acesso em: 24 dez. 2016.

[21] MORAES, Dênis de. *Graciliano Ramos, um gestor para os pobres*. Disponível em: http://blogs.oglobo.globo.com/prosa/post/graciliano-ramos-um-gestor-para-os-pobres-502436.html. Acesso em: 28 jan. 2017.

[22] MORAES, Dênis de. *O velho Graça*: uma biografia de Graciliano Ramos. São Paulo: Boitempo, 2012. p. 58.

A nomeação de Graciliano Ramos para o referido cargo ocorreu em um período turbulento, já que os munícipes ainda estavam abalados com o assassinato do coronel Lauro de Almeida, então prefeito, em fevereiro de 1926. Nomeado para o cargo em 3 de novembro de 1926, onze meses de permanência na função foram suficientes para se destacar, tendo em vista que já passou a concorrer e vence o pleito eleitoral para prefeito, realizado no dia 07 de outubro de 1927.

Mas por que motivo teria sido Graciliano Ramos, então um jovem de 34 anos, sem qualquer curso superior[23] e sem experiência administrativa, indicado ao posto que corresponde ao de Secretário Municipal de Educação? Como resposta a essa indagação, conforme apontam seus biógrafos, a relação do Mestre Graça com a educação sempre fora marcante.

Sendo autodidata, mas possuidor de uma enorme cultura, admirado por seus conterrâneos, lecionava para atender aos pedidos dos muitos que o procuravam, tendo chegado até mesmo a instalar uma escola particular em 1910.[24]

Nesse sentido: "Se Graciliano Ramos não se devotou à tarefa de consolar os tristes, menos por comodismo do que por sua notória falta de jeito para tanto, não se omitia no cumprimento do preceito evangélico, gêmeo daquele, e que manda ensinar os ignorantes".[25]

Ainda para reforçar a profunda relação de Graciliano com a educação, já houve quem ressaltasse que:

> Mesmo antes de ser prefeito, no ano de 1921, o escritor alagoano demonstrava uma preocupação com a escolarização ao exigir do governo de Palmeira dos Índios a abertura de escolas para a população pobre. Nesse sentido, o autor, através da crônica "Garranchos [IV]", publicada no jornal O Índio, é enfático quando avalia: "É simplesmente horroroso que numa cidade como

---

[23] Sobre este fato, "Graciliano Ramos era um intelectual autodidata. Sua universidade foi a redação dos jornais e suas leituras intermináveis. No entanto, ofereceu à cultura brasileira um legado de mais de cinco milhões de exemplares publicados de seus 16 livros, que foram traduzidos em mais de 30 países e 28 idiomas (...). Esses livros são lidos, discutidos e tornaram-se temas acadêmicos, em vários países do mundo. É o reconhecimento, universal, da obra literária deste alagoano" (SURUAGY, Divaldo; WANDERLEY FILHO, Ruben. *Raízes de Alagoas*. 2. ed. Maceió: Catavento, 2014. p. 114).

[24] Na verdade, nesta escola, ao que parece, eram ofertadas aulas de formação intelectual (e não um curso regular). "Auxiliares do comércio, filhos de pais recursados, mas que entendiam necessário se preparar para adquirir lá fora níveis de conhecimentos mais amplos: elementos que, por enquanto, babatando, cavavam a vida no foro local, políticos jovens que não tencionavam abandonar a sua gleba foram ter com ele, pedindo sua cooperação e orientação. E Graça concordou de pronto. Essa "aula noturna" realmente funcionou, se bem que com intervalos, até sua partida para o Rio de Janeiro no verão de 1914". (LIMA, Valdemar de Souza. *Graciliano Ramos em Palmeira dos Índios*. Maceió: Imprensa Oficial Graciliano Ramos, 2013. p. 133).

[25] LIMA, Valdemar de Souza. *Graciliano Ramos em Palmeira dos Índios*. Maceió: Imprensa Oficial Graciliano Ramos, 2013. p. 129.

a nossa [...] não tenhamos quem nos ensine a ler, arrancando-nos a cegueira da alma. Bem longe ainda vai de nós o progresso... O governo, descurando a maior necessidade do povo, entrega a sua instrução a criaturas tão ineptas que mal poderiam frequentar o primeiro ano de um estabelecimento de ensino! Que podem elas ensinar, santo Deus, se nada sabem? Só por milagres. Milagres? Ah! Mas a poeira dos séculos apagou-lhes o vestígio! E a ignorância aumenta, e os crimes multiplicam-se!" (RAMOS, 2012, p. 61).[26]

Com grande senso crítico e sensibilidade social, percebia que os professores não estavam preparados à altura para realizar tão importante ofício, que é ensinar. Certa vez, ao escrever o conto "Professores improvisados", registrou que, assim como ele, os professores da região "ensinam antes de aprenderem. Talvez fosse mais razoável aprender para ensinar. Mas poderei eu censurá-los? Não, decerto. Todos precisamos viver".[27]

Ademais, Graciliano Ramos já era uma espécie de liderança na cidade, o que se verifica a partir de sua atuação como articulista no jornal O Índio, periódico que circulava em Palmeira dos Índios. Nestes artigos, por exemplo, o jovem Graciliano já exigia que a cidade fosse melhor arborizada e fazia críticas à empresa fornecedora de energia.[28]

Desde este primeiro cargo público, Graciliano Ramos começou a chamar a atenção por seu estilo peculiar, tanto que, no ano seguinte, já foi escolhido para disputar a prefeitura de Palmeira dos Índios. Nesse sentido: "em 03 de novembro de 1926 era nomeado por ato governamental Presidente de uma Junta Escolar onde escreveu o seu relatório, mandou imprimir em folheto, e enviou-o ao diretor da Instituição Pública. O Relatório impressionou de tal forma que acabou sendo indicado para o cargo de Prefeito Municipal de Palmeira dos Índios pelo Partido Democrata".[29] No caso, em relação à referência transcrita, a instituição pública seria a prefeitura de Palmeira dos Índios.

Ressalte-se, ainda, que Graciliano não recebia qualquer remuneração pela função em comento. Ainda assim, esmerou-se em seu exercício:

---

[26] SANTOS, Aline da Silva. *Graciliano Ramos*: literato e gestor – contribuições à educação alagoana (1920-1940). Trabalho de Conclusão de Curso (Graduação em Pedagogia) – Universidade Federal de Alagoas, Maceió, 2013. p. 38. Disponível em: http://www.cedu.ufal.br/grupopesquisa/gephecl/gracilianoramos.pdf. Acesso em: 03 fev. 2017.

[27] RAMOS, Graciliano. *Viventes das Alagoas*. Rio de Janeiro: Record, 2007, p. 149.

[28] RAMOS, Graciliano. *Garranchos*: textos inéditos de Graciliano Ramos. Organização Thiago Mia Salla Rio de Janeiro: Record, 2013. p. 74, 81.

[29] CRUZ, Vera Lúcia *et al*. Uma análise das práticas de evidenciação contábil sob a ótica de Graciliano Ramos nos anos de 1928 e 1929. *Revista de Contabilidade e Controladoria, Universidade Federal do Paraná*, Curitiba, v. 2, n. 6, p. 81-95, maio/ ago. 2010.

Em 1926, Graciliano foi eleito presidente da Junta Escolar de Palmeira dos Índios, ofício este que não lhe rendia lucros, mas que ocupava seu tempo e sua mente. Logo, percebeu as dificuldades que enfrentaria, porque as escolas estavam em mau estado e mal instaladas, ao ponto, que cada aluno tinha que levar sua própria mesa e cadeira e o professor fazia o que podia para manter a sala de aula em funcionamento. Graciliano Ramos, como sempre, enquanto ocupou o cargo, mostrou-se um presidente preocupado e engajado na melhoria da educação de Palmeira dos Índios.[30]

Vale registrar que algumas de suas características enquanto gestor seriam mantidas até a sua morte, e dentre elas, três se destacaram: honestidade, austeridade (no sentido de rigidez, seriedade) e compromisso com os menos favorecidos.

1.2 Como Diretor da Imprensa Oficial do Estado de Alagoas

Após renunciar ao cargo de Prefeito de Palmeira dos Índios, Graciliano Ramos se muda para Maceió para ocupar o cargo de Diretor da Imprensa Oficial do Estado de Alagoas.[31] Seria seu primeiro cargo na Administração estadual, no qual permaneceu entre 31 de maio de 1930 e 29 de dezembro de 1931. Sobre esse órgão da Administração Pública alagoana, registre-se que:

> Até o dia 24 de dezembro de 1911, os atos oficiais dos poderes públicos de Alagoas eram publicados em jornais de particulares ou de partidos políticos. O jornal A Tribuna, quando deixou de funcionar, foi o responsável pela última publicação deste período. Com o fim d'A Tribuna, o governador Euclides Vieira Malta adquiriu o prelo e todo o material tipográfico do jornal fechado, e criou por meio do Decreto nº 537, de 15 de janeiro de 1912, o Diário Oficial. O primeiro número circulou dois dias depois, 17 de janeiro. O jornal era produzido na Rua do Comércio, nº 174, na antiga numeração.

---

[30] FARIA, Patrícia Aparecida Gonçalves de. *Crônicas de Graciliano Ramos em Cultura Política (1941-1944)*: estudo crítico. Dissertação (Mestrado em Letras) – Faculdade de Ciências e Letras, Universidade Estadual Paulista, Assis, 2014. p. 58. Disponível em: http://repositorio.unesp.br/bitstream/handle/11449/113813/000804599.pdf?sequence=1. Acesso em: 04 fev. 2014.

[31] Sobre esse período da vida do Mestre Graça, registre-se que "Quando renunciou ao mandato de prefeito, Graciliano e toda a sua família foram morar em Maceió, em 29 de maio de 1930. Além de ocupar o cargo de Diretor da Imprensa Oficial do Estado de Alagoas, o escritor passa a colaborar com vários jornais, assinando alguns artigos com o pseudônimo Lúcio Guedes. Em dezembro de 1931, Graciliano Ramos se demite do cargo de Diretor e retorna a Palmeira dos Índios nos primeiros dias de 1932. Com aprovação do vigário Padre Francisco Xavier de Macedo, ele abre na sacristia uma pequena escola e, nas horas vagas, escreve os dezenove primeiros capítulos do seu segundo romance São Bernardo" (ACADEMIA PALMEIRENSE DE LETRAS, CIÊNCIAS E ARTES – APALCA. *Paraninfo perpétuo*. Disponível em: http://apalca.com.br/paraninfo/. Acesso em: 27 jan. 2017.

Em março do mesmo ano, as instalações vão para a Rua Boa Vista. Somente no ano seguinte é que foi criada a repartição pública responsável pela imprensa oficial de Alagoas. A iniciativa foi do coronel Clodoaldo da Fonseca, então governador do Estado, que publicou o Decreto nº 636, de 30 de janeiro de 1913. O ato governamental estabelecia que todos os servidores públicos da ativa eram obrigados a ter a assinatura do Diário Oficial.[32]

Vale registrar que se a Imprensa Oficial de Alagoas era o órgão público que possuía como missão institucional tornar transparentes as atividades da Administração Pública Estadual, ninguém melhor que Graciliano Ramos, que tanto tinha demonstrado prestigiar o princípio da publicidade administrativa, para dirigi-la.

Sobre o convite do Governador (que era natural de Palmeira dos Índios) a Graciliano Ramos, destaque-se que:

> O então governador Álvaro Paes, impressionado com os dois relatórios de prestação de contas de sua administração (1929 e 1930), como prefeito de Palmeira dos Índios, convida Graciliano Ramos para dirigir a Imprensa Oficial do Estado. Os relatórios, escritos de forma impecável e em linguagem literária, depois ficaram famosos e integram o corpo do livro Viventes das Alagoas. O intelectual fica empolgado com o convite e renuncia ao cargo de prefeito e muda-se com a família para Maceió.[33]

Parece evidente que o Governador de Alagoas era sabedor que Graciliano Ramos, sendo detentor de uma personalidade forte e caráter inflexível, não aceitaria gerir qualquer órgão público se não pudesse agir com total independência e combater as práticas patrimonialistas que tanto procurou expurgar da Prefeitura de Palmeira dos Índios.

Nesse sentido, "convidado em 1930 para assumir a direção da Imprensa Oficial (que hoje leva o seu nome), Graciliano Ramos recebeu carta branca do governador Álvaro Paes para sanear o órgão. Não se fez de rogado e logo começou a cortar gastos, apurar irregularidades e enxugar o quadro de pessoal".[34]

---

[32] TICIANELI, Edberto. *História da Imprensa Oficial em Alagoas*. 25 fev. 2016. Disponível em: http://www.historiadealagoas.com.br/historia-da-imprensa-oficial-em-alagoas.html. Acesso em: 27 jan. 2017.

[33] LIMA, Mário. Jornalismo na vida e na obra de Graciliano. *Revista Graciliano*, n. 1, p. 38-39, ago. 2008.

[34] TNH1. *5 curiosidades do prefeito Graciliano Ramos que vão fazer você pensar neste ano de eleições*. Disponível em: http://agendaa.com.br/vida/gente/5235/2016/03/30/5-curiosidades-do-prefeito-graciliano-ramos-que-vo-fazer-voce-pensar-neste-ano-de-eleices. Acesso em: 27 jan. 2017.

É digno de nota apontar que no período em que Graciliano Ramos dirige a Imprensa Oficial alagoana[35] trabalhava no referido órgão, como revisor de textos, o então jovem Aurélio Buarque de Holanda, que posteriormente seria o autor do mais aclamado dicionário da língua portuguesa. Não obstante, apesar da excelente companhia de seu conterrâneo, as condições de trabalho oferecidas no referido órgão público não eram das mais fáceis:

> O orçamento do órgão é raquítico, mas mesmo diante das dificuldades faz uma boa administração. Adota uma gestão rigorosa quanto à presença dos servidores; é perfeccionista na revisão do Diário Oficial. A Imprensa Oficial onde Graciliano Ramos atuou tinha sede na rua Boa Vista,[36] centro de Maceió, em um belo casarão de dois andares construído pelo governador Clodoaldo da Fonseca, em 1912. Um fato curioso do surgimento da Imprensa no Estado, registrado pela Associação Brasileira de Imprensas Oficiais, é que o decreto que cria a instituição tornava obrigatória a assinatura do Diário Oficial para todos os servidores públicos na ativa.[37]

Um de seus biógrafos aponta, sobre a gestão de Graciliano na Imprensa Oficial, que "dispondo, embora, de poucos auxiliares, com a sua vontade ordenadora aumentara a produtividade técnica do órgão, restaurando-lhe as finanças seriamente abaladas".[38]

Evidentemente, as mudanças vieram à custa de muito trabalho. Neste contexto, em carta dirigida a Graciliano, Rômulo de Castro, secretário do editor Augusto Frederico Schmidt, manifesta sua surpresa com o horário de trabalho do Velho Graça: "O Luiz me disse que você fica na Imprensa das 9 horas da manhã às 2 da madrugada! Fazendo o que, Graciliano?"[39]

---

[35] Fundada em 15 de janeiro de 1912, passou a ser chamada Imprensa Oficial Graciliano Ramos no ano 2000, em homenagem ao escritor alagoano que a dirigiu.

[36] Infelizmente, em 13 de novembro de 2015, um incêndio destruiu o prédio onde funcionou a primeira sede da Imprensa Oficial de Alagoas. Esse prédio, onde vinha funcionando a loja Gaivota Aviamentos, havia sido permutado pelo Governo do Estado em 1998 pelo prédio situado na Avenida Comendador Leão, para abrigar a Defensoria Pública do Estado de Alagoas, e que, durante alguns anos, serviu como sede da Procuradoria-Geral do Estado de Alagoas. (PORTAL NH1. *Imprensa Oficial Graciliano Ramos tem memória destruída*, 21 mar. 2016. Disponível em: http://www.portalnh1.com.br/imprensa-oficial-graciliano-ramos-tem-memoria-destruida/. Acesso em: 27 jan. 2017.

[37] LIMA, Mário. Jornalismo na vida e na obra de Graciliano. *Revista Graciliano*, n. 1, p. 38-39, ago. 2008.

[38] LIMA, Valdemar de Souza. *Graciliano Ramos em Palmeira dos Índios*. Maceió: Imprensa Oficial Graciliano Ramos, 2013. p. 138.

[39] COELHO, Fernando. *1912-2012. Centenário da Imprensa Oficial*. Maceió: Imprensa Oficial Graciliano Ramos, 2012. p. 157.

Por sua vez, Dênis de Moraes entra em detalhes acerca das medidas administrativas adotadas por Graciliano e que valem a pena ser aqui divulgadas:

> O governador Álvaro Paes deu carta branca ao diretor para sanear a Imprensa Oficial. Graciliano teria que cortar gastos, apurar irregularidades e enxugar o quadro de pessoal. Uma de suas primeiras medidas foi convocar ao trabalho funcionários fantasmas – os que só apareciam para assinar o ponto. Revisores e gráficos se assustaram com o rigor do novo diretor, que exigia provas tipográficas sem erros, oficinas limpas e absoluto cumprimento do horário.[40]

Perfeccionista como as questões da linguagem e com o cumprimento das regras da língua portuguesa, Graciliano não se fazia de rogado, pois era um Diretor que arregaçava as mangas e "inspecionava minuciosamente o trabalho dos revisores do Diário Oficial".[41]

Outro episódio que registra a passagem de Graciliano Ramos pela Imprensa Oficial diz respeito à elaboração, menos de um mês após a posse do novo Diretor, de um novo regimento interno para melhor detalhar o funcionamento do órgão público em questão.

Sobre este fato: "Não é de estranhar, no entanto, que tenha sido justamente na gestão de Graciliano que o órgão oficial ganhou um novo e completo regimento. Os termos ocuparam as cinco primeiras páginas da edição de 27 de junho de 1930 do Diário Oficial. No texto, estabeleceram-se desde os objetivos essenciais da instituição até a reorganização do quadro funcional".[42]

Registre-se ainda algo absolutamente inusitado, mas que demonstra sua preocupação com a eficiência administrativa: no regimento em questão, chegou ao ponto de estabelecer multa para os revisores que comctessem ou deixassem passar erros gramaticais.[43]

Até mesmo quando deixou o cargo em comento, Graciliano Ramos demonstrou seu inestimável valor, seja como pessoa, seja como gestor público. No caso, ele foi exonerado a pedido porque não concordou com

---

[40] MORAES, Dênis de. *O velho Graça*: uma biografia de Graciliano Ramos. São Paulo: Boitempo Editorial, 2012. p. 76.

[41] COELHO, *op, cit.*, p. 158.

[42] COELHO, *op, cit.*, p. 158

[43] Neste contexto, o art. 15, parágrafo quarto, do regimento da Imprensa Oficial passou a estabelecer que: "os revisores que por omissão ou adição, deslocação ou troca de palavras ou letras ou falta de pontuação deixarem períodos ininteligíveis ou truncarem o pensamento do autor do escripto, ou deixarem erros de grammatica, embora existam nos originais, ficam sujeitos a multa de um a cinco dias de trabalho, imposta pelo Diretor" (COELHO, *op., cit.*, p. 160).

a ordem que determinava a redução do salário de funcionário que já era tão mal remunerado.

Sobre este episódio: "A revolução não dispensou os serviços de Graciliano. Continuou por algum tempo no mesmo posto. Só deixa quando o interventor, a pretexto de economia, exige dele que reduza os vencimentos de funcionário sob suas ordens. Como fazer isto se o homem ganhava uma miséria? Se este é o preço de sua permanência no cargo prefere abrir mão dele"[44]

1.3 Como Diretor da Instrução Pública Estadual (Alagoas)

Secretário Estadual da Educação, ou, para ser mais preciso, Diretor da Instrução Pública Estadual: esse foi um dos cargos mais espinhosos[45] que Graciliano Ramos ocupou, assim como provavelmente aquele que mais desafios lhe impôs.[46] Curiosa e coincidentemente, na época, o local em que o Diretor da Instrução Pública Estadual despachava era no então Palácio do Governo, que embora se chamasse oficialmente Palácio Floriano Peixoto, era mais conhecido como Palácio dos Martírios (por estar localizado em frente à Igreja Bom Jesus dos Martírios).

Ao afirmar que o cargo em questão era espinhoso, registrem-se dois aspectos: primeiramente, que nos dois anos anteriores, oito pessoas o haviam exercido; em segundo lugar, o quadro da educação pública alagoana era lastimável. O próprio Graciliano chegou a registrar que as imensas dificuldades pelas quais a instrução pública passava se devia a "incapacidades abundantes" que geravam de forma deliberada um "emburramento necessário". Chega a indagar: "Sem ele, como se poderiam aguentar políticos safados e generais analfabetos?"[47]

---

[44] COELHO, op., cit., p. 161.

[45] Nesse sentido, "nos dois anos anteriores, oito pessoas haviam passado pelo cargo. Graciliano também se espantava de ter aguentado ali mais de três anos, contra a iniquidade, o pistolão, a impotência em meio à rotina", (LEBENSZTAYN, Ieda. *Graciliano Ramos e a novidade*: o astrônomo do inferno e os meninos impossíveis. São Paulo: ECidade, 2010. p. 116.

[46] Sobre esta constatação, "Na imprensa alagoana, nos anos de 1933, o analfabetismo era visto como um grande mal que afligia a humanidade. A proporção de analfabetos era de 80% da população do Estado, contra 75% da média nacional. Resolver esse problema era fundamental para o progresso da nação, pois o analfabetismo era concebido como uma causa de todos os males sociais (...). A educação escolar, nesta perspectiva, era concebida a partir de um discurso iluminista que a revestia de um caráter redentor social. Desse modo, a crença no poder da escola era acentuada por toda a sociedade" (SANTOS, Aline da Silva. *Graciliano Ramos*: literato e gestor – contribuições à educação alagoana (1920-1940). Trabalho de Conclusão de Curso (Graduação em Pedagogia) – Universidade Federal de Alagoas, Maceió, 2013. Disponível em: http://www.cedu.ufal.br/grupopesquisa/gephecl/gracilianoramos.pdf. Acesso em: 03 fev. 2017).

[47] MORAES, Dênis de. *O velho Graça*: uma biografia de Graciliano Ramos. São Paulo: Boitempo, 2012. p. 112.

Nesse contexto, a situação da educação no Estado de Alagoas de outrora se caracterizava pela inexpressiva atuação estatal diante de um quadro de miserabilidade:

> a escolarização do povo alagoano em todo o século XIX e nas quatro primeiras décadas do século XX foi, predominantemente, de natureza privada. Prédios escolares feitos especialmente para tal fim são praticamente realizações dos anos de 1930 para frente. Antes, o que existiu foi para confirmar a regra. Um texto célebre de Graciliano Ramos no início dos anos de 1930, por exemplo, quando ele foi diretor da Instrução Pública, mostra a indigência da chamada Escola Primária das nossas crianças naquele tempo... Tirando-se o Liceu Alagoano, o Instituto de Educação e uma tentativa em Penedo, que depois feneceu, a educação escolar pública do Império e da República dos Coronéis era uma atividade exercida em casas particulares, com professores, na sua maioria, carentes de saber e de condições pessoais e materiais para superar o isolamento e a penúria em que as elites mergulhavam o povo – este até uma certa altura de nossa história composto por escravos, seus descendentes lançados à penúria pelas políticas "abolicionistas" ou trabalhadores rurais ligados às casas grandes como se fossem servos da gleba de um mundo quase medieval, deixado para trás pela maioria dos povos europeus há pelo menos três séculos...[48]

Após deixar a direção da Imprensa Oficial, regressou a Palmeira dos Índios, de onde saiu, cerca de um ano depois, para retornar à capital, onde iria assumir a direção da Instrução Pública, atendendo ao convite do interventor do Estado de Alagoas, capitão Afonso de Carvalho (nomeado pelo Presidente Getúlio Vargas).

A escolha de Graciliano Ramos para tal cargo de tamanha relevância certamente se devia, dentre outros, a dois fatores principais: inicialmente, à projeção que já possuía em Alagoas, onde, além dos cargos que já havia ocupado, exercia uma liderança entre os intelectuais da terra;[49] e a afinidade do Mestre Graça com as questões relacionadas à educação, o que se

---

[48] Trecho retirado da entrevista Élcio Verçosa: "Alagoas é uma terra de vencidos e humilhados", publicada em 08.04.2015, em que o repórter Odilon Rios entrevista o professor Élcio Verçosa, jornal Extra. Disponível em: http://novoextra.com.br/outras-edicoes/2015/815/16749/lcio-vercosa--alagoas-e-uma-terra-de-vencidos-e-humilhados. Acesso em: 03 fev. 2017.

[49] Neste contexto, Graciliano pertenceu a um grupo de intelectuais que residiu na capital alagoana na década de 1930, circunstância que fez de Maceió, então com cerca de 100 mil habitantes, uma das capitais literárias do país. Além do Velho Graça (apelido que recebeu nesta época porque, embora ainda com menos de quarenta anos, já era um dos mais velhos do grupo que passou a ser chamado *Roda de Maceió*), viviam na cidade neste período nomes como Jorge de Lima, Aurélio Buarque de Holanda, Raquel de Queiroz, José Lins do Rêgo, Alberto Passos Guimarães, Diegues Júnior, Carlos Moliterno, José Auto, Raul Lima, Valdemar Cavalcanti, Santa Rosa, Théo Brandão, Aluísio Branco, dentre outros. Até mesmo Manuel Bandeira e Jorge Amado viajaram a Maceió para conhecer o grupo em questão. Sobre essa fase, sugere-se a

intensificou quando foi Presidente da Junta Escolar e Prefeito de Palmeira dos Índios.[50]

Permaneceu no cargo entre 18 de janeiro de 1933 a 3 de março de 1936. Dessa vez, não renunciou, nem pediu demissão: deixou o cargo porque fora preso[51] e levado ao Rio de Janeiro por supostas ligações com o movimento comunista.

Na Pasta encarregada pela educação em Alagoas, Graciliano, em apenas três anos (1933-1936), "promoveu profundas mudanças: tornou transparentes as licitações; distribuiu uniformes e materiais escolares; instituiu a merenda na rede; construiu escolas em zonas carentes; proibiu pistolões políticos nas nomeações de professores; reduziu os índices de evasão; e mais do que duplicou as matrículas na rede".[52]

Uma das características marcantes do gestor público Graciliano era a de não ficar sentado em um gabinete, esperando passivamente que as pessoas lhe viessem relatar os problemas. Ao contrário, ele sempre procurava se inteirar da real situação, o que exigia constantes deslocamentos. Neste contexto, "Graciliano trocou a burocracia no Palácio dos Martírios por inspeções sem aviso prévio, nas quais detectava as carências e buscava soluções. Sem carro oficial a servi-lo, saía cedo de casa, na praça do Montepio (hoje Joaquim Leão), e mal tinha tempo para almoçar".[53]

Sobre a gestão de Graciliano Ramos como Diretor da Instrução Pública do Estado de Alagoas, o historiador alagoano Moacir Sant'Ana destaca:

> A gestão de Graciliano enquanto diretor da Instrução Pública alagoana pautou-se pelo aumento do número de alunos na escola (acréscimo de

---

leitura do livro LEBENSZTAYN, Ieda. *Graciliano Ramos e a novidade*: o astrônomo do inferno e os meninos impossíveis. São Paulo: ECidade, 2010.

[50] De forma semelhante pensa Aline da Silva Santos: "a razão da escolha de Graciliano Ramos, por Afonso de Carvalho, para administrar a escolarização pública justificava-se possivelmente por três motivos: primeiro, por sua notoriedade no meio literário, segundo, por sua administração na Imprensa Oficial, considerada como modelo; e, terceiro, pela exposição do relatório ao Estado pela Junta Escolar de Palmeira dos Índios quando a dirigia, que teve repercussão no ensino em Maceió" (SANTOS, Aline da Silva. *Graciliano Ramos*: literato e gestor – contribuições à educação alagoana (1920-1940). Trabalho de Conclusão de Curso (Graduação em Pedagogia) – Universidade Federal de Alagoas, Maceió, 2013. p. 39-40. Disponível em: http://www.cedu.ufal.br/grupopesquisa/gephecl/gracilianoramos.pdf. Acesso em: 03 fev. 2017).

[51] Sobre este período, sugere-se a leitura de *Memórias do Cárcere*, livro póstumo de Graciliano Ramos. Permaneceu no cárcere, no Rio de Janeiro, de 3 de março de 1936 a 13 de janeiro de 1937. Após sua libertação, nunca mais voltaria a Alagoas.

[52] MORAES, Dênis de. *Graciliano Ramos*: um gestor para os pobres. Disponível em: http://blogs.oglobo.globo.com/prosa/post/graciliano-ramos-um-gestor-para-os-pobres-502436.html. Acesso em: 28 jan. 2017.

[53] MORAES, Dênis de. *O velho Graça*: uma biografia de Graciliano Ramos. São Paulo: Boitempo, 2012. p. 91.

87,3%), pela construção de novas escolas e consequente expansão do ensino, pelo aperfeiçoamento do processo seletivo dos docentes, pela oferta de tecidos e calçados aos alunos, entre outros triunfos pedagógico-administrativos. Diante de tais conquistas, o Jornal de Alagoas, em editorial de 13 de dezembro de 1935, descreve o Sr. Graciliano Ramos como um técnico no assunto: "Trabalhador compenetrado de seus deveres, decidido nas suas determinações, a sua obra, na Instrução Pública, dia a dia impõe-se ao respeito da coletividade".[54]

O professor de sociologia do Direito da UFPE Luciano Oliveira expõe algumas medidas administrativas realizadas pelo então Diretor da Instrução Pública, dentre as quais chama a atenção a exoneração de sua própria irmã por não estar habilitada para o ofício:

> como diretor da Instrução Pública, Graciliano elaborou um plano para melhoria do ensino primário que incluía medidas como a exigência de diploma para as professoras e a realização de concurso para o preenchimento dos cargos. E, como conseqüência dessas medidas, a demissão das professoras primárias interinas, a maioria sem habilitação para o ofício e geralmente contratadas por indicação de padrinhos políticos. Pois bem: como parte das medidas em curso, Graciliano assinou ato exonerando 66 professoras, entre as quais sua própria irmã, Marilí Ramos, então lecionando num povoado perto de Palmeira dos Índios.[55]

O próprio filho de Graciliano, o escritor Ricardo Ramos esclarece algumas de suas principais medidas: "Em muitas ocasiões se referia ao seu tempo alagoano de Diretor da Instrução Pública, função correspondente ao de Secretário da Educação. A merenda escolar, a criação de uma escola profissional feminina, o concurso obrigatório para as professoras do ensino primário. Tudo isso eram novidades e saneamentos".[56]

Apesar do relativo prestígio que alcançou como Prefeito de Palmeira dos Índios (como se verá a seguir, muito por conta dos relatórios publicados em vários jornais do país na época), parece que nenhum outro cargo público permitiu a Graciliano Ramos exercer tão intensamente sua dimensão social e cidadã.

---

[54] SANT'ANA, Moacir Medeiros de. *Graciliano*: vida e obra. Maceió: Secom, 1992. p. 53 *apud* LEBENSTAYN, Ieda; SALLA, Thiago Mio. *Conversas Graciliano Ramos*. Rio de Janeiro: Record, 2014. p. 232).

[55] OLIVEIRA, Luciano. Graciliano Ramos, sem caixa dois. *Suplemento Cultural do Diário Oficial de Pernambuco*, set. 2005. Disponível em: http://www.acessa.com/gramsci/?page=visualizar&id=425. Acesso em: 24 set. 2016.

[56] RAMOS, Ricardo. *Graciliano retrato fragmentado*. 2. ed. São Paulo: Globo, 2011. p. 71.

Além de se tratar de um órgão público de atuação estadual (o que superaria, em número de pessoas afetadas por suas ações, a Prefeitura que ocupara), a Pasta da Educação, em um Estado tão excludente como Alagoas (inclusive até hoje), era de extrema relevância social.[57] E Graciliano tinha a perfeita compreensão disso tudo e se empenhou ao máximo para mudar aquela triste realidade.

A questão a ser destacada é que "em Alagoas, nos primeiros anos da República, a educação apresenta um grande atraso, tanto no que se refere à alfabetização, como também à instrução para o mercado de trabalho".[58]

O próprio Graciliano Ramos em 1935 destacou que "de 17 grupos escolares que possuíamos 8 estavam em casas arranjadas à pressa, sem nenhuma aparência de escolas. Depois da revolução adotaram o sistema de criar grupos escolares que, para bem dizer, só existiam nos decretos. Armava-se um grupo no papel, nomeava-se o corpo docente e depois se procurava uma casa".[59]

Diante de tantas adversidades, levava tão a sério sua missão que fazia visitas surpresas às escolas e sabatinava os professores,[60] algo impensável nos dias de hoje. Em outras palavras, "ele foi um secretário revolucionário, redirecionando os investimentos para os bairros pobres e municípios carentes".[61]

Graciliano tinha a perfeita noção de que deveria não só aumentar o acesso das crianças pobres às escolas (o que efetivamente fez), como também deveria qualificar o quadro docente. Neste sentido, relata-se que ele teria "intimado o amigo e poeta Jorge de Lima a assumir a cadeira de literatura e línguas latinas no Liceu Alagoano. Como queria professores

---

[57] Nesse sentido, sobre o período histórico pelo qual passava o Estado de Alagoas, foi destacado que "nos anos das interventorias militares e civis, pressionados pelo governo federal, ocorreram alguns movimentos localizados de modernização administrativa, realçados pelo escritor Graciliano Ramos, em setores como a educação, com o aumento de escolas e alunos matriculados" (CARVALHO, Cícero Péricles. *Formação histórica de Alagoas*, 3. ed. Maceió: Edufal, 2015. p. 295).

[58] FEITOSA, Floriza de Abreu. *Os decretos governamentais alagoanos e a regulamentação da instrução pública*, Universidade Federal de Alagoas (UFAL). Disponível em: http://www.editorarealize.com.br/revistas/conedu/trabalhos/Modalidade_1datahora_29_07_2014_16_03_57_idinscrito_3888_b1a4831cddabb0e0e2ee2cf36d60f34d.pdf. Acesso em: 27 jan. 2017.

[59] RAMOS, Graciliano. Alguns números relativos à instrução primária em Alagoas. *In*: VERÇOSA, Élcio de Gusmão (Org.). *Caminhos da educação em Alagoas*: da Colônia aos tempos atuais. Maceió: Catavento, 2000. p. 61.

[60] A qualidade dos professores da rede estadual de ensino nas Alagoas daquele tempo era muito baixa. Graciliano Ramos, quando Diretor da Instrução Pública, já dizia que "As professoras novas ingressavam comumente nos grupos; as velhas ficavam nas escolas isoladas, desaprendendo o que sabiam, longe do mundo, ensinando coisas absurdas" (RAMOS, Graciliano, *op. cit.*, p. 61).

[61] Graciliano Ramos, o político: ordem na literatura e na administração. *O Globo – Prosa*, 01 jul. 2013.

de qualidade, promoveu concurso para Théo Brandão ensinar higiene e puericultura na Escola Normal. E trabalhou pela readmissão do médico e professor Álvaro Dória no Liceu",[62] fatos que demonstram sua preocupação com a melhoria da eficiência na prestação do serviço público de ensino.

Anote-se que, coerente toda a vida, desde criança Graciliano Ramos prestava atenção às precárias condições da educação. Nesse contexto, seu livro *Infância* dedica várias passagens à descrição das escolas em que estudou. Sobre estas páginas, já foi dito que:

> Nos relatos de Graciliano sobre as escolas que freqüentou, são feitas várias críticas à precariedade dos espaços reservados às tarefas de ensino. Espaços reduzidos, desconfortáveis, via de regra compartilhados com os familiares das professoras. São também comuns as referências a outras atividades exercidas ora pelas próprias professoras, ora por seus familiares. Tarefas complementares, tais como preparar quitutes que eram vendidos aos alunos e o ensino do catecismo a eles, o que por vezes lhes rendia algum dinheiro a mais. Outras vezes, a própria professora dividia-se entre os meninos e as tarefas de costura.[63]

Para Marcos Lopes, da Revista Gestor "é provável que a contribuição maior de Graciliano, como gestor público,[64] tenha sido oferecida nos cargos que ele ocupou na área educacional, em nível estadual, em Alagoas e no Rio de Janeiro".[65]

Nesse contexto, algumas de suas ações demonstram isso de forma a não deixar dúvidas:

---

[62] MORAES, Dênis de. *O velho Graça*: uma biografia de Graciliano Ramos. São Paulo: Boitempo, 2012. p. 92.

[63] GUEDES-PINTO, Ana Lúcia; FONTANA, Roseli Aparecida Cação. As mulheres professoras, as meninas leitoras e o menino leitor: a iniciação no universo da escrita no patriarcalismo rural brasileiro – uma leitura a partir de infância de Graciliano Ramos. *Cadernos CEDES*, v. 24, n. 63, maio-ago. 2004. Disponível em: http://www.scielo.br/scielo.php?script=sci_arttext&pid=S0101-32622004000200004. Acesso em: 27 jan. 2017.

[64] Não obstante, sobre essa afirmação, já se constatou "a existência de mais de 300 escritos, dentre livros, dissertações, teses e ensaios publicados em periódicos sobre a literatura do ficcionista alagoano, porém nenhum relativo à educação escolar, o que parece demasiado estranho considerar-se que, desde cedo, Graciliano Ramos assumiu cargos relacionados à educação no estado de Alagoas. Na cidade de Palmeira dos Índios, por exemplo, ele foi professor, inspetor do ensino, Presidente da Junta Escolar e Prefeito nos anos de 1920 e, posteriormente, em Maceió exerceu a função de Diretor-Geral da Instrução Pública no período de 1933 a 1936" (SANTOS, Aline da Silva. *Graciliano Ramos*: literato e gestor – contribuições à educação alagoana (1920-1940). Trabalho de Conclusão (Graduação em Pedagogia) – Universidade Federal de Alagoas, Maceió, 2013. Disponível em: http://www.cedu.ufal.br/grupopesquisa/gephecl/gracilianoramos.pdf. Acesso em: 03 fev. 2017).

[65] Trecho retirado da entrevista *O exemplo de Graciliano Ramos na Administração Pública*, com Marcos Lopes, da Revista Gestor, publicada em 17 de agosto de 2013, no *site* Transparência Orçamentária Municipal. Disponível em: https://thetomweb.wordpress.com/2013/08/17/o-exemplo-de-graciliano-ramos-na-administracao-publica/. Acesso em: 24 dez. 2016.

A merenda lhe rendera um bate-boca desagradável com o comandante da guarnição militar, que incluíra meninos de grupo no desfile de Sete de Setembro. "Criança não é soldado. Eles só marcham se comerem antes e depois, se estiverem calçados e vestidos. Não vou deixar ninguém desmaiado pelo caminho", Dito e feito, acompanhou pessoalmente a meninada, uma ambulância de garantia fechando o cortejo. A escola profissional, bem recebida, não deu cuidados. Mas o concurso das professoras, "na maioria analfabetas", levantou celeuma, gerou pistolões, pressões, alcançou o plano das ameaças. Morte matada era, ou sempre foi, coisa corriqueira. E ele duro, cumpra-se. Não escapou da prova nem minha tia avó. (...) Hoje, quando a merenda escolar é iniciativa de tanto, penso em Graciliano, Alagoas, 1935. Naturalmente a comida era pouco, irregular, não atendia às suas aspirações. Isso reforça o pioneirismo, sempre um esboço a preencher.[66]

Um dos grandes biógrafos de Graciliano Ramos, o jornalista Dênis de Moraes traça o perfil do Diretor da Instrução Pública no início dos anos 1930:

Assim que foi empossado para cuidar da Educação de Alagoas, ele quis ir à periferia. Escolheu, então, o bairro mais pobre de Maceió e encontrou uma escola completamente às moscas porque os alunos eram muito pobres, não tinham dinheiro para comprar uniformes e sapatos, e havia um regimento que impedia que a escola funcionasse com alunos sem uniforme. Aí ele foi a uma loja de tecidos, a uma sapataria e costureiras. Disse, em todos os casos, que não tinha dinheiro para pagar naquele momento pelos serviços, mas que precisava de ajuda e que pagaria assim que pudesse. Depois ele voltou pessoalmente à escola com os embrulhos para dar para os alunos. E, mais adiante, mandou pagar a loja de tecidos, as costureiras e a sapataria.[67]

Uma das medidas adotadas por Graciliano para ampliar a eficiência do ensino nas escolas estaduais foi a edição do Decreto nº 1.800, de seis de julho de 1933. Nos termos dessa norma, alguns preceitos se destacam:

Art. 3º – Fica vedado a indivíduos não diplomados o magistério da instrução publica primária.

Art. 28 – Suprime-se nos grupos escolares do interior o curso de formação de professores rurais.

---

[66] RAMOS, Ricardo. *Graciliano retrato fragmentado*. 2. ed. São Paulo: Globo, 2011. p. 71-72.
[67] Graciliano Ramos, o político: ordem na literatura e na administração. *O Globo – Prosa*, 01 jul. 2013.

Art. 20 – Para propagação e fiscalização do ensino nas escolas estadoaes, municipaes e particulares, em cada município que possuir grupos escolares [...] haverá uma junta escolar composta de tres inspectores municipaes.

Art. 29 – Ficam instituídos, para a educação de crianças de quatro a sete annos, jardins de infância. (JORNAL DE ALAGOAS, 8 de julho de 1933).[68]

O estilo do administrador público Graciliano Ramos também era marcado por algumas esquisitices: "como Diretor da Instrução Pública em Alagoas, comentava-se que um dia ele baixara uma portaria proibindo que cantassem hinos patrióticos nas escolas – o do Estado encerrava solecismos – uma incongruência – emburrava as crianças...".[69]

Registre-se ainda que "sua aversão ao clientelismo, aos favorecimentos e ao tráfico de influência provocou descontentamentos. Chefes do interior às vezes exigiam transferências de professoras a seu bel-prazer",[70] mas Graciliano resistia de forma inflexível.

Outras passagens da gestão do Velho Graça na Instrução Pública alagoana, que demonstram com clareza seu estilo revolucionário (para os padrões da época e provavelmente para os de hoje), foram apresentadas por Ieda Lebensztayn:

> Certamente descontentar "incapacidades abundantes", sobretudo por não ter a "habilidade necessária de prestar serviços a figurões" e por querer aproveitar "elementos dignos, mais ou menos capazes", como a professora mulata transferida para a cidade a fim de dirigir um grupo escolar. E, outro exemplo contra os preconceituosos, conseguira que seiscentos meninos pobres, calçados e vestidos pela caixa escolar, ingressassem na escola dirigida por D. Irene, para em seguida quatro deles, negros, obterem as melhores notas nos exames".[71]

Todos esses acontecimentos somente demonstram o quão revolucionário foi o secretário de Educação de Alagoas, ao tentar renovar os arraigados padrões estabelecidos. Um dos episódios em que isto se percebe

---

[68] SANTOS, Aline da Silva. *Graciliano Ramos*: literato e gestor – contribuições à educação alagoana (1920-1940). Trabalho de Conclusão de Curso (Graduação em Pedagogia) – Universidade Federal de Alagoas, Maceió, 2013. p. 45. Disponível em: http://www.cedu.ufal.br/grupopesquisa/gephecl/gracilianoramos.pdf. Acesso em: 03 fev. 2017.

[69] LIMA, Valdemar de Souza. *Graciliano Ramos em Palmeira dos Índios*. Maceió: Imprensa Oficial Graciliano Ramos, 2013. p. 135.

[70] MORAES, Dênis de. *O velho Graça*: uma biografia de Graciliano Ramos. São Paulo: Boitempo, 2012. p. 93.

[71] LEBENSZTAYN, Ieda. *Graciliano Ramos e a novidade*: o astrônomo do inferno e os meninos impossíveis. São Paulo: ECidade, 2010. p. 117.

claramente ocorreu quando ele se desentendeu com o então Interventor Estadual, pois este queria construir novas escolas, enquanto Graciliano entendia que era preciso, primeiro, reformar as unidades existentes. Neste sentido, "ao recordar a controvérsia, Graciliano comentaria com o escritor Emil Farhat: "Cansei-me de receber relatórios contando como os bichinhos desmaiavam de fome nas escolas das zonas mais pobres. Necessidade havia era de se fazer cozinhas nas escolas que já existiam". [72]

E, apesar de ter atendido ou até mesmo superado às expectativas daqueles que estavam envolvidos com a educação,[73] infelizmente, em um ambiente tão hostil e avesso a novidades que contemplassem a população mais necessitada, teve que pagar um alto preço por esse comportamento tão pouco habitual. Nesse sentido, convém destacar que a postura de Graciliano Ramos incomodava os poderosos e aqueles que não queriam mudanças:

> Graciliano tomou algumas iniciativas que desagradaram a muita gente. Primeiramente manda distribuir comida, roupas, sapatos e material escolar, gratuitamente, às crianças pobres da rede oficial. Contrapõe-se ao interventor, que queria a todo custo abrir escolas a torto e a direito, certamente a fim de expandir não o ensino, mas a clientela eleitoral, os pistolões, o favoritismo. Trata de efetivar as professoras da zona rural, consideradas matutas e ignorantes pelas normalistas da capital, com o que exacerba ódios e ressentimentos. Em 33 havia saído Caetés, e no final de 34, São Bernardo. Evidentemente, nenhum dos dois romances seria recomendável para o perfil de um educador, especialmente no quadro provinciano do nordeste da década de 30. Além do mais, Graciliano convivia com um grupo de intelectuais em que havia vários conhecidos como esquerdistas e comunistas: Rachel de Queiroz, José Auto de Oliveira, Jorge Amado etc.[74]

---

[72] MORAES, Dênis de. *O velho Graça*: uma biografia de Graciliano Ramos. São Paulo: Boitempo, 2012. p. 92.

[73] Na pesquisa de Aline da Silva Santos, foram encontrados discursos que circularam na imprensa alagoana, proferidos por professores por ocasião do final do ano letivo, nos quais se verifica a visão que possuíam em relação à administração de Graciliano Ramos: "[Profa. Irene Garrido diretora do grupo escolar Diégues Junior] "Senhor Diretor da Instrução Publica, nossa gratidão á vossa autoridade, por tudo quanto tendes feito pelo desenvolvimento e prestigio deste Grupo escolar, o que equivale a dizer, pela infancia da Pajussara – uma partícula da infancia brasileira em que se resume o próprio futuro da nossa nacionalidade". (JORNAL DE ALAGOAS, 29 de novembro de 1933). [Prof. Lourdes Rego do grupo escolar Fernandes Lima]. [...] sr. diretor, que tendes sido incansavelmente o batalhador, continue vossa obra bemdita, cheia de enthusiasmo pela causa da instrucção. Muito tendes feito por esta causa, quer dando roupas e calçados ás creanças necessitadas, quer com a vossa inteligência iluminada, desenvolvendo e incentivando a todos os que têm sobre os hombros a cruz bemdita da responsabilidade da grandeza da patria. [...]. (JORNAL DE ALAGOAS, 1 de dezembro de 1933)" (SANTOS, Aline da Silva, *op. cit.*, p. 47).

[74] FACIOLI, Valentim. Um homem bruto da terra. *In*: GARBUGLIO, José Carlos; BOSI, Alfredo; FACIOLI, Valentim. Graciliano Ramos. São Paulo: Ática, 1987. p. 52.

Registre-se ainda que, apesar de não ser, à época, filiado ao partido comunista e tampouco se confessava publicamente como tal, as atitudes de Graciliano eram consideradas *subversivas*:

> no início de 1936, Graciliano percebeu que a sua presença estava incomodando e, logo, solicitaram-lhe que pedisse afastamento do cargo, pois não queriam demiti-lo sem motivo. (...) O governo, usando como pretexto a manutenção da ordem pública, começou a controlar e reprender os comunistas e os possíveis simpatizantes do movimento. Portanto, foi a simpatia demonstrada por Graciliano Ramos ao comunismo que ocasionaria a sua prisão em 1936. De fato, já havia, desde os anos da prefeitura, certa inquietação em relação a sua figura, uma vez que foi um prefeito de pulso forte, que tentava, apesar das dificuldades, administrar com imparcialidade a prefeitura, o que ocasionou a inimizade com grande parte da elite local. À frente da Instrução Pública de Alagoas e, também, como literato tomou algumas decisões que aborreceram pessoas importantes.[75]

Nesse sentido, Graciliano chegou a considerar que teria sido essa a verdadeira causa de sua prisão: fora considerado subversivo por causa de sua conduta inovadora. Convém recordar que fora preso pelo mesmo oficial do Exército que lhe havia solicitado, sem êxito, a aprovação de uma sobrinha que havia sido reprovada no concurso de admissão ao curso normal. O próprio Graciliano, em carta redigida (mas não entregue) ao então Presidente da República Getúlio Vargas, confessara:

> Ignoro as razões por que me tornei indesejável na minha terra. Acho, porém, que lá cometi um erro: encontrei 20 mil crianças nas escolas e em três anos coloquei nelas 50 mil, o que produziu celeuma. Os professores ficaram descontentes, creio eu. E o pior é que se matricularam nos grupos da capital muitos negrinhos. Não sei bem se pratiquei outras iniquidades. É possível. Afinal o prejuízo foi pequeno, e lá naturalmente acharam meio de restabelecer a ordem.[76]

1.4 Como Inspetor Federal de Ensino Secundário

---

[75] FARIA, Patrícia Aparecida Gonçalves de. *Crônicas de Graciliano Ramos em cultura política (1941-1944)*: estudo crítico. Dissertação (Mestrado em Letras) – Faculdade de Ciências e Letras, Universidade Estadual Paulista, Assis, 2014. Disponível em: http://repositorio.unesp.br/bitstream/handle/11449/113813/000804599.pdf?sequence=1. Acesso em: 04 fev. 2014.

[76] MORAES, Dênis de. *O velho Graça*: uma biografia de Graciliano Ramos. São Paulo: Boitempo Editorial, 2012. p. 172.

Embora não se trate de uma função de gestão, o cargo público que Graciliano Ramos ocupou por mais tempo foi o de Inspetor Federal de Ensino Secundário do Rio de Janeiro, exercido desde agosto de 1939 até sua morte em 1953.[77] Ninguém menos que o amigo Carlos Drummond de Andrade[78] indicou ao ministro da Educação que nomeasse Graciliano Ramos para ocupar o referido cargo:

> Após sair da prisão, em 1939, foi nomeado inspetor geral de ensino secundário do Rio de Janeiro, por indicação do poeta e amigo Carlos Drummond de Andrade, que era chefe de gabinete do ministro da Educação do governo Vargas. O cargo de inspetor de ensino era mal remunerado e de importância secundária. (...) O juízo negativo que sempre fez de Vargas, ao menos desde a revolução de 1930, não foi impedimento para assumir postos públicos, assim como antes ocupara cargos por indicação da oligarquia alagoana, da qual também era crítico. Na época, a condição de intelectual em geral – e de escritor em particular – era carente de autonomia e geralmente vinculada ao aparelho de Estado, como já apontaram vários estudiosos do tema.[79]

O historiador Nelson Werneck Sodré informa que o trabalho foi articulado por amigos e, embora modesto, permitia-lhe sobreviver.[80] Se a nomeação teve o elemento amizade como determinante, o conhecimento, a capacidade e a experiência de Graciliano Ramos na área de educação, que já havia ocupado os cargos de Secretário Estadual e Municipal do setor, também podem ter contribuído.

Acerca das críticas que vez por outra são feitas a Graciliano Ramos pelo fato de ter aceito um emprego público no governo de Getúlio Vargas,[81]

---

[77] Na pesquisa para a confecção deste livro, não se encontrou qualquer referência à exoneração ou mesmo aposentadoria de Graciliano neste cargo, o que faz supor que o mesmo vinha sendo ocupado até a morte do escritor alagoano.

[78] Durante doze anos, de 1934 a 1945, Drummond foi chefe de gabinete do Ministro da Educação, Gustavo Capanema. E, durante os 17 anos seguintes, de 1945 a 1962, foi chefe da Seção de História na Diretoria do Patrimônio Histórico e Artístico Nacional, cargo do qual só se afastou em função de sua aposentadoria.

[79] RIDENTI, Marcelo. Graciliano Ramos e suas memórias do cárcere: cicatrizes. *Revista Sociologia & Antropologia*, Rio de Janeiro, v. 4, n. 2, p. 478, 2014.

[80] SCHNEIDER, Sidnei. *Uma palavrinha sobre Getúlio e Graciliano*. Disponível em: http://www.horadopovo.com.br/2006/marco/10-03-06/pag8a.htm. Acesso em: 04 fev. 2017.

[81] Carlos Drummond de Andrade, um dos maiores poetas brasileiros de todos os tempos, também fora criticado por trabalhar na Administração Pública Federal nos tempos de Getúlio Vargas: "Drummond, ainda, atuou como chefe de gabinete do Ministério Capanema, no Governo do Presidente Getúlio Vargas de 1934 a 1945 fazendo parte da "constelação" de Capanema, conforme destaca Bomeny. A sua participação foi muito questionada, o mesmo como uma forma de defesa se definia como "poeta-funcionário" e afirmava que a sua atuação no ministério no governo Vargas era por razões pessoais com o ministro Gustavo Capanema e que os seus preceitos iam contra os ideais políticos do Estado Novo. Mesmo afirmando que ocupava o posto

convém ponderar que o cargo em questão não era de natureza política, já que se tratava de um cargo eminentemente técnico-administrativo. Ademais, era inegável a grande dificuldade financeira pela qual Graciliano Ramos e sua numerosa família passavam (tinha oito filhos e esposa para manter).[82] Sobre essas contingências e sobre o aparente paradoxo de Getúlio nomear Graciliano e deste aceitar o cargo:

> Mesmo inserido nos redutos da intelectualidade e publicando obras importantes no cenário literário nacional, o escritor de São Bernardo ainda enfrentava grandes problemas financeiros. (...) Nesse sentido, uma duplicidade se instaurava. De um lado, um ex-preso político trabalhando no Ministério da Educação, instituição controlada pelo Estado Novo; do outro, um ditador nomeando um homem que fora fichado na polícia na fase anterior do seu governo. Cada qual tinha os seus motivos para aceitar essa situação embaraçosa. Graciliano almejava um emprego fixo que pudesse contribuir com os rendimentos escassos que vinham de suas colaborações e publicações. Vargas, por sua vez, desejava recrutar intelectuais que pudessem contribuir para a credibilidade do Estado Novo. Graciliano Ramos não foi o único nome de renome a fazer parte da famosa "Constelação de Capanema". Outros intelectuais brasileiros também colaboraram com o Ministério da Educação durante o Estado Novo, principalmente, como inspetores federais de ensino: Manuel Bandeira, Murilo Mendes, Henriqueta Lisboa, dentre outros.[83]

O que parece realmente importar é que o escritor alagoano, como era de seu costume, levou a sério a incumbência de fiscalizar o ensino oferecido pelas escolas, tendo, mais uma vez, exercido com zelo, comprometimento social, profissionalismo e impessoalidade[84] a função que lhe fora confiada.

---

por motivos de amizade, sempre cumpria o seu trabalho burocrático com muito profissionalismo, sendo conhecido pelos intelectuais como a extensão de Gustavo Capanema, a ponto de, na ausência do ministro, exercer funções ministeriais". (BOMENY, Helena (Org.). *Constelação Capanema*. Rio de Janeiro: FGV, 2001).

[82] Em diversas cartas à esposa Heloísa, Graciliano comenta as sérias dificuldades financeiras pelas quais vinha passando: em 03 de março de 1937 já confessava "se de outra vez eu não pude escrever muito, não se espante: preciso trabalhar"; em 11 de abril de 1937 declara "e os contozinhos que tenho arranjado saem com dificuldade imensa: uma semana de trabalho às vezes. Não desanimo, mas realmente isto é pau"; e em 07 de maio de 1937 chega a cogitar: "posso abandonar tudo isto e voltar para Alagoas" (RAMOS, Graciliano. *Cartas*. Rio de Janeiro: Record, 2011. p. 265, 269, 274). Registre-se que a nomeação para o cargo de Inspetor Federal de Ensino Secundário somente ocorreu em agosto de 1939, quando a situação financeira estava ainda mais comprometida.

[83] FARIA, Patrícia Aparecida Gonçalves de. *Crônicas de Graciliano Ramos em Cultura Política (1941-1944)*: estudo crítico. Dissertação (Mestrado em Letras) – Faculdade de Ciências e Letras, Universidade Estadual Paulista, Assis, 2014. Disponível em: http://repositorio.unesp.br/bitstream/handle/11449/113813/000804599.pdf?sequence=1. Acesso em: 04 fev. 2014.

[84] Uma passagem que bem demonstra este perfil que sempre caracterizou a vida pública (e pessoal) de Graciliano Ramos ocorreu quando o mesmo, sendo comunista, passou a inspecionar

É digna de nota a correção com que Graciliano se desincumbia, nessa época, das monótonas atribuições de fiscal de ensino. Sob sol a pino ou forte chuva, de bonde ou de lotação, lá ia ele toda tarde aos colégios, em bairros distantes. Como se aquele homem magro, de passadas largas, humilde servidor da União, não fosse o autor de *Vidas secas*. Em uma entrevista, Homero Senna lhe perguntou se gostava do emprego, "É-me indiferente. Trata-se de uma sinecura como outra qualquer. Em todo o caso, nunca tive uma falta nem tirei licença", responderia. (...) Gastou a sola do sapato de um canto a outro, fiscalizando normas baixadas pelo Ministério da Educação, a respeito de currículos, exames regulamentares, avaliações pedagógicas e estado de conservação dos prédios.[85]

A passagem de Graciliano Ramos no cargo de Inspetor Federal de Ensino Secundário bem demonstra como considerava digna qualquer função pública, desde que exercida com seriedade e compromisso, e isso não dependia de fatores como o *status* social, o salário e o poder de decisão que cada um dos cargos possuísse. Sobre essa constatação, já se disse que:

> Também exemplar como servidor público (...) foi Graciliano Ramos, até porque podemos identificar, em sua atuação, outro atributo de fundamental importância no serviço público: a probidade. Prefeito de Palmeira dos Índios, diretor da Imprensa Oficial e, posteriormente, diretor da Instrução Pública do Estado de Alagoas, Graciliano não enriqueceu na vida pública. Ao contrário, ficou mais pobre. Seu último cargo foi o de inspetor de estabelecimentos de ensino secundário do Distrito Federal, hoje Rio de Janeiro. Ou seja, depois de ocupar altos postos na administração pública, terminou seus dias percorrendo as ruas do Rio de Janeiro para fiscalizar escolas secundárias.[86]

Cumprindo seu papel com esmero até o final de seus dias, com muita humildade, também não se importava com o fato de já ser famoso

---

um colégio católico: "Como inspetor do MEC, Graciliano viveu uma passagem curiosa no Colégio São Bento. Pôs as convicções anticlericais à prova, pois se ligou profissionalmente a um dos mais tradicionais centros de ensino religioso da cidade. Contrariando as expectativas, tudo correu às mil maravilhas – o colégio funcionava por "música". Tudo organizado em mínimos detalhes, austeridade absoluta. Quando ele se apresentou, os monges ficaram preocupados: afinal, era notoriamente comunista – e, naquele tempo, catolicismo e comunismo eram dois campos inteiramente antagônicos" (MORAES, Dênis de. *O velho Graça*: uma biografia de Graciliano Ramos. São Paulo: Boitempo Editorial, 2012. p. 223).

[85] MORAES, Dênis de. *O velho Graça*: uma biografia de Graciliano Ramos. São Paulo: Boitempo Editorial, 2012. p. 222.

[86] Trecho retirado do pronunciamento do Senador Edison Lobão (MA), proferido no Senado Federal em 11.10.2007, em homenagem ao dia do servidor público (28.10). Disponível em: http://www25.senado.leg.br/web/atividade/pronunciamentos/-/p/texto/370539. Acesso em: 04. fev. 2017.

e de ter reconhecimento em todo o país como um dos maiores nomes da literatura nacional. Cada tarefa que lhe era atribuída era exercida como se fosse a mais importante que lhe poderia ser confiada.[87]

---

[87] Neste contexto, "A cada escola inspecionada correspondia um informe por escrito ao diretor do ensino secundário. Até nesses ofícios protocolares, o escritor reluzia. A mesma escrita enxuta e lapidada, clássica na forma e atrevida nas ideias, que, há duas décadas, surpreendera o governador de Alagoas com seus relatórios de Prefeito de Palmeira dos Índios. Para que gastar horas preciosas em ofícios do MEC? Ora, Graciliano não seria Graciliano na transgressão do dever, ainda que fosse mal remunerado" (MORAES, *op. cit.*, p. 222).

CAPÍTULO 2

GRACILIANO RAMOS GESTOR MUNICIPAL E SEUS RELATÓRIOS

Apesar de ter exercido com zelo e dedicação todos os cargos que ocupou no serviço público, não há dúvidas de que o Graciliano Ramos homem público que ficou para a história é aquele que, durante vinte e sete meses, foi prefeito de Palmeira dos Índios, cidade situada na passagem do agreste para o sertão alagoano.

Certamente a projeção que Graciliano alcançou pode ser creditada a dois fatores: primeiramente, seu estilo ímpar de governar, que até hoje desperta a atenção daqueles que se interessam por administração pública. O segundo fator consiste na ampla divulgação na imprensa da época de seus relatórios ao governador do Estado.

A partir da análise dos relatórios de gestão 1928/1929 (que será objeto do último capítulo), vê-se que a administração de Graciliano Ramos à frente da Prefeitura de Palmeira dos Índios foi bastante diferenciada daquelas que lhe precederam e das que lhe foram contemporâneas.

E mais: pode se dizer sem qualquer exagero, que até nos dias de hoje, a gestão do prefeito Graciliano Ramos, em termos de cumprimento dos preceitos jurídicos e éticos que regem a Administração Pública, especialmente o compromisso e defesa intransigente do interesse público muito provavelmente supera com sobras todas as inúmeras administrações municipais, estaduais e federais no Brasil.

Evidentemente, a partir da contundente afirmação acima, não se objetiva aqui simplesmente colocar a figura do administrador/político Graciliano Ramos (ou sua gestão) entre as melhores que este país já teve no serviço público (já que existem outros fatores a serem levados em consideração nesta comparação),[88] mas certamente o citado homem público está entre aqueles que melhor zelo e respeito possuíam pela coisa pública. Valores como a impessoalidade, moralidade, transparência, economicidade e defesa intransigente do interesse público, em especial, daqueles mais necessitados, são os pontos fortes de uma gestão paradigmática.

Ressalte-se que para Graciliano aceitar entrar para a política não foi nada fácil, posto que, além de acreditar que não tinha o perfil, possuía uma grande resistência e animosidade em relação aos políticos de seu tempo. Para que se conheça a opinião que Graciliano Ramos tinha dos políticos, convém relembrar uma crônica publicada em 1941, em que narra uma história sobre a construção de um teatro em "uma pequena capital de gostos simples e desejos modestos", conduzida por seu governador, um homem individualista preocupado apenas em se promover. Tal governador percorria a capital sempre acompanhado por pessoas que lhe seguravam o guarda-chuva, riam de suas anedotas e acatavam as suas opiniões: "Esses cavalheiros exerciam cargos notáveis; eram senadores, deputados, secretários, ou parentes de secretários, deputados e senadores".

Após desqualificar as eleições, registra que o citado governador se mantinha no poder recorrendo a expedientes eleitorais ilícitos, como a fraude e a violência. O político em questão não só era corrupto, como também vaidoso, tendo decidido fazer uma obra que o perpetuasse no poder:

> Sempre escolhido, S. Excia. determinou exibir gratidão: realizar uma obra que o perpetuasse. Refletiu, fez estudos e procurou conselhos. As rodovias foram repelidas, porque no Estado existiam poucos veículos, além dos carros de bois. Excluíram-se também as pontes e quaisquer construções de alicerces profundos e duvidosos. As escolas eram consideradas prejudiciais. Havia algumas, é certo, para dar emprego às filhas dos prefeitos, mas estas não forneciam aos alunos conhecimentos. Portanto, para o governador desse estado não interessava investir em benfeitorias para a população local, como estradas, pontes ou escolas, e sim obras que lhe trouxessem a glória e o perpetuasse. Desse modo, ele não pensou nos benefícios que uma estrada ou escola poderia propiciar ao homem nordestino. Aliás, não interessava a um governador fraudulento instruir a população.[89]

---

[88] No caso do gestor público, existem fatores como experiência, formação profissional, habilidades específicas, capacidade de comunicação e liderança, dentre outros, que podem alçar alguém a um patamar em que se situem os melhores gestores públicos. Por sua vez, em relação à gestão, deve-se considerar as condições sociais, administrativas, políticas, econômicas, históricas e culturais que a envolvem. Nesse contexto, é bem difícil comparar a gestão de uma pequena Prefeitura com a da Administração Pública Federal.

[89] RAMOS, Graciliano. *Quadros e costumes do Nordeste*. Rio de Janeiro: Cultura Política, ano 1, n. 7, p. 264, set. 1941.

Ainda assim, mesmo com tanta ojeriza pela classe política, aceitou o desafio, o que serve de exemplo para milhões de brasileiros que querem distância dos embates políticos, fazendo com que sobrem espaços para as pessoas que só querem colher benefícios pessoais.

Certamente existirão aqueles que considerarão relevante indagar qual era a ideologia política de Graciliano Ramos. Neste tocante, convém ressaltar que apesar do Velho Graça ser sempre associado ao comunismo, especialmente por ter se filiado ao Partido Comunista Brasileiro, tal fato somente ocorreu em 1945.

Neste contexto, durante o período em que vivia em Alagoas (até 1936), destaque-se que "apesar da inclinação pelo socialismo, ele não tinha qualquer vínculo com os comunistas, como afiançaria Rachel de Queiroz: "Era um homem com tendência igual à que se chama hoje de social-democrata. Colocava-se, como nós, contra os poderosos, contra o governo, contra a opressão". [90]

Dênis de Moraes registra ainda a opinião do escritor alagoano Alberto Passos Guimarães, comunista, contemporâneo de Graciliano e também integrante da Roda de Maceió: "As posições dele eram as de um liberal progressista. Não admitia um passo além disso. Suas ideias, em certos pontos, coincidiam com as nossas, mas ele não era comunista. Tinha opiniões próprias, independentes e bem elaboradas, mas não radicais ou revolucionárias. Não era um homem de conversa fiada". [91]

Como se vê, independentemente do rótulo ideológico que se queira colocar, Graciliano sempre foi um homem público que prestigiou valores democráticos e ideias sociais. Como administrador público, soube como poucos colocar em prática o princípio republicano e todos os seus corolários.

Em seguida, convém desde logo destacar algumas situações que demonstram que, sem sombra de dúvida, o prefeito Graciliano Ramos se portava de forma modelar, e, especialmente no campo de análise do Direito Administrativo, vê-se um raro caso em que a realidade (no caso, o comportamento do homem público) parece ser tão boa quanto ou até mesmo melhor que as próprias normas criadas para modificá-la.

2.1 O prefeito Graciliano Ramos

O fato de uma gestão realizada há quase noventa anos ainda servir de referência para os atuais administradores públicos é algo que merece

---

[90] MORAES, Dênis de. *O velho Graça*: uma biografia de Graciliano Ramos. São Paulo: Boitempo, 2012. p. 107.

[91] MORAES, *op.cit.*, p. 107.

ser destacado, especialmente em se tratando de um período histórico em que não existiam leis administrativas tão rígidas (como a lei de responsabilidade fiscal e a lei de licitações) e em que os municípios possuíam ainda menos autonomia, posto que dispunham de míseros recursos financeiros.

Menos de um mês à frente da Prefeitura, Graciliano já antevê que terá dificuldades em concluir o mandato (que era de três anos), o que se confessa quando escreve em uma carta à Heloísa (que viria se tornar sua esposa no primeiro ano do mandato) que: "Para os cargos de administração municipal escolhem de preferência os imbecis e os gatunos. Eu, que não sou gatuno, que tenho na cabeça uns parafusos de menos, mas não sou imbecil, não dou para o ofício e qualquer dia renuncio".[92]

O prefeito Graciliano se portava de forma austera e agia com convicção. Certa vez ele "demitiu seu secretário de Finanças ao desconfiar de sua lisura no cuidado das contas do município. Só que o tal secretário era irmão do vice-prefeito, que prontamente foi até Graciliano reclamar da situação e dizer que, se o irmão saísse, ele sairia também. O escritor não se abalou. Peremptório, continuou a governar sem vice-prefeito".[93]

Como não poderia ser diferente para aqueles que impõem o cumprimento irrestrito da lei, o escritor prefeito contrariou muitos interesses enquanto exerceu seu mandato. Até mesmo seu pai não foi poupado.

Nesse sentido, há um episódio que ficou conhecido por traduzir com perfeição o estilo de administrar de Graciliano: após determinar a limpeza de ruas e logradouros, o recolhimento dos animais que ficavam soltos nas vias públicas e a imposição de multa para aqueles que reincidissem, ficou sabendo que seu pai não acatara a ordem. Na mesma hora, mandou multá-lo. Magoado, seu pai o procurou, mas teve que ouvir uma admoestação: "Prefeito não tem pai. Eu posso pagar sua multa. Mas terei que apreender seus animais toda vez que o senhor os deixar na rua".[94]

Se desagradava os poderosos, também se pode afirmar que "as atitudes decididas davam-lhe credibilidade junto à população mais pobre, que simpatizava com seu modo de administrar informal e pela acolhida aos pleitos apresentados. Saía cedo para vistoriar obras; recebia qualquer pessoa em seu gabinete, sem hora marcada; e mantinha o hábito de conversar com amigos e antigos frequentadores da sua loja de tecidos Sincera".[95]

---

[92] MORAES, op.cit., p. 64.
[93] Graciliano Ramos, o político: ordem na literatura e na administração. O Globo – Prosa, 01 jul. 2013.
[94] MORAES, Dênis de. O velho Graça: uma biografia de Graciliano Ramos. São Paulo: Boitempo Editorial, 2012. p. 65.
[95] MORAES, Dênis. Graciliano, prefeito revolucionário. Disponível em: https://blogdaboitempo.com.br/2012/10/31/graciliano-prefeito-revolucionario/. Acesso em: 16 jan. 2017.

Por essas e outras razões, pode-se afirmar que Graciliano Ramos foi um prefeito ímpar: "Palmeira dos Índios foi governada por um homem de caráter forte, firmeza de convicção, valores enraizados, totalmente desinteressado de vaidades pessoais, enriquecimento ilícito, benesses do poder e um 'balde cheio de outros', o que sem dúvida tornava-o 'o prefeito pelo avesso'".[96]

Registre-se que este reconhecimento já existia até mesmo na época em que Graciliano ocupava a prefeitura de Palmeira dos Índios. Neste contexto, convém transcrever trecho da mensagem que o Governador do Estado Álvaro Paes encaminhara para o Congresso Legislativo de Alagoas em 1929: "A administração de Palmeira dos Índios continua a oferecer um exemplo de trabalho e honestidade, que coloca o Município numa situação de destaque. A ação do prefeito, forte e inteligente, se faz sentir nas iniciativas e realizações, que têm concorrido para o engrandecimento do Município".[97]

Neste mesmo sentido, o Jornal de Alagoas que circulou em 14 de agosto de 1930 já destacava que "à frente dos melhores prefeitos do atual triênio esteve há pouco o Sr. Graciliano Ramos, pela inteligência, pela atividade, pela energia, pela honestidade e pela felicidade de suas iniciativas. Todos sabem o que foi sua administração em Palmeira dos Índios", tendo registrado ainda o papel dos relatórios que elaborou, ao ressaltar que "entre as coisas boas instituídas pelo Sr. Graciliano Ramos na Prefeitura de Palmeira dos Índios conta-se a maneira por que são organizados os balancetes bimestrais, pela qual o leitor fica imediatamente senhor do que ali se vai passando".[98]

2.2 A eleição para Prefeitura de Palmeira dos Índios

Durante o Brasil Império os municípios não passavam de meras divisões territoriais, "sem influência política e sem autonomia de gestão de seus interesses",[99] ficando a mercê dos interesses políticos da Província da qual faziam parte.

---

[96] SILVEIRA, Paulo de Castro. *Graciliano Ramos*: nascimento, vida, glória e morte. Maceió: Fundação Teatro Deodoro FUNTED, 1982. p. 210.

[97] FERREIRA, Cosme Rogério. *Habitus, campo e mercado editorial*: a construção do prestígio da obra de Graciliano Ramos. Maceió: Edufal, 2015.

[98] RAMOS, Graciliano. *Garranchos. Textos inéditos de Graciliano Ramos*. Organização Thiago Mia Salla. Rio de Janeiro: Record, 2013. p. 111, nota número 3.

[99] MEIRELLES, Hely Lopes; DALLARI, Adilson Abreu (Coord.). *Direito Municipal Brasileiro*. 17. ed. São Paulo: Malheiros, 2014. p. 37.

Curiosamente, sob a égide da Constituição de 1824, ainda não existia a figura do prefeito.[100] No caso, às Câmaras Municipais, presididas pelo vereador mais votado (conforme art. 168), competia "o Governo economico, e municipal das mesmas Cidades, e Villas" (art. 167), especialmente, "o exercicio de suas funcções municipaes, formação das suas Posturas policiaes, applicação das suas rendas, e todas as suas particulares, e uteis atribuições" (art. 169).

Após a proclamação da República, os municípios, embora tenham adquirido no plano teórico mais autossuficiência, uma vez que a Constituição de 1891 determinou em seu art. 68 que os Estados assegurassem a autonomia dos municípios, continuaram a ser espécies de apêndices dos Estados, já que praticamente não possuíam fontes de receita própria.

Registre-se que, além da grande centralização, o coronelismo estava presente de forma muito intensa na vida dos municípios, especialmente os do interior, afetando as relações de poder. Nesse contexto, transcreva-se importante análise da realidade jurídico-política das eleições municipais nos anos que se seguiram à adoção do regime republicano:

> Os prefeitos eram eleitos ou nomeados ao sabor do governo estadual, representados pelo "chefe" todo-poderoso da "zona". As eleições eram de antemão preparadas, arranjadas, falseadas ao desejo do "coronel". As oposições que se esboçavam no Interior viam-se aniquiladas pela violência e pela perseguição política do situacionismo local e estadual. Não havia qualquer garantia democrática. E nessa atmosfera de opressão, ignorância e mandonismo o Município viveu quatro décadas, sem recurso, sem liberdade, sem progresso, sem autonomia.[101]

Graciliano escrevera certa vez que "o sistema eleitoral da Primeira República criou, no interior do Brasil, curiosos tipos de caudilhos. Em torno deles girava a vida estadual e municipal. Todo um grupo de interêsses pessoais se organizava em redor dessas figuras, que comandavam os negócios sociais. Cada uma delas podia repetir a frase simbólica de Luiz XIV: L'Etat c'est moi".[102]

---

[100] A doutrina indica que "na organização das Municipalidades, não havia prefeito – cargo, este, que só foi criado pela Província de São Paulo, pela Lei 18, de 11.3.1835, com o caráter de delegado do Executivo, e de nomeação do presidente da Província. A inovação foi tão bem recebida, que a Regência a recomendou, pelo Decreto de 9 de dezembro do mesmo ano, às demais Províncias, sendo o exemplo logo seguido pelo Ceará, Pernambuco e Alagoas" (MEIRELLES; DALLARI, *op. cit.*, p. 38).

[101] MEIRELLES; DALLARI, *op. cit.*, p. 39.

[102] RAMOS, Graciliano. Quadros e costumes do Nordeste. *Cultura Política*, ano 1, n. 2, p. 247, abr. 1941.

Sobre a eleição de Graciliano Ramos para a prefeitura de Palmeira dos Índios, alguns fatos devem ser destacados, até mesmo para que isto sirva de reflexão para a sociedade brasileira, tão desiludida com os rumos da política nos dias atuais.

Registre-se que o contexto histórico em que a citada eleição municipal ocorreu ainda era marcado pelas disputas entre as tradicionais oligarquias políticas alagoanas.[103] No meio de fogo cruzado,[104] a figura de Graciliano Ramos, de forma inusitada, aparece como consenso:

> Palmeira vivia um período atribulado: o prefeito anterior, Lauro de Almeida Lima, fora assassinado a tiros um ano antes, após desentender-se com um fiscal de tributos. Este, por sua vez, foi fuzilado em seguida pelo delegado de polícia local. O banho de sangue traumatizou a população da cidade. O vice-prefeito Manuel Sampaio Luz cumpriu o resto do mandato e, com a proximidade das eleições, os políticos começaram a se articular para escolher o sucessor e tentar dissipar o clima sombrio. Naquele ambiente típico da República Velha, os partidos interferiam pouco nas eleições locais, o que valia mesmo era o peso da botina dos caciques políticos, geralmente fazendeiros poderosos. Em Palmeira dos Índios, a cena política havia quatro décadas era dominada pela família Cavalcanti, aliados do governador alagoano Costa Rego, todos eles do Partido Democrata. Após uma rodada de negociações, a cúpula se fixou no nome de Graciliano, um respeitado comerciante local que beirava os 35 anos, com fama de honesto, culto, austero e, principalmente, amigo dos caciques do partido. Aliado ao bom trânsito político, havia sido bem-sucedido como presidente da Junta Escolar na gestão anterior, uma espécie de secretário municipal da educação.[105]

Registre-se, ainda, que o então governador do Estado Costa Rêgo, que havia sido jornalista do Correio da Manhã (Rio de Janeiro) durante muitos anos, dirigira Graciliano Ramos na década de 1910, quando este foi

---

[103] Nesse sentido: "Os quarenta primeiros anos da República em Alagoas ficaram marcados por disputas interoligárquicas e pela ausência de ações significativas da administração pública. Os governadores exerciam o cargo sem recursos orçamentários próprios, o que limitava a ação estadual, vivendo na dependência do principal recurso de caixa, o oscilante imposto sobre exportações." (CARVALHO, Cícero Péricles. *Formação histórica de Alagoas*. 3. ed. Maceió: Edufal, 2015. p. 240).

[104] A expressão pode ser entendida inclusive de forma literal, já que desde os primeiros anos de Alagoas, "as eleições nos deixaram tão tristes recordes: chacinas, fraudes, violências, jornalismo desenfreado, partidos vermelhos, lares difamados, famílias esfaceladas" (ALTAVILA, Jaime de. *História da civilização de Alagoas*. Maceió: Edufal, 1978. p. 70).

[105] LOPES, Marcos. *O prefeito Graciliano Ramos e seus relatórios de gestão*. Disponível em: http://diplomatizzando.blogspot.com.br/2016/09/atencao-candidatos-prefeito-relatorios.html. Acesso em: 27 jan. 2017.

tentar a carreira no jornalismo na então capital do país, e o deputado Álvaro Paes já conhecia Graciliano por ser também palmeirense e intelectual.[106]

Todavia, desde logo chama a atenção sua resistência em disputar o cargo. Ao saber que os políticos da cidade (e aquele que viria a se tornar em seguida o Governador, no caso, Álvaro Paes) queriam lançar sua candidatura (pelo Partido Democrata), reagiu com perplexidade:

> *"Só se Palmeira dos Índios estivesse com urucubaca..."* (...) a Prefeitura jamais estivera em suas cogitações (...) Horas depois, o convite caiu em domínio público. Mas ele não demonstraria a mínima intenção de aceitá-lo. Se vinham lhe encher a cabeça, reagia com impropérios. Não contava, porém, com a determinação dos Cavalcanti. Várias noites, Otávio e Chico o procuraram em casa para quebrar-lhe a resistência. O homem era duro na queda. "Na vida pública já alcancei o que desejava: sou eleitor e jurado". Nem o pai conseguiu dissuadi-lo.[107]

Hoje em dia, da mesma forma que ocorreu com Graciliano, na época com 35 anos de idade, vemos como muitas pessoas honestas resistem em entrar para a vida pública, o que acaba por deixar a vida dos gatunos mais fácil.

Mas, afinal, o que fez Graciliano Ramos mudar de ideia? Certamente, ele sabia muito bem em que consistia uma eleição nos municípios do interior deste imenso país, tendo escrito uma crônica em que destacava que "o eleitor cambembe votava para receber um par de tamancos, um chapéu e o jantar que o chefe político oferecia à opinião pública; mas o eleitor considerado queria modo de vida fácil, ordenado certo e a educação dos filhos".[108]

Provavelmente, o que fez com que Graciliano Ramos concordasse com o lançamento de sua candidatura foi uma conjunção de fatores: desafio, provocações dos adversários, pressão dos amigos, necessidade de mudanças, dentre outros.

Fato é que, ao aceitar se candidatar, Graciliano Ramos logo avisou que não faria campanha, não faria promessas, não interferiria na composição da chapa para conselheiros municipais (os atuais vereadores) e, principalmente, que não tinha amarras, nem compromisso com quem quer que fosse.

---

[106] FERREIRA, Cosme Rogério. *Habitus, campo e mercado editorial*: a construção do prestígio da obra de Graciliano Ramos. Maceió: Edufal, 2015. p. 59.

[107] MORAES, Dênis de. *O velho Graça*: uma biografia de Graciliano Ramos. São Paulo: Boitempo Editorial, 2012. p. 60-61.

[108] RAMOS, Graciliano. Quadros e costumes do Nordeste. *Cultura Política*, Rio de Janeiro, ano 1, n. 2, p. 247, abr. 1941.

Eleito com 433 votos, fora candidato único e desdenhara do processo eleitoral: "Assassinaram meu antecessor. Escolheram-me por acaso. Fui eleito naquele velho sistema de atas falsas, os defuntos votando".[109]

Assim, vê-se que o candidato Graciliano Ramos não tinha nenhuma ambição política, não fez conchavos, não fez promessas, não comprou votos, tampouco foi hipócrita, ao reconhecer as mazelas do processo eleitoral. Quantos exemplos para os políticos dos dias de hoje.

2.3 Combatendo velhas práticas

O município de Palmeira dos Índios de 1928 era um retrato fiel da realidade das pequenas cidades do interior do país, dominadas por velhas práticas patrimonialistas, dentre as quais o coronelismo, o clientelismo, o fisiologismo, o nepotismo, o favoritismo, o revanchismo e a corrupção.[110]

Assim como em todo território brasileiro, a Administração Pública municipal naquele pedaço de Alagoas era uma terra "sem lei e sem obediência, à margem do controle, inculcando ao setor público a discrição, a violência, o desrespeito ao direito. Privatismo e arbítrio se confundem numa conduta de burla à autoridade, perdida esta na ineficiência"[111] (FAORO, 2001, p. 231).

Quando assumiu o mandato de Prefeito, Graciliano Ramos encontrou uma cidade "onde o poder dos grandes senhores se sobrepunha ao interesse coletivo e às normas vigentes",[112] o que era apenas uma dentre as incontáveis dificuldades que teve que superar.

Conforme se analisará em seguida, nos comentários aos relatórios, o novo prefeito não reconhecia o poder dessas autoridades paralelas (*"havia em Palmeira innumeros prefeitos"* ou *"cada pedaço do Municipio tinha a sua administração particular"*), embora recebesse constantes ameaças e intimidações, inclusive uma tentativa de assassinato.[113]

---

[109] MORAES, op. cit., p. 61.

[110] O próprio Graciliano, em uma conversa com um ex-prefeito de Palmeira dos Índios que afirmava que teria deixado para o sucessor dinheiro em caixa, teria retrucado "Você fez isto? Muito bem. A maioria dos prefeitos que andam por aí é de ladrões. De cada dez, oito roubam" (MORAES, op. cit., p. 69).

[111] FAORO, Raymundo. *Os donos do poder*: formação do patronato político brasileiro. 11. ed. São Paulo: Globo, 1997. v. 1, p. 231.

[112] MORAES, op. cit., p. 65.

[113] Nesse sentido, Graciliano cumpriu rigorosamente a lei "...sem temer inimizades, ameaças, intimidações, ou mesmo tentativas de assassinato, como a que sofreu em 1928 enquanto passeava com a mulher, Heloísa, grávida de Ricardo, o primeiro filho do casal. Com cerca de seis tiros, um atirador chinfrim conseguiu apenas quebrar o para-brisa do carro que os transportava numa tarde de domingo. O prefeito, mesmo tendo pessoalmente levado o homem para a cadeia, nunca soube quem era o mandante do crime" (trecho retirado do prefácio dos *Relatórios*

No tocante ao combate ao clientelismo,[114] não tolerava qualquer acordo espúrio. Era avesso a toda espécie de favoritismo. Nesse sentido, cunhou uma das frases mais expressivas do primeiro relatório: *"Há quem não compreenda que um acto administrativo seja isento da ideia de lucro pessoal"*; no segundo, afirmou que não empregara rigores excessivos. *"Fiz apenas isto: extingui favores largamente concedidos"*.

Afastou-se da tradição do nepotismo, chegando a afirmar que o dinheiro do povo estaria melhor aplicado se transformado em *"pedra, cal, cimento"* que se distribuído com seus parentes. Estes, aliás, não tiveram vida fácil: basta lembrar do exemplo de seu próprio pai, multado por deixar animais soltos na rua.

Se não favoreceu, também procurou não trilhar o caminho do revanchismo: *"puz termo às extorsões que afligiam os matutos de pequeno valor, ordinariamente raspados, escorchados, esbrugados pelos exactores"*.

Opunha-se ao paternalismo estatal, tendo chegado a propor a alguns espertalhões que mendigavam na cidade que trabalhassem na construção de um muro em torno do aterro da lagoa em troca do dobro do valor que arrecadavam pedindo esmola. Dênis de Moraes informa que nunca mais a legião de pedintes apareceu em Palmeira dos Índios. Também inovou ao colocar os presos para trabalhar na construção da estrada para Santana do Ipanema, combatendo a ociosidade da cadeia.[115]

Não admitia revanchismos, tratava com respeito as pessoas e dava constantes exemplos de tolerância política e administrativa, como se vê no episódio em que permitira a realização de comício de grupo político rival (o que não era comum em um país que ainda não era democrático como hoje em dia), tendo, inclusive, hospedado em sua casa o chefe da oposição, que era seu amigo de infância. E mais: "Graciliano convidou-o para passar o carnaval na cidade, como seu hóspede. Pedro não só aceitou como desfilou, ao lado do prefeito, em carro aberto, durante o corso. Os Cavalcanti pularam de ódio".[116]

Não obstante, fora perseguido, física, política e juridicamente, tendo, inclusive, após ter deixado o cargo de prefeito, respondido processo

---

de *Graciliano Ramos publicados no Diário Oficial*, elaborado por Elizabeth Ramos, Imprensa Oficial Graciliano Ramos, Maceió, 2013, p. 14).

[114] Desde sua origem, Alagoas sempre esteve inserida em um contexto de profundo desequilíbrio socioeconômico, o que serviu de combustível para as práticas clientelistas: "Das benesses sesmarias, fundiárias, à estruturação do poder familiar/pessoal, dos laços de parentela ao estabelecimento da corte de agregados e à prática clientelista, a relação de dependência da população e o uso da violência em qualquer disputa, principalmente política, são fatos que vão caracterizar a nova unidade administrativa" (TENÓRIO, Douglas Apratto. *A tragédia do populismo*: o impeachment de Muniz Falcão. 2. ed. Maceió: Edufal, 2007. p. 95).

[115] MORAES, *op. cit.*, p. 69.

[116] MORAES, *op. cit.*, p. 77.

perante a Junta Estadual de Sanções sob a falsa acusação de que teria aplicado indevidamente recursos públicos. Sobre este caso: "mesquinha retaliação. Os auditores vasculharam os balancetes da Prefeitura e nada conseguiram provar contra a sua proba administração. A denúncia, improcedente, seria arquivada".[117]

Outra prática que o prefeito de Palmeira dos Índios procurou reprimir foi a da promessa vazia, típica de gestões que agem com populismo apenas porque objetivam obter proveitos eleitorais a fim de que consigam se perpetuar no poder.

Devido a sua austeridade, jamais dava um passo maior que as pernas. No segundo relatório, indagava: *"Mas para que semear promessas que não sei se darão fructos? Relatarei com pormenores os planos a que me referi quando eles estiverem executados, se isto acontecer. Ficarei, porém, satisfeito se levar ao fim as obras que encetei. É uma pretensão moderada, realizável."*

Também no segundo relatório, com uma apurada visão política e coerente com suas convicções em defesa do social, tece uma ferrenha crítica àqueles que querem vender fórmulas inovadoras de administração pública e defendem uma atuação mínima do Poder Público, o que, aliás, é algo muito atual no cenário jurídico-administrativo brasileiro:

> O esforço empregado para dar ao Município o necessário é vivamente combatido por alguns pregoeiros de métodos administrativos originais. Em conformidade com eles, deveríamos proceder sempre com a máxima condescendência, não onerar os camaradas, ser rigorosos apenas com os pobre-diabos sem proteção, diminuir a receita, reduzir a despesa aos vencimentos dos funcionários, que ninguém vive sem comer, deixar esse luxo de obras públicas à Federação, ao Estado ou, em falta destes, à Divina Providência.

A doutrina administrativista brasileira, após destacar os vícios de uma administração patrimonialista e o perfil do gestor público personalista, já destacou que quem vier a contrariar o perfil acima indicado está fadado muitas vezes ao isolamento, "uma vez que estará indo de encontro a todo um modelo cultural já incorporado na sociedade brasileira", e que "embora se tenha experimentado uma indiscutível democratização na gestão dos negócios públicos, o que possibilitou um maior controle e transparência dos atos do Poder Público, a administração personalizada continua sendo uma constante".[118]

---

[117] MORAES, *op. cit.*, p. 81.

[118] CARVALHO, Fábio Lins de Lessa. *O princípio da impessoalidade nas licitações*. Maceió: Edufal, 2005. p. 43.

Não obstante, apesar de um dos focos principais da gestão de Graciliano Ramos ter sido o combate às práticas patrimonialistas, é importante registrar que sua gestão ocorre em um período de transição entre aquele velho modelo e a burocracia que estava começando a se instalar no país.[119]

Em termos gerais, o prefeito escritor era receptivo às inovações da burocracia, como a separação entre espaços públicos e privado, despersonalização da administração pública e a prevalência de regras pré-estabelecidas em detrimento da vontade do gestor.

Todavia, ele também já tecia algumas críticas a vicissitudes do modelo burocrático. Nesse contexto, isso se nota evidente quando, no relatório de 1929, reclama do excesso de telegramas que a Prefeitura de Palmeira dos Índios até então vinha fazendo uso, aduzindo que *"de ordinário vai para eles dinheiro considerável"*, *"dispêndio inútil"*.[120]

Assim, vê-se que na gestão de Graciliano Ramos existiam várias preocupações em implantar as mudanças que estavam sendo paulatinamente introduzidas com a adoção de um modelo burocrático de administração pública, especialmente no que diz respeito à impessoalidade e à racionalidade, características, aliás, muito condizentes com o pensamento e a conduta do referido gestor.

De toda forma, Graciliano já se deparava com as dificuldades de implantação desse modelo burocrático em terras brasileiras, onde o

---

[119] Sobre esta questão: "Como fenômeno predominantemente urbano e calcado na formação do Estado moderno, a burocracia estatal no Brasil estará necessariamente relacionada à era Vargas, o que não implica que ela inexistisse em períodos anteriores" (RODRIGUES, Marco Antônio. *Contos da vida burocrática*: o funcionário público na narrativa curta de ficção brasileira. Brasília: Universidade de Brasília, 2015. p. 17. Disponível em: http://repositorio.unb.br/bitstream/10482/22054/1/2015_MarcoAntonioRodrigues.pdf. Acesso em: 25 jan. 2017).

[120] Sobre o atual momento da administração pública brasileira: "Mesmo em relação ao contexto da administração pública atual, embora haja certo otimismo quanto à superação do modelo patrimonialista e da burocracia weberiana por uma "nova administração pública" (em inglês, new public management), muitas práticas e formalidades do rito burocrático têm resistido ao tempo e à modernização. De um ponto de vista teórico, é o que os estudiosos do fenômeno chamam de "falha sequencial" nas reformas administrativas do Estado, isto é, o relativo ou absoluto fracasso cíclico das tentativas de sanear, moralizar e racionalizar a administração pública, libertando-a de vícios e hábitos arraigados. Do ponto de vista prático, de quem trabalha ou trabalhou nas repartições públicas do governo, trata-se da permanência de instrumentos como o memorando, o relatório, o ofício; a juntada de documentos em processos às vezes gigantescos, mesmo que em formato digital; a organização das forças de trabalho em equipes hierarquizadas, confinadas em ambientes gélidos, muitas vezes inóspitos; as estações de trabalho informatizadas, que nada mais são que atualizações das antigas escrivaninhas, ou *bureaus* – tudo sugere mais a permanência que a superação dos procedimentos tradicionais, algo a que a literatura não teria se mostrado insensível" (RODRIGUES, Marco Antônio. *Contos da vida burocrática*: o funcionário público na narrativa curta de ficção brasileira. Brasília: Universidade de Brasília, 2015. p. 17. Disponível em: http://repositorio.unb.br/bitstream/10482/22054/1/2015_MarcoAntonioRodrigues.pdf. Acesso em: 21 jan. 2017).

patrimonialismo sempre esteve tão presente na vida do Estado e da sociedade. Nesse contexto:

> O Estado que surgia era um Estado administrativo, que procurava falar a língua racional-legal, com a montagem de aparelhos modernos, com a implantação de carreiras em bases meritocráticas, com a classificação de cargos. Era um Estado que criava uma burocracia, procurando incorporar pessoas da nova classe média urbana, burocracia esta que crescia quantitativamente, na medida em que crescia a pressa em recuperar o tempo perdido. Mas era um Estado que não resistia às pressões clientelísticas, e que, para impor o seu poder de dominação, usava, sem medo, estratagemas informais como a criação de uma estrutura administrativa paralela ou de inúmeros cargos "extranumerários" para atender aos crescentes pedidos de emprego, repetindo práticas que vinham da fase em que predominava a forma de dominação tradicional, como diria Weber.[121]

2.4 Relatórios de gestão no contexto histórico e jurídico brasileiro

Conforme se demonstrará mais adiante, o gestor público Graciliano Ramos sempre cultivou o costume de redigir relatórios, dando publicidade às atividades que exercia, prestando contas dos recursos que geria e tornando transparentes suas condutas enquanto homem público.

Evidentemente, a elaboração de relatórios remonta a tempos imemoriais. Basta lembrar a famosa Carta em que Pero Vaz de Caminha relata ao Rei de Portugal, de forma minuciosa, os detalhes que envolviam o descobrimento do Brasil.

Todavia, aqui se faz referência a relatórios administrativos ou de gestão, que tanto existem no setor público, como no privado. Mas, afinal, o que são esses relatórios? Para que eles servem? No âmbito da Administração Pública, que características apresentam?

De uma forma geral, relatório, na definição do dicionário Aurélio, "significa uma exposição escrita em que se descrevem todos os fatos (...)". No caso dos relatórios administrativos ou de gestão no âmbito da Administração Pública, é o instrumento que apresenta ao público e, em particular aos órgãos de hierarquia superior ou de controle, as ações desenvolvidas por determinado órgão ou entidade.

Em um relatório de gestão, haverá sempre os seguintes elementos: aquele que relata (no caso, o órgão responsável pelas ações), aquele para quem se relata (em geral, o público ou uma autoridade ou órgão

---

[121] GOUVÊA, Gilda Portugal. *Burocracia e elites burocráticas no Brasil*. São Paulo: Paulicéia, 1994. p. 80.

de controle), as atividades realizadas (objeto do relatório) e a linguagem adotada.

A tradição de relatórios na Administração Pública brasileira remonta ao período colonial, especialmente diante da imensa distância entre a metrópole e a colônia. Nesse contexto, os donatários das Capitanias Hereditárias relatavam à Coroa Portuguesa seus progressos, o que também passou a ocorrer com os Governadores Gerais.

Assim, embora exista há muito tempo a prática de redação de relatórios no âmbito da gestão pública, tais documentos eram confeccionados muito mais para narrar fatos e informar as autoridades, então consideradas detentoras do poder, que propriamente com objetivo de transmitir uma mensagem crítica e que pudesse vir a gerar mudanças de posturas no futuro.

A propósito, no Brasil Império, contrariando a tendência acima registrada, foi elaborado um documento intitulado "Projetos para o Brasil", de José Bonifácio de Andrada e Silva, em que procurara formular as bases do país enquanto Nação.[122]

Nesse contexto, convém registrar que há quem considere que os relatórios de Graciliano Ramos se equiparam em importância ao projeto para o Brasil de José Bonifácio, e que ambos estão entre os mais importantes documentos políticos do Brasil.[123]

Apesar de seu estilo único e do conteúdo que aponta um estilo de administração pública sem precedentes, não se pode afirmar que os relatórios de Graciliano Ramos foram os únicos escritos por um gestor público, em seu tempo, com o objetivo de prestar contas de suas atividades. Nesse sentido, em uma pesquisa realizada por Aline da Silva Santos, do curso de Pedagogia da Universidade Federal de Alagoas, foram consultados documentos do período, especialmente diários oficiais, em que se vê que prefeitos de outros municípios alagoanos também elaboraram relatórios de gestão:

> Quando se analisa o relatório do prefeito anterior de Palmeira dos Índios, Sampaio Luz, referente ao ano de 1927, pode-se constatar que não foi

---

[122] Nesse documento, José Bonifácio, o patriarca da Independência, afirma "... quero ainda esperar que o império constitucional se arraigará no Brasil, se a nação e o governo desejarem realmente o seu próprio bem. Os ministros devem sentir que não poderão sustentar-se senão governando conforme a justiça e a Constituição; porque o interesse dos governantes deve ser o mesmo que o dos governados; e que cumpre fazer causa comum com o patriotismo do povo, e com as idéias sãs dos homens virtuosos e instruídos" (BONIFÁCIO, José. Projetos para o Brasil apud DOLHNIKOFF, Miriam. O projeto nacional de José Bonifácio. *Novos Estudos*, p. 121-141, nov. 1996).

[123] Opinião do jornalista Maurício Melo, expressada na entrevista *A política do mestre Graciliano Ramos*, jornal Gazeta de Alagoas, Agenda Cultural, publicada no dia 12.09.2010.

descrita ação alguma voltada para a educação escolar. Entretanto, prefeitos de outros municípios alagoanos expuseram oficialmente ações direcionadas à educação escolar como os de Rio Largo e Arapiraca. O relatório do prefeito Antônio Vaz de Castro, referente ao município de Rio Largo, noticia no Diário Oficial em 1927: "A instrução pública dei o meu maior zelo. Dei a Escola Municipal Mixta Deodoro da Fonseca que funcionava numa sala limpa e ampla, mobiliário decente composto de doze (12) carteiras typo americano, um bureau com estrado e cadeira para a professora, uma estante com vidros para o archivo da escola e um quadro negro. Dispendeu o erário do municipio com o mobiliário e letreiro da Escola, a importância de dois contos duzentos e trinta e seis mil réis (2:236$000). (DIÁRIO OFICIAL, 11 dez. 1927, p. 1)". O prefeito de Arapiraca, Esperidião Rodrigues da Silva, no relatório circulado no Diário Oficial no mesmo ano, apresentava algumas ações voltadas à escolarização: "Mantive a escola municipal Deodoro da Fonseca que tem tido regular frequência. Dei roupas e calçados a 10 crianças pobres a fim de que podessem as mesmas frequentar a escola" (DIÁRIO OFICIAL, 18 dez. 1927, p. 1).[124]

Assim, ratifique-se que o grande mérito a ser atribuído a Graciliano Ramos enquanto gestor público não reside especificamente no fato de que ele procurava ser transparente (embora isso também seja extremamente louvável). Na verdade, o que o homem público Graciliano Ramos tem de único é seu estilo peculiar de administrar o interesse público, sem quaisquer ranços de um modelo patrimonialista que estava fortemente presente. Ademais, a grande contribuição dos relatórios não é exatamente o fato de eles existirem, mas o conteúdo que ele relatou à sociedade da época e o muito que ele ensina à sociedade de hoje.

Por sua vez, no tocante à linguagem dos relatórios, é importante sempre sublinhar que o texto há de ser compreensível, redigido em termos técnicos, mas que não sejam inacessíveis ao entendimento daqueles que o lerão. Nesse sentido, deve-se evitar:

> uma forma específica de linguagem administrativa, o que coloquialmente e pejorativamente se chama *burocratês*. Este é antes uma distorção do que deve ser a redação oficial, e se caracteriza pelo abuso de expressões e clichês do jargão burocrático e de formas arcaicas de construção de frases. A redação oficial não é, portanto, necessariamente árida e infensa à evolução da língua. É que sua finalidade básica – comunicar com impessoalidade e máxima clareza – impõe certos parâmetros ao uso que se faz da língua, de

---

[124] SANTOS, Aline da Silva. Graciliano Ramos: literato e gestor – contribuições à educação alagoana (1920-1940). Trabalho de Conclusão (Graduação em Pedagogia) – Universidade Federal de Alagoas, Maceió, 2013. p. 36-37. Disponível em: http://www.cedu.ufal.br/grupopesquisa/gephecl/gracilianoramos.pdf. Acesso em: 03 fev. 2017.

maneira diversa daquele da literatura, do texto jornalístico, da correspondência particular, etc.[125]

Conforme se verá em seguida, o homem público Graciliano Ramos sempre procurou atuar com transparência, e isso ocorreu não apenas quando exerceu o cargo de Chefe do Executivo do município de Palmeira dos Índios.

2.5 Outros relatórios de Graciliano pouco conhecidos

Os famosos Relatórios ao Governador do Estado, elaborados quando prefeito de Palmeira dos Índios, não foram os únicos relatos administrativos escritos pelo gestor Graciliano Ramos.

Antes de encaminhar os mencionados relatórios ao Chefe do Poder Executivo Estadual, o prefeito Graciliano Ramos já havia enviado ao Conselho Municipal (o que seria hoje a Câmara de Vereadores) um relatório para prestar contas da arrecadação nos dois primeiros meses de governo e "para demonstrar o estado em que se encontrava a Prefeitura quando da assunção do cargo – cuidado que muitos gestores públicos olvidam, seja por desapego à necessária publicidade, seja para não contrariar o gestor anterior, de quem fora correligionário".[126]

Na verdade, durante a sua gestão como Presidente da Junta Escolar de Palmeira dos Índios em 1926, ele teria enviado relatório também às autoridades estaduais, denunciando o quadro lastimável em que se encontravam as escolas do referido município.

Quando exerceu o cargo de Diretor da Imprensa Oficial, o que aconteceu logo após sua renúncia à prefeitura de Palmeira dos Índios, Graciliano volta a elaborar relatório de suas atividades à frente do órgão encarregado de publicar o Diário Oficial. Neste contexto, ao comentar este episódio, já se ressaltou que "o inédito se repetiu um ano depois, quando dirigiu a Imprensa Oficial e fez questão de deixar gastos caprichosamente anotados, mas tal documento não alcançaria a mesma notoriedade".[127]

Vê-se que Graciliano Ramos conservou esse hábito quando Diretor da Instrução Pública Estadual, oportunidade em que produziu o

---

[125] BRASIL. *Manual de Redação da Presidência da República*. 2. ed. rev. atual. Brasília: 2002.

[126] MEDEIROS, Morton Luiz Faria de. Administrando vidas secas: ensaio sobre os relatos de Graciliano Ramos em sua experiência como Prefeito de Palmeira dos Índios/AL. *Revista de Filosofia do Direito, do Estado e da Sociedade*, v. 6, n. 2, p. 8, 2015.

[127] COELHO, Fernando. *1912-2012. Centenário da Imprensa Oficial*. Maceió: Imprensa Oficial Graciliano Ramos, 2012. p. 158.

documento "Alguns números relativos à instrução primária em Alagoas",[128] publicado no Diário de Pernambuco a 28 de junho de 1935 e que posteriormente foi incorporado ao livro *Garranchos*, publicado em 2013, e que reúne 81 textos inéditos do escritor. No relatório em comento, o Diretor da Instrução Pública alagoana destacava a situação caótica da instrução primária no Estado:

> O quadro que nos apresentava, há poucos anos, a instrução em Alagoas era este: dezena e meia de grupos escolares, ordinariamente localizados em edifícios impróprios, e várias escolas isoladas na capital e no interior, livres de fiscalização, providas de material bastante primitivo e quase desertas. As professoras novas ingressavam comumente nos grupos; as velhas ficavam nas escolas isoladas, desaprendendo o que sabiam, longe do mundo, ensinando coisas absurdas. Salas acanhadas, palmatórias, mobília de caixões, santos nas paredes, em vez de mapas. Em 1932 eram assim as escolas rurais, as distritais e também grande parte das urbanas (pág. 143).[129]

Em análise do relatório da Instrução pública de 1935, uma pesquisadora registrou que foi "com base nas ações implementadas na administração de Graciliano Ramos, que a escolarização alagoana apresentou melhorias significativas. (...) havia uma preocupação do diretor da instrução com a infância pobre, a estrutura física das escolas e, sobretudo, com a formação para o exercício docente, visto que eram e são aspectos fundamentais na estruturação de qualquer sistema de ensino".[130]

Até mesmo no último cargo público que ocupou (inspetor federal de ensino secundário), exercido em um período em que Graciliano já era considerado um dos maiores escritores do Brasil, tal hábito democrático se mantém:

> A cada escola inspecionada correspondia um informe por escrito ao diretor do ensino secundário. Até nesses ofícios protocolares o escritor reluzia. A mesma escrita enxuta e lapidada, clássica na forma e atrevida nas ideias, que, há duas décadas, surpreendera o governador de Alagoas com seus relatórios de prefeito de Palmeira dos Índios. Por que gastar horas preciosas

---

[128] Informação obtida na nota de rodapé 10 do texto 22 "Nossos escritores. Graciliano Ramos: "Sempre fui antimodernista", MIRANDA, José Tavares de. Folha da Manhã, 1951. *In*: LEBENSTAYN, Ieda; SALLA, Thiago Mio (Org.). *Conversas Graciliano Ramos*. Rio de Janeiro: Record, 2014. p. 232.

[129] Achados inéditos, *Caderno B*, Jornal Gazeta de Alagoas, 28 out. 2012.

[130] SANTOS, Aline da Silva. *Graciliano Ramos*: literato e gestor – contribuições à educação alagoana (1920-1940). Trabalho de Conclusão (Curso de Pedagogia) – Universidade Federal de Alagoas (UFAL), Maceió, 2013. p. 50. Disponível em: http://www.cedu.ufal.br/grupopesquisa/gephecl/gracilianoramos.pdf. Acesso em: 03 fev. 2017.

em ofícios do MEC? Ora, Graciliano não seria Graciliano na transgressão do dever, ainda que esse fosse mal remunerado.[131]

Parece indiscutível o fato de que Graciliano Ramos relatava suas atividades públicas não apenas por dever legal, para exercitar seu ofício de escritor ou por vaidade (no caso, por desejo de ter suas ações divulgadas e conhecidas por todos), mas porque considerava ser este o papel do gestor público, de alguém que precisa prestar contas do encargo que lhe foi confiado.

2.6 Os famosos relatórios do Prefeito Graciliano Ramos

Como antes destacado, após o primeiro ano de seu mandato, o então Prefeito encaminha em 10 de janeiro de 1929 o relatório de sua gestão relativa ao ano anterior ao Governador do Estado de Alagoas (na época, Álvaro Paes), tendo sido publicado no Diário Oficial do Estado em 24 de janeiro de 1929. No ano seguinte, elabora o relatório referente ao ano de 1929, encaminhado em 11 de janeiro de 1930, com publicação no Diário Oficial do Estado em 16 de janeiro de 1930.

Graciliano já pressentia as novas exigências de uma sociedade que começa a se organizar e a exigir da Administração Pública novos comportamentos. Neste sentido, ao falar sobre o dever de o gestor público apresentar relatórios, destaca que estes documentos servem para o "público, que os julga, analisa, compara, esmerilhando, vintém por vintém, o dinheiro arrecadado".[132]

Quando estudado pelo meio acadêmico-literário,[133] os relatórios de prestação de contas do prefeito de Palmeira dos Índios ao governador do Estado de Alagoas são considerados documentos que possuem grande relevância, não só pela qualidade extraordinária do texto,[134] mas também

---

[131] MORAES, Dênis de. *O velho Graça*: uma biografia de Graciliano Ramos. São Paulo: Boitempo Editorial, 2012. p. 222.

[132] RAMOS, Graciliano. *Garranchos. Textos inéditos de Graciliano Ramos*. Organização Thiago Mia Salla. Rio de Janeiro: Record, 2013. p. 110.

[133] No tocante aos aspectos literários, sugere-se aqui o texto de ROMARIZ, Vera. A resistência suave do algodão em rama: autoria e crítica nos "relatórios" de Graciliano Ramos. *Revista Graciliano*, n. 1, p. 16-17, ago. 2008. Por sua vez, para uma visão multidisciplinar do assunto, há a obra organizada por Mario Hélio Gomes de Lima (*Relatório*, Record, Rio de Janeiro, 1994), que expõe breves comentários sobre esses documentos e em que consta um capítulo intitulado "Comentários de um sociólogo, dois jornalistas, um escritor e um ator de cinema de hoje aos Relatórios de Graciliano Ramos".

[134] Totalmente singular, ao misturar denúncia e ironia, o texto dos relatórios "não se pode ler sem um sorriso nos lábios, tal a forma *sui generis* em que é apresentado" (SILVA, Leonardo Dantas.

porque alavancaram a carreira do então desconhecido escritor Graciliano Ramos na literatura.

Isso porque os relatórios, bastante divulgados à época,[135] chegaram ao conhecimento de um dos principais editores do país (Augusto Schmidt), que propõe a Graciliano a compra de um romance (que já estava guardado e viria a ser Caetés). Os citados relatórios acompanharam a trajetória de Graciliano por muito tempo, tanto que confessa em carta à esposa Heloísa, em 1937 (oito anos após a divulgação do primeiro relatório), que em viagem a São Paulo ainda havia quem se referisse aos textos.[136]

Acerca das características marcantes do texto, a professora Elizabeth Ramos ressaltou que:

> Nos dois documentos, surpreende o estilo de escrita do prefeito que, embora ciente da formalidade do instrumento, se expressa em tom conversacional, temperado com ironia e senso de humor, características geralmente não contempladas em relatos da administração pública. Surpreende, ainda, o tom de denúncia observado em várias de suas afirmações, afastando o signatário da mera posição de ator político, fazendo com que o leitor o reconheça, acima de tudo, como um prefeito que não se exime da condição de cidadão.[137]

Por sua vez, a professora Sônia Jaconi destaca como Graciliano Ramos, ao relatar suas atividades de gestão, transgride o gênero relatório: "quando isto acontece, diz-se que houve uma transgressão/ruptura

---

Graciliano Ramos: uma quase cronologia. Disponível em: http://www.oocities.org/gracilianoramos/cronologia.htm. Acesso em: 27 jan. 2017.

[135] A respeito dos impactos produzidos pelos Relatórios na época em que foram divulgados, cabe ressaltar: "Por meio de dois relatórios de prestação de contas que enviou, a 10 de janeiro de 1929 e a 11 de janeiro de 1930, ao governador das Alagoas, Álvaro Paes, passou a ser reconhecido como homem público e escritor fora da província, alçando, inclusive, certa notoriedade em âmbito nacional. Ambos os documentos se tornaram públicos e conseguiram recepção extremamente favorável em diversos órgãos de imprensa. O primeiro deles, depois de ganhar as páginas do Diário Oficial, em 1929, e de ser louvado pelo Chefe do Estado, foi tomado pelo Jornal de Alagoas como testemunho "dos mais expressivos e interessantes". Em seguida, numa reação em cadeia, outros periódicos alagoanos, O Semeador (4 e 5 fev. 1929) e o Correio da Pedra (15 set. 1929), trataram do texto. Trechos dele foram publicados também no Recife, no Diário da Manhã (mar. 1929), no Rio de Janeiro no Jornal do Brasil, em A Manhã (12 maio 1929, p. 14), e em A Esquerda, periódico dirigido por Pedro Mota Lima" (RAMOS, Graciliano. *Relatórios*. Organização Mario Hélio Gomes de Lima. Rio de Janeiro: Record, 1994 apud LEBENSTAYN, Ieda; SALLA, Thiago Mio. *Conversas Graciliano Ramos*. Rio de Janeiro: Record, 2014. p. 87, nota 10).

[136] Na citada carta, Graciliano dizia à esposa: "Acredita você que me vieram falar nos relatórios da Prefeitura de Palmeira? Pois é verdade. Por onde eu me vire esses infames relatórios me perseguem" (RAMOS, Graciliano. *Cartas*. Rio de Janeiro: Record, 2011. p. 241).

[137] Trecho retirado do prefácio dos *Relatórios de Graciliano Ramos* publicados no *Diário Oficial*, elaborado por Elizabeth Ramos, Imprensa Oficial Graciliano Ramos, Maceió, 2013, p. 15.

no estilo padrão de determinado gênero textual. Isso não quer dizer que surgiu um novo gênero textual, mas apenas que o autor deixou sua marca de formação/seu estilo no texto".[138]

Registra ainda a referida professora que os relatórios são escritos em primeira pessoa e faz uso de diversas figuras de linguagem, como a ironia e as metáforas. De acordo com Sônia Jaconi, os Relatórios revelam o "estilo de Graciliano Ramos como híbrido e que transita em fronteiras dos estilos jornalismo/documento/ literatura", além do uso de uma linguagem coloquial e de características de oralidade.[139]

Muito mais que uma preciosidade literária e que um exemplo de cidadania, os Relatórios têm um pioneirismo no campo da gestão pública a ser destacado, sendo "um marco na história política nacional. Era a primeira vez que um gestor prestava contas de seus feitos e gastos na "máquina pública" de modo tão detalhado e translúcido e numa linguagem quase literária".[140]

De fato, "muitos escritores imprimiram a suas obras literárias conotações políticas. Graciliano Ramos (...) fez o caminho inverso: transformou a mais árida política em literatura. (...) Graciliano Ramos sentia-se um servidor público, nomeado pelo voto, para cumprir e fazer cumprir normas".[141] E mais: "em uma época na qual a autoritária oligarquia, sem rebuços e desavergonhadamente, era dona do bem público e o distribuía a seus apaniguados, Graciliano destacou a cultura patrimonialista e fisiológica como problema maior das administrações públicas espalhadas por este imenso Brasil, e a combateu resolutamente".[142]

Apesar de proclamada em 1889 por seu conterrâneo Deodoro, Graciliano Ramos tinha clara noção de que a República, trinta anos depois daquela data, ainda não havia se instalado efetivamente no país, e muito

---

[138] No livro *Graciliano Ramos: o prefeito escritor*, a professora Sônia Jaconi analisa os relatórios de gestão do prefeito Graciliano Ramos com enfoque em três áreas de conhecimento: comunicação, administração e letras. Nesse contexto, procura "levantar e expor as principais características que constituem o gênero relatório público para que, a partir desta evidenciação, seja possível reconhecer, além de suas regularidades linguísticas e de formato e os seus aspectos linguísticos e estilísticos, sua função sociocomunicativa no espaço onde se manifesta: nas atividades administrativas das empresas públicas e privadas" (JACONI, Sônia. *Graciliano Ramos: o prefeito escritor*. São Paulo: LCTE, 2013. p. 74).

[139] JACONI, *op. cit.*, p. 99.

[140] COELHO, Fernando. Política de Graça: um bom exemplo de político. *Gazeta de Alagoas*, 12 set. 2010.

[141] SUT, Helena. *Graciliano Ramos*: nosso Velho Graça. Disponível em: http://www.recantodasletras.com.br/resenhas/2391. Acesso em: 13 jul. 2016.

[142] *O prefeito mestre Graciliano Ramos*, O povo, 01 dez. 2015. Disponível em: http://www.opovo.com.br/app/opovo/opiniao/2015/12/01/noticiasjornalopiniao,3542290/o-prefeito-mestre-graciliano-ramos.shtml. Acesso em: 13 jul. 2016.

menos no interior do Estado de Alagoas, onde as práticas patrimonialistas na Administração Pública permaneciam intocadas.

Todavia, já estava plenamente ciente de que algumas iniciativas administrativas já apontavam para a necessidade de fiscalização da aplicação do dinheiro público. Neste sentido, Graciliano escreve em 1930, que, nos últimos tempos, os governadores de Alagoas apanharam o hábito de viajar para realizar inspeções. "O atual é um viajante incansável. Mora num automóvel. (...). Não é fácil um administrador declarar a ele que despendeu mundos e fundos numa estrada imaginária. As obras públicas têm hoje existência real. Todos podem examiná-las, medi-las, apalpá-las, saber quanto custaram, como foram construídas, a quem foram pagas".[143]

Como alguém que dominava a língua e a linguagem e que era consciente de seu papel enquanto representante da sociedade, Graciliano Ramos adotou uma linguagem acessível em seus Relatórios, o que veio a ser preconizado por leis brasileiras somente no século XXI:

> No Brasil, desde a Lei Complementar 101/00 (Lei de Responsabilidade Fiscal), reforçada pela Lei Complementar 131/09 (Lei da Transparência nas Finanças Públicas), os governos, inclusive os municipais de cidades com menos de 50 mil habitantes (a partir de 2013), estão obrigados à transparência no planejamento, execução e controle de suas contas públicas, por meio de relatórios detalhados, disponibilizados pela rede mundial de computadores. Por mais que se faça, nesse campo, em termos de legislação, conhecimento técnico, metodologias de gestão e tecnologia para processamento e disseminação de informações, se não existirem chefes de Poderes Executivos dotados da postura revelada por Graciliano Ramos no seu "Relatório", não se avançará muito. É preciso falar a língua dos homens e não das máquinas e planilhas para governar de modo verdadeiramente democrático, sinceramente republicano. É por isso que defendo (...) que além dos demonstrativos contábeis e financeiros exigidos pela lei, o governante elabore, com sua equipe, análise e comentários circunstanciados de sua gestão, como forma de dialogar com os eleitores-cidadãos-contribuintes. Vejo no "Relatório" de Graciliano Ramos um modelo exemplar, se bem que não é justo exigir dos prefeitos tamanha habilidade literária, domínio da ironia e da graça verbal.[144]

---

[143] RAMOS, Graciliano. *Garranchos:* textos inéditos de Graciliano Ramos. Organização Thiago Mia Salla. Rio de Janeiro: Record, 2013. p. 111.

[144] Trecho retirado da entrevista *O exemplo de Graciliano Ramos na Administração Pública*, com Marcos Lopes, da Revista Gestor, publicada em 17 de agosto de 2013, no *site* Transparência Orçamentária Municipal. Disponível em: https://thetomweb.wordpress.com/2013/08/17/o-exemplo-de-graciliano-ramos-na-administracao-publica/. Acesso em: 24 dez. 2016.

Nesse contexto, de acordo com o atual Manual de Redação da Presidência da República:

> As comunicações que partem dos órgãos públicos federais devem ser compreendidas por todo e qualquer cidadão brasileiro. Para atingir esse objetivo, há que evitar o uso de uma linguagem restrita a determinados grupos. Não há dúvida de que um texto marcado por expressões de circulação restrita, como a gíria, os regionalismos vocabulares ou o jargão técnico, tem sua compreensão dificultada (...) A linguagem técnica deve ser empregada apenas em situações que a exijam, sendo de evitar o seu uso indiscriminado. Certos rebuscamentos acadêmicos, e mesmo o vocabulário próprio a determinada área, são de difícil entendimento por quem não esteja com eles familiarizado. Deve-se ter o cuidado, portanto, de explicitá-los em comunicações encaminhadas a outros órgãos da administração e em expedientes dirigidos aos cidadãos.[145]

É evidente que outro fator deve ser levado em consideração: a linguagem dos relatórios também era menos técnica porque inexistia na Prefeitura, à época de Graciliano Ramos, pessoal com habilitação profissional (inclusive o próprio prefeito) para se utilizar de termos de contabilidade mais apurados. Por essa razão, há de se ponderar que devem ser lidos os relatórios redigidos por Graciliano "considerando-se a escassez dos recursos disponíveis para ele elaborar suas demonstrações, a falta de conhecimento teórico e prático sobre contabilidade, a falta de pessoal técnico para lhe ajudar a preparar os Relatórios".[146]

Ademais, Graciliano, em sua famosa prestação de contas ao Governador de Estado, se é verdade que redige textos que se afastam do tom oficial característico dos relatórios, é importante também deixar claro que "a contravenção não foi realizada pelo autor por ignorância às normas constitutivas do gênero dos textos oficiais, mas pela sua intenção em ampliar a mensagem e, desta forma, dizer muito além das palavras escritas e lidas".[147]

Como se vê, até as dificuldades foram contornadas pelo Velho Graça, que tornou seus relatos uma peça que ultrapassou os limites frios da contabilidade pública. E muito mais que isso: não seria exagero afirmar que

---

[145] BRASIL. *Manual de Redação da Presidência da República*. 2. ed. rev. atual. Brasília: 2002.

[146] CRUZ, Vera Lúcia et al. Uma análise das práticas de evidenciação contábil sob a ótica de Graciliano Ramos nos anos de 1928 e 1929. *Revista de Contabilidade e Controladoria, Universidade Federal do Paraná*, Curitiba, v. 2, n. 6, p. 81-95, mai./ago. 2010.

[147] JACONI, Sônia. *Graciliano Ramos*: o prefeito escritor. São Paulo: LCTE, 2013. p. 115.

a leitura dos relatórios de Graciliano Ramos deveria ser recomendada a todos os cidadãos brasileiros, em especial, os agentes públicos.[148]

Ademais, apesar desses valiosos documentos serem levados em consideração pelo meio acadêmico de diversas áreas (literatura, comunicação, sociologia, gestão pública, contabilidade, etc.), seu estudo, até a presente data, foi totalmente negligenciado pelo meio jurídico.

Nesse sentido, não há dúvidas de que os relatórios podem fornecer uma relevante contribuição ao aperfeiçoamento do Direito Administrativo brasileiro, o que se fará nas próximas páginas.

---

[148] Nunca é demais lembrar as lições magistrais do professor Celso Antônio Bandeira de Mello a respeito da noção de função pública: "Onde há função, pelo contrário, não há autonomia da vontade, nem a liberdade em que ela se expressa, nem a autodeterminação da finalidade a ser buscada, nem a procura de interesses próprios, pessoais. Há adscrição a uma finalidade previamente estabelecida, e, no caso da função pública, há submissão da vontade ao escopo pré-traçado na Constituição ou não lei e há o dever de bem curar um interesse alheio, que, no caso, é o interesse público; vale dizer, da coletividade como um todo, e não da entidade governamental em si mesma considerada" (BANDEIRA DE MELLO, Celso Antônio. *Curso de Direito Administrativo*. 13. ed. São Paulo: Malheiros, 1999. p. 69-70).

CAPÍTULO 3

COMENTÁRIOS JURÍDICO-ADMINISTRATIVOS AOS RELATÓRIOS

Como cada campo do conhecimento tem seus métodos próprios de investigação de seu objeto de estudo, o Direito também possui os dele. No caso, a Ciência do Direito, cujo objeto principal é sistematizar a investigação do fenômeno jurídico, busca trabalhar como direito posto, permitindo que sua análise proporcione uma interpretação e aplicação mais adequadas aos valores que a sociedade venha a eleger.

Para resumir o papel reservado ao estudo do Direito, convém trazer à baila a lição do jurista Miguel Reale, que aduz que a "Ciência do Direito é sempre ciência de um Direito positivo, isto é, positivado no espaço e no tempo, como experiência efetiva, passada ou atual".[149]

Dentro do contexto acima, um dos métodos que os doutrinadores mais utilizam é o de comentar normas jurídicas vigentes (constituições, leis, decretos, etc.), extraindo das mesmas consequências (direitos e deveres), analisando seu alcance, criticando-as, sugerindo alterações, dentre outras situações.

De toda forma, o que em geral ocorre é que os citados comentários doutrinários recaem sobre normas jurídicas. Dentro de todos os ramos do Direito, isso parece se dar de forma invariável: basta surgir uma lei nova, para serem realizados comentários que investigam os diversos desdobramentos que cada um de seus dispositivos gera.

No presente trabalho, reconhece-se o papel dos comentários, sendo essas ferramentas valiosas para a pesquisa jurídica. Não obstante, em vez de uma norma jurídica (no caso, um diploma normativo), a presente análise

---

[149] REALE, Miguel. *Lições preliminares de Direito*. 17. ed. São Paulo: Saraiva, 1990. p. 17.

tem por escopo estudar um documento produzido por uma determinada Administração Pública com a finalidade de relatar atividades de gestão, algo, no mínimo, pouco habitual no contexto do direito brasileiro.

No caso, o objetivo de tais comentários jurídico-administrativos seria avaliar a possibilidade de utilização, pelas gestões públicas contemporâneas, dos exemplos trazidos pela conduta bem peculiar de um administrador público diferenciado e que deixou registrada sua experiência à frente de uma prefeitura.

Nas próximas páginas, tentar-se-á demonstrar que a investigação em comento, muito mais que seu valor histórico, tem a pretensão de fornecer subsídios para reflexões, não só pelos administradores e servidores públicos, mas por toda a sociedade brasileira, que almeja ver uma Administração Pública que logre alcançar a maior efetividade possível dos valores consagrados no *caput* do art. 37 da Constituição Federal em vigor.

Ademais, vale lembrar, que em vez de os comentários recaírem sobre documentos contemporâneos, no presente caso, o estudo se debruçará sobre textos históricos, visto que foram produzidos há quase noventa anos.

Acrescente-se que os referidos textos foram escritos em uma linguagem que se afasta completamente daquela tradicionalmente utilizada no meio jurídico, caracterizada por uma grande dose de formalismo. Entretanto, a distância no tempo e as diferenças do linguajar somente reforçarão o quão atualizado (ou até mesmo avançado) é o pensamento do homem público Graciliano Ramos.

3.1 O papel dos comentários na doutrina jurídica

No meio jurídico, há um consenso que aponta que os romanos foram os grandes legisladores da Antiguidade, tendo deixado um imenso legado no sistema jurídico ocidental, embora não tenham propriamente se destacado no estudo sistemático do Direito por intermédio da análise de textos normativos.

Não obstante, se foi na Roma Antiga que as grandes leis foram elaboradas, somente a partir do século XII é que surgiram Escolas que tinham como principal objetivo resgatar e estudar o direito romano, interpretando suas principais leis com o objetivo de aplicá-las.

Nesse contexto, na Universidade de Bolonha, surgiram os glosadores, cujo principal legado foi o estudo dos textos legais romanos (em especial o *Corpus Juris Civilis* de Justiniano) com o objetivo de a eles acrescer explicações.

Os glosadores recebem essa denominação por escreverem aos textos das leis romanas glosas marginais ou interlineares. As glosas nada mais eram do que notas explicativas do texto, situadas à margem do texto ou nas entrelinhas.

Como textos glosados haviam sido escritos muitos séculos antes, havia a necessidade de serem redigidas notas explicativas, que, inclusive, substituíam palavras ou textos, com o fim de atualização,[150] tendo em vista a finalidade de aplicação prática das referidas leis romanas aos tempos vigentes.

Nessa tentativa de sistematizar o estudo do direito e analisar as leis romanas, posteriormente aos glosadores, surgiram os comentadores. Sobre tal questão, registre-se que "os comentadores pertencem a segunda escola ligada à recepção do direito romano antigo, localizada no século XIV. Os comentários saíam do campo da mera junção de regras jurídicas para uma interpretação e para uma investigação da razão da lei com base nos textos do Direito Romano".[151]

Como se vê, a diferença entre glosas e comentários não é só quanto ao tamanho do texto, mas quanto ao seu conteúdo: além de serem mais extensos, os comentários aprofundavam mais a análise das normas, buscando-lhes conferir significações e implicações aplicáveis à realidade presente.

Conforme se vê, o hábito de comentar, debruçando-se sobre aspectos jurídicos de textos oficiais, é uma tradição que já faz parte do universo jurídico há vários séculos e que vem sendo cultuado pela doutrina nas mais diversas áreas de estudo da Ciência do Direito.

No Brasil, um dos maiores expoentes entre os juristas comentaristas de textos normativos foi o alagoano Francisco Cavalcanti Pontes de Miranda, que elaborou, em sua vasta produção, três monumentais obras de comentários: Comentários à Constituição de 1946, Comentários à Constituição de 1967 e Comentários ao Código de Processo Civil.

Nas últimas décadas, não há uma lei relevante no país que não tenha sido objeto de livros de comentários, que vão desde as Constituições, passando pelos códigos (civil, penal, processo civil, processo penal), consolidações (como é o caso da CLT), estatutos (tais como os de defesa do consumidor, da criança e do adolescente e da cidade) e leis (de licitações

---

[150] Neste contexto, "O método empregado da glosa não era uma autêntica novidade. No estudo da gramática, a breve explicação ou a modificação de uma palavra por seu sinônimo dava-se por meio da glosa. O fenômeno da utilização da glosa, na recepção desses textos romanos, advém da experiência de Irnério como professor das disciplinas do Trivium. A partir de então aconteceu o aperfeiçoamento da análise dos textos por meio da glosa, numa atividade exegética, pois ela tem objetivo de esclarecer o significado, a substituição de uma palavra ou do texto em breves palavras (a littera) – observando uma lógica de conceito, princípio ou instituto" (MASSAÚ, Guilherme Camargo. A Escola dos Glosadores (o início da ciência do Direito). Artigo disponível em: http://www.sociologiajuridica.net.br/lista-de-publicacoes-de-artigos-e-textos/66-historia-e-teoria-do-direito-/102-a-escola-dos-glosadores-o-inicio-da-ciencia-do-direito, acesso em 30 de dezembro de 2016).

[151] SALGADO, Gisele Mascarelli. O direito como tradição inventada e a heteronomia: a recepção do Direito Romano na Idade Média. Disponível em: http://www.ambitojuridico.com.br/site/?n_link=revista_artigos_leitura&artigo_id=11617. Acesso em: 30 dez. 2016.

e contratos administrativos, de responsabilidade fiscal, anticorrupção, dentre outras).

Não há dúvidas de que tais estudos são fundamentais para a compreensão dos contextos jurídico, social, administrativo, histórico e econômico nos quais a lei comentada se insere, permitindo que o leitor possa melhor captar o significado, o alcance e os propósitos da norma jurídica investigada.

No entanto, as referidas obras analisam leis que se encontram em vigor e que geralmente são contemporâneas à elaboração dos comentários, o que permite uma captação mais acessível dos referidos contextos. Desafio maior, todavia, é comentar textos do passado, tal qual faziam os glosadores e comentadores das Escolas que surgiram a partir do século XII, que tentavam revelar o espírito das leis romanas, atualizando-as.

Nesse sentido, a tarefa que se propõe a fazer nas próximas páginas, comentando os relatórios do prefeito Graciliano Ramos, parte dos métodos histórico e comparativo, cujos objetivos são verificar as condições existentes no momento histórico em que os relatórios foram redigidos e aferir, comparativamente, se as características do estilo de gestão conduzido por Graciliano poderiam servir de exemplo e inspiração para aqueles que fazem parte da Administração Pública do século XXI.

Assim sendo, de forma inédita no meio acadêmico brasileiro, o que se buscará é uma análise detalhada dos relatórios do prefeito Graciliano Ramos à luz do Direito Administrativo, comparando o que se fez em 1928-1930 em Palmeira dos Índios com o que se exige atualmente naquele ramo do direito público.

Mais, como o título da investigação indica, o presente estudo tem como principal (e ousada) meta analisar o Direito Administrativo contemporâneo à luz dos textos dos famosos relatórios, que poderão aportar a este ramo jurídico contribuições inestimáveis ofertadas pela práxis administrativa que se deu em um município pobre do interior do Estado de Alagoas, no início do século passado.

Antecipando-se às conclusões deste trabalho, já se pode adiantar que a gestão conduzida pelo prefeito escritor Graciliano Ramos, mesmo sem estar tão obrigada a tal pelas normas jurídicas então vigentes, atendia mais plenamente as atuais e rigorosas exigências de um Direito Administrativo em consonância com o Estado Democrático de Direito que as Administrações Públicas dos dias de hoje.

E mais: verificar-se-á que as soluções criativas que o gestor escritor utilizava são lições valiosas, especificamente para aqueles que estão no exercício de cargos públicos e, de uma forma geral, para todos os que sonham com uma administração pública voltada para o atendimento dos interesses da sociedade, com impessoalidade e ética como valores inegociáveis.

3.2 Comentários ao primeiro relatório (relativo ao ano 1928)[152]

RELATÓRIO ao Governo do Estado de Alagoas

A primeira questão que se impõe analisar diz respeito à relação entre Estados e Municípios[153] quando da elaboração dos relatórios em comento. Isso porque se um município redigisse nos dias de hoje tais documentos de prestação de contas e os encaminhasse ao governo do Estado onde se encontra situado, certamente muitas vozes se levantariam em prol da autonomia municipal e da inexistência de subordinação entre os referidos entes federativos.[154]

Hely Lopes Meirelles aponta que:

> Somente a partir da Constituição de 1946 e subsequente vigência das Cartas Estaduais e leis orgânicas é que a autonomia municipal passou a ser exercida de direito e de fato nas Administrações locais. A posição dos municípios brasileiros é bem diversa da que ocuparam nos regimes anteriores. Libertos da intromissão discricionária dos governos federal e estadual e dotados de rendas próprias para prover os serviços locais, os Municípios elegem livremente seus vereadores, seus prefeitos e vice-prefeitos e realizam o *self-governmente*, de acordo com a orientação política e administrativa de seus órgãos de governo.[155]

---

[152] Para que o leitor possa diferenciar os trechos dos relatórios de seus comentários, aqueles estão em itálico.

[153] Segundo noticia a doutrina, "o Município, como unidade político-administrativa, surgiu com a República Romana, interessada em manter a dominação pacífica das cidades conquistadas pela força de seus exércitos. Os vencidos ficavam sujeitos, desde a derrota, às imposições do Senado, mas, em troca de sua sujeição e fiel obediência às leis romanas, a República lhes concedia certas prerrogativas, que variavam de simples direitos privados (*jus connubi, jus commerci, etc*) até o privilégio político de eleger seus governantes e dirigir a própria cidade (*jus suffragi*). As comunidades que auferiam essas vantagens eram consideradas Municípios (*municipium*) e se repartiam em duas categorias (*municipia caertis* e *municipia foederata*), conforme a maior ou menor autonomia de que desfrutavam dentro do direito vigente (*jus italicum*)" (MEIRELLES, Hely Lopes; DALLARI, Adilson Abreu (Coord.). *Direito Municipal Brasileiro*. 17. ed. São Paulo: Malheiros, 2014. p. 33).

[154] No caso, nos dias de hoje, a exigência de prestação de contas pelos municípios ainda existe, mas são os órgãos de controle os destinatários de tais informações, como é o caso das Câmaras de Vereadores e dos Tribunais de Contas (vide art. 31, §3, art. 70, parágrafo único; art. 84, XXIV, da Constituição Federal, e art. 4º da LRF, art. 11, VI e 12, III, da lei de improbidade administrativa), ou mesmo a União, em se tratando de recursos transferidos por convênios federais. Sobre essa situação, sobre os municípios já se registrou que "a autonomia, seja administrativa, financeira ou política, não quer dizer ausência de fiscalização e controle, mas, sim, liberdade para administrar de acordo com o interesse local, estando sempre sujeito ao dever de prestar contas" (ARAÚJO, Rodrigo Henriques de. Autonomia municipal, orçamento público e ativismo judicial. In: CUNHA, Bruno Santos *et al*. *Direito municipal em debate*. Belo Horizonte: Fórum, 2017. v. 3, p. 172).

[155] MEIRELLES; DALLARI, *op. cit.*, p. 45.

Todavia, em 1929, os municípios brasileiros, além de não cultivarem o hábito de prestar contas de suas atividades,[156] ainda eram verdadeiros apêndices dos Estados, em que pese sua autonomia prevista no artigo 68 da Constituição de 1891. Nesse sentido:

> Com o advento da primeira Constituição de 1824, as Câmaras Municipais ficaram politicamente subordinadas ao Império e às províncias, isto significa que as casas Legislativas municipais ficaram reduzidas ao imobilismo administrativo, econômico e político. (...) Com a Constituição de 1891, eliminaram-se todas as atividades administrativas dos municípios. Tal era a desconsideração com relação aos municípios, que a primeira Constituição da República só lhe dedicava o art. 68: *os Estados organizar-se-ão de forma que fique assegurada a autonomia dos municípios, em tudo quanto respeito ao seu peculiar interesse.* (...). Com a promulgação da Constituição de 1891, os municípios foram entregues aos seus Estados, podendo esses intervir em assuntos de competência dos municípios, ou seja, os Estados poderiam: I) organizar as instituições municipais; II) definir a competência dessas instituições; III) definir a composição do governo; IV) definir os tipos de controle que exerceria sobre o município; V) denominar o chefe do poder Executivo; VI) manipular as finanças municipais.[157]

Assim, vê-se que ao lado da circunstância já estudada, que aponta que o gestor público Graciliano Ramos sempre primou pela transparência administrativa, elaborando relatórios de suas atividades públicas em todos os cargos que exerceu, também há de se destacar a posição de inferioridade que o Município sofria em relação ao Estado, e este, por sua vez, tinha uma grande dependência financeira com a União.[158]

---

[156] Na época, embora já existisse um Código de Contabilidade Pública, este era voltado apenas para a União: "Art. 1º A Contabilidade da União, comprehendendo todos os actos relativos ás contas de gestão do patrimonio nacional, á inspecção e registro da receita e despesa federaes, é centralizada no Ministerio da Fazenda, sob a immediata direcção da Directoria Central de Contabilidade da Republica e fiscalização do Tribunal de Contas".

[157] FELISBINO, Riberti de Almeida. *Os municípios brasileiros nas constituições federais, 1824 a 1988.* Disponível em: http://www.egov.ufsc.br/portal/conteudo/os-munic%C3%ADpios-brasileiros-nas-constitui%C3%A7%C3%B5es-federais-1824-1988. Acesso em: 01 jan. 2017.

[158] Neste contexto: "As mudanças políticas decorrentes do regime republicano, "que nascera sem entusiasmo, sem desordem, sem barulho", com a escolha direta de governador e parlamentares, inauguram a entrada de Alagoas no século XX. Mas estas mudanças não a transformaram em uma sociedade democrática. A pobreza econômica e social persistia determinada, por um lado, pela continuidade do modelo agroexportador e do modelo produtivo baseado no binômio cana e pecuária, engenho e fazenda de gado, e, por outro, pela incapacidade de o Estado ter uma arrecadação própria suficiente para cumprir suas obrigações. Esses fatores contribuíram para manter Alagoas, assim como a maioria das unidades nordestinas, como um ente dependente dos recursos e das decisões federais; situação, aliás, que vinha desde a era da comarca e atravessou a fase da província" (CARVALHO, Cícero Péricles. *Formação histórica de Alagoas.* 3. ed. Maceió: Edufal, 2015. p. 253).

Nesse contexto, o encaminhamento dos presentes relatórios pelo Prefeito de Palmeira dos Índios fazia parte desta realidade, que nada mais era que uma relação de dependência,[159] que alcançava, até certa medida, diversos aspectos como o jurídico, o político e o financeiro.

É importante registrar que se Graciliano Ramos tivesse sido prefeito de Palmeira dos Índios alguns anos depois, o contexto jurídico-político já seria outro, pois, com a Constituição de 1934, houve uma redução considerável das competências dos Estados e ampliação da autonomia dos Municípios, passando estes entes a se aproximar de uma autonomia assemelhada àquela prevista para a União e para os Estados.[160]

Também é digno de registro o fato de que, anos depois, o prefeito Graciliano Ramos, ao renunciar a seu cargo em 30 de abril de 1930, encaminha telegrama ao Governador do Estado para comunicar este fato ("Exmo. Governador do Estado – Maceió – Comunico a V. Excia. que hoje renunciei ao cargo de Prefeito deste município. Saudações, Graciliano Ramos"),[161] o que corrobora ainda mais a ideia de que os chefes do Executivo Municipal de outrora possuíam uma relação bastante próxima com o chefe do Executivo Estadual.

Embora essa autonomia só tenha se concretizado de fato a partir da Constituição de 1946, como destacado por Hely Lopes Meirelles, é inegável que a Constituição Federal de 1988 é que definitivamente inseriu os municípios entre os entes federativos, não obstante as imensas dificuldades enfrentadas pelos entes locais, em especial, diante do aumento de suas atribuições materiais sem o correspondente incremento de suas receitas, o que mantém os referidos entes ainda dependentes, em sua grande maioria, dos repasses realizados pelos Estados e União.

---

[159] Ademais, há de se ressaltar que os municípios eram ainda menos autônomos se levado em consideração o fato de que eram "feudos de políticos truculentos, que mandavam e desmandavam nos seus distritos de influência, como se o município fosse propriedade particular e o eleitorado um rebanho dócil ao seu poder" (MEIRELLES, Hely Lopes. *Direito municipal brasileiro*. São Paulo: Malheiros, 1993, p. 37).

[160] Nesse sentido: "A Revolução de 1930 estabeleceu uma nova ordem política no Brasil. Nos primeiros anos do governo de Getúlio Vargas ocorreram vários fatos políticos, por exemplo, a chamada Revolução de 1932. Essa revolução levou Vargas a convocar, em 1934, uma nova Assembleia Constituinte, que, logo em seguida, promulgou a terceira Constituição brasileira e a segunda da República. O interessante da Constituição de 1934 é que ela trouxe de volta a discussão dos municípios. Essa Constituição restabeleceu a federação e reduziu as competências dos Estados, inclusive sobre os municípios. Ela assegurou o princípio da autonomia municipal, tornando-a equivalente à da União e à dos Estados". (FELISBINO, *op.cit.*).

[161] SANT'ANA, Moacir Medeiros de. *Graciliano*: vida e obra. Maceió: Secom, 1992. p. 68.

> *Exmo Sr. Governador:*[162]
> *Trago a V. Exa. um resumo dos trabalhos realizados pela Prefeitura de Palmeira dos Índios em 1928.*

De forma bastante consciente, o gestor começa seu relato destacando que os trabalhos realizados não são seus, mas da Prefeitura que comandou. Graciliano já demonstra seu apreço à ideia de impessoalidade (inserida no texto constitucional apenas 60 anos mais tarde), o que se vê ao longo dos relatórios em diversas passagens.

Ao contrário da prática administrativa no país, que procura associar os feitos da Administração Pública àqueles agentes públicos que exercem funções de comando, a impessoalidade destaca que ao ente público devem ser imputadas as ações administrativas, inclusive pelo fato de que tais ações gerarão efeitos mesmos após o término de mandatos eletivos ou mesmo após o desligamento dos servidores públicos.

Ademais, o gestor Graciliano Ramos estava plenamente ciente de que os *"trabalhos realizados pela Prefeitura de Palmeira dos Índios em 1928"* saíram dos cofres públicos (e não de seus bolsos), que, aliás, conforme destaca a seguir, tratava-se de recursos bastante exíguos.

Outro aspecto a ser observado é que se nas primeiras décadas do século passado já era pouco usual que um prefeito prestasse contas de sua gestão ao Governador do Estado, muito mais raro era fazê-lo a cada ano, o que demonstra ainda mais a preocupação de Graciliano com a transparência administrativa.

Por fim, cabe anotar que ao registrar que o presente relatório é tão somente um *"resumo"* do que a Prefeitura de Palmeira dos Índios realizou no ano de 1928, o prefeito escritor enfatiza que o documento em questão não é marcado por formalismos rigorosos, o que, tradicionalmente, sempre caracterizou os documentos oficiais.

---

[162] O Estado de Alagoas era então governado por Álvaro Correia Paes, nascido em Palmeira dos Índios. Foi deputado federal entre maio de 1927 e junho de 1928. Foi nesse período que conseguiu, junto com outros políticos, convencer Graciliano Ramos a se candidatar à Prefeitura de Palmeira dos Índios. Deixou o cargo de deputado federal para exercer o de governador do Estado, tendo sido empossado em 12 de junho de 1928. Com a eclosão da Revolução de 1930, em 3 de outubro, foi deposto e substituído interinamente pelo major Reginaldo Teixeira. Em seu curto mandato, tornou-se conhecido por ser o governador para quem Graciliano Ramos encaminhou os seus famosos relatórios, além de ter nomeado o escritor para a Direção da Imprensa Oficial. Anos depois, também chegou a ser prefeito de Palmeira dos Índios (BARROS, Francisco Reynaldo Amorim de. *ABC das Alagoas*. Disponível em: http://www.abcdasalagoas.com.br/verbetes/index/P/page:4. Acesso em: 28 jan. 2017). Em outra fonte, Álvaro Paes é descrito como "afável e bondoso, intrinsecamente honesto" (SURUAGY, Divaldo; WANDERLEY FILHO, Ruben. *Raízes de Alagoas*. 2. ed. Maceió: [S. n.], 2014. p. 110).

Como se observa, Graciliano Ramos já antevê a necessidade de adoção de um dos princípios presentes nas atuais legislações de processo administrativo, que é o do informalismo, ou do formalismo moderado. Nesse sentido, conforme destaca a doutrina administrativista brasileira, "informalismo não significa, nesse caso, ausência de forma; o processo administrativo é formal no sentido de que deve ser reduzido a escrito e conter documentado tudo o que ocorre no seu desenvolvimento; é informal no sentido de que não está sujeito a formas rígidas".[163]

> *Não foram muitos, que os nossos recursos são exíguos. Assim minguados, entretanto, quase insensíveis ao observador afastado, que desconheça as condições em que o Município se achava, muito me custaram.*

Mesmo tendo enfatizado anteriormente que o relatório em questão se tratava de um resumo, o prefeito Graciliano Ramos destacou, com sinceridade, que *"não foram muitos"* os trabalhos realizados pela Prefeitura de Palmeira dos Índios em 1928.

Todavia, faz questão de esclarecer que a escassez de trabalhos foi ocasionada pela situação de míngua pela qual passava o município de Palmeira dos Índios, situação que não era diferente da maioria absoluta dos municípios da época, e, aliás, dos entes públicos nos dias de hoje.

A apontada exiguidade dos recursos, como o Mestre Graça demonstra, somente assume os ares de dramaticidade àqueles que estão mergulhados na realidade do município: muito por fazer com poucos recursos disponíveis. Esse quadro gera a necessidade de escolhas diárias que traduzem verdadeiros dilemas: ou faz isso ou faz aquilo, às vezes nem uma coisa nem outra.

A tão esperada eficiência[164] da Administração Pública se vê comprometida com as incontáveis e diárias *escolhas de Sofia*[165] que os gestores

---

[163] DI PIETRO, Maria Sylvia Zanella. *Direito administrativo*. 14. ed. São Paulo: Atlas, 2002. p. 727.

[164] Sobre o princípio da eficiência administrativa, este é "resultado de um aplicado trabalho de vanguarda da doutrina jurídica, desenvolvida desde meados do século XX, ostentando nomes como Raffaele Resta e Guido Falzonem no sentido de transcender o conceito de poder-dever de administrar, afirmando pela administração burocrática, empenhada em lograr apenas a eficácia jurídica, para estabelecer como um passo adiante, o dever de bem administrar, que é hoje respaldado pelos novos conceitos gerenciais, voltado à eficiência da ação administrativa pública" (MOREIRA NETO, Diogo de Figueiredo. A Lei de responsabilidade fiscal e seus princípios jurídicos. *Revista de Direito Administrativo*, n. 221, p. 84, jul.-set. 2000).

[165] A expressão "escolha de Sofia" vem de uma história real na qual uma polonesa, sob acusação de contrabando, é presa com seus dois filhos pequenos, um menino e uma menina, no campo de concentração de Auschwitz durante a II Guerra. Um sádico oficial nazista dá a ela a opção de salvar apenas uma das crianças da execução, ou ambas morrerão, obrigando-a à terrível

públicos são obrigados a realizar para atender o interesse público, ainda que tenha que sacrificar algo valioso.

Todavia, de acordo com a doutrina especializada, cabe ressaltar que "o Estado democrático de direito é executor e fomentador da prestação de serviços coletivos essenciais. É o Estado social que não pode descuidar de agir com eficiência, justificando os recursos que extrai da sociedade com resultados socialmente relevantes".[166]

Nesses termos, é exatamente o dever de eficiência, tão comprometido pela ausência de recursos (não só financeiros, como também humanos), que impõe que os administradores públicos se esforcem por decidir da forma mais acertada possível, otimizando a relação custo benefício (economicidade) e prestigiando as situações mais relevantes, sempre com os olhos voltados ao atendimento do interesse público (princípio da finalidade).

Tudo isso, evidentemente, é comprometido por uma série infindável de práticas patrimonialistas e algumas burocráticas (algumas delas já foram em parte mencionadas no capítulo 2) que serão analisadas em outros trechos dos relatórios.

> *COMEÇOS*
> *O PRINCIPAL, o que sem demora iniciei, o de que dependiam todos os outros, segundo creio, foi estabelecer alguma ordem na administração.*[167]

O relatório enfatiza a situação caótica pela qual costumam passar as Administrações Públicas que não adotam posturas sérias, que não primam pelo planejamento e que não implementam medidas austeras.

Nunca é demais lembrar que mesmo tomando atitudes racionais, profissionais e adequadas, não há garantia de que o caos será vencido.

---

decisão. Ela escolheu salvar o menino, provavelmente por este ter maiores chances de sobreviver aos horrores da guerra.

[166] MODESTO, Paulo. *Notas para um debate sobre o princípio da eficiência*. Disponível em: http://jus2.uol.com.br/doutrina/texto.asp?id=343. Acesso em: 21 jan. 2017.

[167] Não era apenas o município de Palmeira dos Índios que tinha problemas de ordem na administração: historicamente, o Estado de Alagoas sempre enfrentou dificuldades político-administrativas. Neste contexto, "na Monarquia, a Província batera o recorde nacional de instabilidade, sendo governada de 1818 a 1889 por 139 administradores, em uma média inferior a seis meses para cada governo, registrando a agravante de que apenas dois eram alagoanos" (SURUAGY, Divaldo; WANDERLEY FILHO, Ruben. *Raízes de Alagoas*. 2. ed. Maceió: [S. n.], 2014. p. 95). Registre-se que Divaldo Suruagy, um dos autores da referida obra, governou Alagoas por três mandatos, mas não conseguiu concluir o último, tendo que renunciar, o que fez manter a tradição de instabilidade que descrevera. Convém ainda destacar que após a Revolução de 1930, Alagoas também foi o Estado da federação que teve o maior número de interventores (LIMA JÚNIOR, Félix. *Maceió de outrora*. Maceió: Edufal, 2001. v. 2, p. 101).

Todavia, resta evidente que ele precisa ser enfrentado. Para a enfermidade da "falta de ordem na Administração", exige-se um tratamento com medidas rigorosas.

A primeira delas é diagnosticar a situação em que se encontra a máquina administrativa, e no caso, do município que será administrado.[168] Após descoberta (s) a (s) doença (s), devem ser adotadas as ações curativas na dosagem necessária (nem aquém nem além do que é preciso, adotando-se a ideia de proporcionalidade, que pressupõe a vedação dos excessos).

Não se pode olvidar, parece claro, de que nada adianta apenas a adoção de medidas corretivas: a prevenção é o que há de mais caro na Administração Pública, o que conduz ao dever de planejamento. Sobre esse trecho do relatório, já se disse que:

> Não foi à toa que Graciliano advertiu: "*O principal, o que sem demora iniciei, o de que dependiam todos os outros, segundo creio, foi estabelecer alguma ordem na administração*". Ordem no sentido de dar sequência aos planos estratégicos em estudo ou em andamento. Afinal, *natura non facit saltum*. Assegurar a continuidade administrativa em todos os níveis depende de planejamento. Com isso se reduz o estresse laboral e se aumenta a produtividade e a eficiência. O planejamento de longo prazo, concebido sob o critério da participação coletiva, afasta os fantasmas da imoralidade e da improbidade no seio da administração pública brasileira.[169]

No contexto sob análise, uma medida que vem sendo adotada nos últimos tempos para assegurar que um novo governo já inicie sua gestão conhecendo, ainda que parcialmente, a situação financeira e administrativa do ente público que passará a gerir é a formação de uma equipe de transição, a ser composta por pessoas que fazem parte dos governos que sai e que entra.

> *Havia em Palmeira inúmeros prefeitos: os cobradores de impostos, o Comandante de Destacamento, os soldados, outros que desejassem administrar. Cada pedaço do Município tinha a sua administração particular, com Prefeitos*

---

[168] No caso de Graciliano enquanto prefeito, "o fato é que desejava trabalhar do primeiro ao último dia da sua gestão. Notou-se que a partir da diplomação ele deu de amiudar as andanças pela cidade, demorando-se mais, ordinariamente, na zona suburbana. Observava, com certeza, as necessidades mais prementes para, assim conhecendo, atacá-las em primeira mão." (LIMA, Valdemar de Souza. *Graciliano Ramos em Palmeira dos Índios*. Maceió: Imprensa Oficial Graciliano Ramos, 2013. p. 176).

[169] MENDES, Eduardo Tavares. *Graciliano Ramos e a administração pública*. Disponível em: http://gazetaweb.globo.com/portal/noticia-old.php?c=231992&e=19. Acesso em: 13 jul. 2016.

> *Coronéis e Prefeitos inspetores de quarteirões. Os fiscais, esses, resolviam questões de polícia e advogavam.*

Nesse trecho, Graciliano denunciava há quase um século como há na vida de uma comunidade diversos poderes, sejam eles paralelos ao oficial ou muitas vezes incrustados na própria estrutura da Administração Municipal.

Neste último caso, em uma prefeitura em que muitos mandam, poucos obedecem; não há hierarquia, o que faz com que as relações de subordinação sejam subvertidas e desvirtuadas e as práticas de desvio de poder prevaleçam, gerando profundas distorções, como soldados e cobradores de impostos querendo fazer as vezes de prefeito, e fiscais que resolviam questões de polícia (em evidente desvio de função) e advogavam (já existiam as práticas ilícitas como o tráfico de influência e a advocacia administrativa).

Por sua vez, quanto aos poderes paralelos, com coragem Graciliano Ramos denunciava uma das características mais marcantes daquele momento histórico: o coronelismo, forma de mandonismo em que as elites locais, especialmente associadas aos proprietários rurais,[170] detinham os poderes econômico, social e político.

Ademais, se é verdade que o coronelismo ocorreu (e com menor intensidade ainda persiste) nas mais diversas regiões do país, também é inegável que na região nordeste do Brasil isso se deu de forma mais intensa ou, ao menos, com tintas mais vibrantes.[171]

Antecipando-se em várias décadas as conclusões de Raymundo Faoro (autor de *Os donos do poder*) e de Victor Nunes Leal (que escreveu *Coronel, enxada e voto*), o mestre Graça já sabia muito bem da extensão da

---

[170] Em Alagoas, "meia dúzia de famílias enriquecidas na lavoura, com prestígio, dominando na província. Ao redor delas, gravitavam miríades de satélites, desde o cabo eleitoral à turba malta de anônimos, a cuja dedicação os chefes das oligarquias recorriam, de quando em vez, quando era preciso opor a força numérica do voto à força decisiva do bacamarte" (COSTA, Craveiro. *História das Alagoas*. Maceió: Sergasa, 1983. p. 66).

[171] Sobre esta afirmação: "O campo nordestino e sua estrutura social arcaica sempre foram pródigos em criações sociais ordinárias. Eram o monopólio da terra formador de latifúndios, a distribuição desigual das riquezas e a escravidão ou o trabalho servil os geradores de uma sociedade marcada por uma divisão elementar: o senhor de terras, seja pecuária ou cana-de-açúcar, e o homem sem terra, o trabalhador servil. Foi esta estrutura que reduziu a população nordestina a um atraso secular que perdurou e perdura em algumas localidades" (CARVALHO, Cícero Péricles. *Formação histórica de Alagoas*. 3. ed. Maceió: Edufal, 2015. p. 258).

autoridade[172] dos "coronéis" [173] e como isso era um obstáculo à gestão pública comprometida com valores como a impessoalidade e a igualdade. Mesmo quando ainda era jovem, em 1915 (aos 22 anos), ao escrever artigo para o Jornal de Alagoas, já registrava, ao falar sobre os Poderes do Estado, que além do Executivo, Legislativo e Judiciário, havia o poder do chefe político, "que é a única força de verdade. O resto é lorota"[174]

Curiosamente, seu pai (Sebastião Ramos), que exerceu as atividades de fazendeiro e de comerciante,[175] também poderia ser considerado como um dos "coronéis" da região[176] (embora do baixo clero, ressalte-se), o que não lhe proporcionou nenhum privilégio, como se verá adiante.

> *Para que tal anomalia desaparecesse lutei com tenacidade e encontrei obstáculos dentro da Prefeitura e fora dela – dentro, uma resistência*

---

[172] Graciliano Ramos escreveu o livro *Viventes das Alagoas*, lançado postumamente (1962) e que reúne vários contos, ensaios e textos. Dentre eles, há vários momentos em que descreve a realidade do interior nordestino nas primeiras décadas do século XX. Nas edições deste livro também constam os relatórios do Prefeito Graciliano Ramos ao Governador do Estado de Alagoas. Destaca-se ainda, para o contexto deste livro, o conto "Funcionário independente", em que narra a história de um funcionário que tentou contrariar interesses poderosos. (RAMOS, Graciliano. Viventes das Alagoas. Rio de Janeiro: Record, 2007).

[173] Destaque-se que "No sertão, coronel é o proprietário de terras que sustenta, protege e socorre os seus agregados, exigindo, em troca, obediência e fidelidade" (CARVALHO, op. cit., p. 258).

[174] MORAES, Dênis de. *O velho Graça*: uma biografia de Graciliano Ramos. São Paulo: Boitempo Editorial, 2012. p. 43.

[175] Também convém lembrar que "coronel" não é necessariamente alguém do sexo masculino. Em uma interessante crônica, Graciliano narra uma história em torno de D. Maria Amália, esposa de um político local, muito mais influente que o marido: "Mas no município dele todos sabiam que os votos eram de d. Maria Amália, que manejava o delegado, o subdelegado, os inspetores de quarteirões, o administrador da recebedoria, o coletor federal, o promotor, os jurados, os conselheiros municipais, o prefeito e o zelador do cemitério. Dessas autoridades heterogêneas, umas, maleáveis, quebravam a cabeça para adivinhar os pensamentos de d. Maria Amália e corriam a contentá-la; outras, de têmpera rija e carranca, resistiam, discutiam e obedeciam com independência" (RAMOS, Graciliano. Quadros e costumes do Nordeste. *Cultura Política*, Rio de Janeiro, ano 1, n. 2, p. 247, abr. 1941).

[176] No livro *Infância*, Graciliano fala sobre seu pai: "Habituara-me a vê-lo grave, silencioso, acumulando energia para gritos medonhos. Os gritos vulgares perdiam-se; os dele ocasionavam movimentos singulares: as pessoas atingidas baixavam a cabeça, humilde, ou corriam a executar ordens. Eu era ainda muito novo para compreender que a fazenda lhe pertencia. Notava diferenças entre os indivíduos que se sentavam nas redes e os que se acocoravam no alpendre. (...). Os caboclos estazavam, suavam, prendiam arame farpado nas estacas. Meu pai vigiava-os exigia que se mexessem, desta ou daquela forma, e nunca estava satisfeito, reprovava tudo, com insultos e desconchavos. Permanente, essa birra tornava-se razoável e vantajosa: curvava espinhaços, retesara músculos, cavara na piçarra e na argila o açude que se cobria de patos, mergulhões e flores de baronesa. Meu pai era terrivelmente poderoso, e essencialmente poderoso. Não me ocorria que o poder estivesse fora dele, de repente o abandonasse, deixando-o fraco e normal, num gibão roto sobre a camisa curta..." (RAMOS, Graciliano. *Infância*. Rio de Janeiro: Record, 1995. p. 30.)

> *mole, suave, de algodão em rama; fora, uma campanha sorna, oblíqua, carregada de bílis. Pensava uns que tudo ia bem nas mãos de Nosso Senhor, que administra melhor do que todos nós; outros me davam três meses para levar um tiro.*

Gerir o interesse público com seriedade provoca as resistências mais diversas: daqueles que estão inseridos na própria Administração Pública e são avessos às mudanças que lhes tiram de suas zonas de conforto, e dos que, não fazendo parte da gestão, desta usufruem privilégios que pretendem ver mantidos indefinidamente.

Em uma sociedade patrimonialista (como a que existia em Palmeira dos Índios na época em que Graciliano foi prefeito), a população espera uma gestão pública na qual:

> O chefe provê, tutela os interesses particulares, concede benefícios e incentivos, distribui mercês e cargos, dele se espera que faça justiça sem atenção a normas objetivas e impessoais. No soberano concentram-se todas as esperanças de pobres e ricos, porque o Estado reflete o pólo condutor da sociedade. O súdito quer a proteção, não participar da vontade coletiva, proteção aos desvalidos e aos produtores de riqueza, na ambiguidade essencial ao tipo de domínio".[177]

A partir da leitura do trecho escrito por Raymundo Faoro, vê-se claramente o profundo antagonismo que existia entre os interesses da maioria dos munícipes e o que pretendia realizar o prefeito Graciliano Ramos.

Evidentemente, o escritor alagoano não foi o primeiro nem o último gestor público que encontrou em sua equipe de trabalho funcionários descompromissados e/ou desmotivados. Até nos dias de hoje, ambas as situações permanecem frequentes, embora se trate de distintos vícios no serviço público.

Os descompromissados são aqueles que não primam pela ética,[178] ao não oferecerem qualquer contribuição à sociedade, já que apenas gozam

---

[177] FAORO, Raymundo. *Os donos do poder*: formação do patronato político brasileiro. 11. ed. São Paulo: Globo, 1997. v. 1, p. 172.

[178] Sobre a atualidade deste problema, "o comportamento ético é, portanto, um dever de toda a pessoa humana, marcando, em definitivo, as pautas de conduta: Dignidade do Administrador e Dignidade do cidadão ou do administrado, como preferem alguns. Lamentável e incompreensivelmente, o andar dos tempos vem transformando o comportamento ético numa excepcionalidade. Com efeito, as atitudes éticas tornam-se cada dia mais raras" (BACELLAR FILHO, Romeu Felipe. Profissionalização da função pública: a experiência brasileira – a ética na Administração Pública. *In*: FORTINI, Cristiana (Org.). *Servidor público*: estudos em homenagem ao professor Pedro Paulo de Almeida Dutra. Belo Horizonte: Fórum, 2009. p. 460).

das benesses que um cargo público concede. Esses devem ser excluídos do serviço público, já que nenhum agente público (inclusive os estáveis e vitalícios) tem direito a permanecer exercendo um cargo público de forma irresponsável.

Por sua vez, os desmotivados seriam funcionários que não descumprem alguns deveres inerentes ao cargo (honestidade e assiduidade, por exemplo), mas já não atuam com presteza e eficiência. Nesse caso, as causas da motivação são as mais diversas, como baixos salários, desequilíbrio vencimental entre categorias, falta de perspectiva de crescimento na carreira, ausência de definição de metas de desempenho ou de sua cobrança, dentre outras.

Deve a Administração Pública combater todos esses problemas, a fim de que o servidor desmotivado de hoje não apenas deixe de ser o servidor descompromissado de amanhã, mas, especialmente, para que cumpra todos os seus deveres funcionais com zelo e qualidade que a sociedade espera daqueles que a servem e que por ela são remunerados.

As observações anteriores não pretendem nivelar por baixo os servidores públicos neste país, tampouco desconsiderar seu papel fundamental. Ao contrário, parece ser inegável que o servidor não pode ser nem de longe apontado como o grande culpado pelos problemas atribuídos à Administração Pública, que costuma não estar estruturada de forma adequada para atender as demandas administrativas e sociais.

Na realidade, muitas vezes os servidores enfrentam uma realidade muito difícil, próxima ao caos administrativo e pouco conhecida pela sociedade. Lembre-se de que são os servidores os que garantem, com seu trabalho (ainda que várias vezes sem capacitação e mal remunerados), o mínimo de direitos ao cidadão.

Contudo, também cumpre salientar que a baixa motivação dos servidores, o ineficaz sistema de controle de seu desempenho e a pouca preocupação administrativa pela formação contínua, ao lado do corporativismo cada vez mais presente, foram (e ainda são) as grandes dificuldades para a instituição de uma função pública qualificada, o que afeta toda a eficiência da atuação da Administração Pública. Nesse contexto, o sistema de acesso igualitário assumiu um papel de grande relevância, já que seus frutos passaram a repercutir de maneira muito intensa nas atividades estatais.[179]

De volta à análise do relatório, sobre as resistências encontradas pelo gestor Graciliano, já se disse que "a ação da qual dependiam todas as outras – ou seja, a organização da vida administrativa da cidade –,

---

[179] Sobre esta questão, vide CARVALHO, Fábio Lins de Lessa. *Concursos públicos no direito brasileiro*: teoria geral, fundamentos, princípios, requisitos, procedimentos e controle. Curitiba: Juruá, 2015.

promovida pelo novo prefeito, encontrou obstáculos internos (sob o manto das aparências) e externos (isto é, mais explicitamente)"[180]

Com singular perspicácia, à resistência interna, Graciliano atribui alguns adjetivos: *"mole, suave"*. Ele queria destacar o estado de entorpecimento que a citada resistência causa, anestesiando a Administração Pública a ponto de deixá-la letárgica.

No tempo de Graciliano, tal estado de sono profundo dos servidores era tamanho que eles se comportavam como se a Administração Pública fosse gerida por uma força invisível, sem que houvesse a necessidade de empenho das pessoas que dela fazem parte. A linguagem metafórica do Velho Graça é perfeita para descrever uma verdade muitas vezes olvidada: na gestão pública, nada vem de graça e nada cai dos céus.

No tocante às resistências externas que uma gestão pública encontra, Graciliano denuncia a campanha "carregada de bílis" movida por parcela da população de Palmeira dos Índios contra sua administração. Certamente todos os gestores públicos se deparam com opositores, o que é algo saudável para a democracia, tendo em vista que do debate de ideias e do confronto de opiniões podem surgir soluções mais adequadas para os problemas enfrentados.

No caso, todavia, a oposição contra a gestão de Graciliano Ramos recorria à violência, inclusive com ameaças e tentativa de assassinato. Essa espécie de resistência é criminosa, devendo ser combatida energicamente.

O bom gestor público será aquele que souber ouvir as críticas, que ouvir os anseios de grupos opositores, e que der espaço às minorias. Atualmente, uma das maiores exigências que o Direito Administrativo impõe é a construção de uma Administração Pública democrática, que estimule a participação popular na gestão e na fiscalização da coisa pública.

É a partir da efetiva participação cidadã que a Administração Pública poderá decidir de forma mais adequada e aproximada da vontade popular, o que gerará uma maior legitimidade de sua atuação. E é fiscalizando a gestão pública que a sociedade conseguirá exigir que seus representantes atuem de forma mais ou menos parecida com a qual procedeu o prefeito cujos relatórios se está ora a analisar.

> *Dos funcionários que encontrei em janeiro do ano passado restam poucos: saíram os que faziam política e os que não faziam coisa nenhuma. Os atuais não se metem onde não são necessários, cumprem as suas obrigações e, sobretudo, não se*

---

[180] FERREIRA, Cosme Rogério. *Habitus, campo e mercado editorial:* a construção do prestígio da obra de Graciliano Ramos. Maceió: Edufal, 2015. p. 62.

enganam em contas. Devo muito a eles. Não sei se a administração do Município é boa ou ruim. Talvez pudesse ser pior.

De fato, a situação administrativa que o prefeito Graciliano Ramos encontrou era extremamente adversa. Surge inevitavelmente uma indagação: como foi possível uma gestão fazer tanto com um contingente tão pequeno de funcionários? Sobre essa questão: "Hoje a Prefeitura de Palmeira dos Índios tem 1.992 funcionários. Na época de Graciliano, eram 11. E o escritor prefeito resistia a aumentar o quadro".[181]

Além de poucos, parte dos que lá estavam era de funcionários descompromissados e desmotivados (*"os que não faziam coisa nenhuma"*), conforme analisado, sem falar em que existiam na Administração municipal aqueles que confundiam o interesse público com o privado (*"os que faziam política"*).

Com ironia, relata ainda que após as mudanças introduzidas (que exigiu o afastamento daqueles que estavam viciados), os funcionários agora *"não se enganam em contas"*. Essa passagem pode ter duas interpretações: a primeira, que os funcionários inaptos, até mesmo analfabetos, foram excluídos do serviço público. Assim, é possível que os enganos nas contas se dessem diante da péssima qualificação técnica dos funcionários da Administração municipal. Em uma época em que o concurso público não era obrigatório e que a maioria da população era iletrada, isso pode ter acontecido.

Todavia, a segunda interpretação parece ser mais coerente com o texto do relatório: os funcionários se enganavam nas contas de forma proposital, para favorecer determinados apadrinhados. Na verdade, conforme alertava Sérgio Buarque de Holanda:

> No Brasil, pode-se dizer que só excepcionalmente tivemos um sistema administrativo e um corpo de funcionários puramente dedicados a interesses objetivos e fundados nestes interesses. Ao contrário, é possível acompanhar ao longo da nossa história, o predomínio constante das vontades particulares que encontram seu ambiente próprio em círculos fechados e pouco acessíveis a uma ordenação impessoal.[182]

---

[181] FERNANDES, Maria Cristina. À procura de Graciliano Ramos. *Valor Econômico*, 15 mar. 2013. Disponíveis em: http://www.valor.com.br/cultura/3045934/procura-de-graciliano#ixzz2NcE-JKF5r. Acesso em: 11 jan. 2017.

[182] HOLANDA, Sérgio Buarque de. *Raízes do Brasil*. 26. ed. São Paulo: Companhia das Letras, 1995. p. 146.

No tocante ao trecho do relatório em que confessa não saber se a Administração municipal é boa ou ruim, declarando que talvez pudesse ser pior, Graciliano deixa um exemplo raro nos dias de hoje: a sinceridade e a humildade são virtudes que deveriam ser obrigatórias para os gestores públicos.

A sinceridade aponta a realidade sem maquiagens, realçando principalmente os problemas, que são inerentes à administração pública, mas que costumam ser colocados debaixo do tapete (seguindo a já célebre frase: *"o que é bom a gente fatura, o que é ruim a gente esconde"*).[183]

A humildade permite que o gestor público possa conhecer e refletir sobre suas limitações, tornando-o consciente de que não faz nada sozinho (daí a frase *"devo muito a eles"*). Na realidade, os gestores públicos brasileiros têm sido tudo, menos sinceros e humildes. A necessidade constante de manter uma imagem positiva, sempre visando a fins eleitorais, é algo preocupante. Para boa parte dos gestores, uma pesquisa que aponte um alto índice de aprovação de seus governos é mais importante que realizar medidas que sejam efetivamente necessárias à melhoria das condições de vida das pessoas.

E mais: nas Administrações Públicas brasileiras, um dos órgãos mais relevantes para os gestores públicos têm sido os de comunicação: mostrar para a população (leia-se, eleitores) que se faz vale mais que fazer; e se não se fez, que se dê um jeito para dizer que foi feito e, principalmente, para destacar e enaltecer a pessoa do gestor público como o responsável pelo feito.[184]

Nesse contexto, a Constituição Federal de 1988 proíbe expressamente a propaganda oficial quando utilizada para promoção pessoal de qualquer agente público ao determinar, no §1º do art. 37 que "A publicidade dos atos, programas, obras, serviços e campanhas dos órgãos públicos deverá ter caráter educativo, informativo ou de orientação social, dela não podendo constar nomes, símbolos ou imagens que caracterizem promoção pessoal de autoridades ou servidores públicos".

---

[183] Frase dita por Rubens Ricúpero, então ministro da Fazenda, e que vazou em uma entrevista concedida à televisão (Jornal da Globo) em 1º de setembro de 1994.

[184] Sobre esta questão: "É certo que o que é público nem sempre é verdade. E a verdade, com o perdão do jogo de palavras, nem sempre é pública. Na esfera da Administração Pública, a primeira afirmação traduz a possibilidade de hipocrisia e enganação, que no âmbito político leva à demagogia e ao distanciamento do conceito de democracia" (SILVA JÚNIOR, Raul José da. A publicidade como instrumento da democracia. In: CARVALHO, Fábio Lins de Lessa (Coord.). *Direito Administrativo inovador*. Curitiba: Juruá, 2015. p. 369).

RECEITA E DESPESA

A receita, orçada em 50:000$000,[185] subiu, apesar de o ano ter sido péssimo, a 71:649$290, que não foram sempre bem aplicados por dois motivos: porque não me gabo de empregar dinheiro com inteligência e porque fiz despesas que não faria se elas não estivessem determinadas no orçamento.

Em uma primeira vista, esse trecho do relatório, por não fazer referência a determinada realização administrativa (como obras, serviços e compras), não chamaria tanto a atenção. Não obstante, há algumas questões que merecem ser ressaltadas.

Primeiramente, a forma como Graciliano Ramos cumpria o dever de prestar contas é algo a ser registrado, o que já se fazia em 1930, conforme publicação do Jornal de Alagoas que circulou em 14 de agosto de 1930:

> Com sua inteligência aguçada e pragmática, sentiu o ex-prefeito de Palmeira dos Índios que o melhor modo de fazer compreender como a prefeitura vem sendo dirigida (de acordo com os intuitos da Lei Orgânica) é publicar, embaixo do quadro da receita e despesa do bimestre, um outro quadro, tendo, ao lado da receita orçada para o exercício, a arrecadação do período em que o balancete foi publicado. Este sistema de publicar balancetes permite que a população saiba sempre o que se está fazendo e o que se pode fazer na administração de cada município.[186]

Ademais, a menção à circunstância de que a receita municipal teria aumentado *"apesar de o ano ter sido péssimo"* é um dado interessante, especialmente porque demonstra que a Administração Pública, se bem conduzida, pode gerar resultados favoráveis, mesmo quando a expectativa é adversa.

Nos tempos em que Graciliano Ramos era prefeito, mais precisamente quando o relatório foi escrito, em 1929, o mundo (e por consequência, o Brasil, Alagoas e Palmeira dos Índios) sentia os reflexos de uma grande crise econômica (a Grande Depressão), a maior do século XX. Ademais, é

---

[185] Cabe destacar que "Nos anos da publicação dos Relatórios a moeda praticada era o Réis simbolizada por R$ e $$, essa moeda já circulava no Brasil desde a época da colonização, quando veio a independência, em 1822. O Réis foi mantido como nossa unidade monetária, só mudou em 1º de novembro de 1942 com a criação do Cruzeiro (Cr$)" (CRUZ, Vera Lúcia *et al*. Uma análise das práticas de evidenciação contábil sob a ótica de Graciliano Ramos nos anos de 1928 e 1929. *Revista de Contabilidade e Controladoria*, Universidade Federal do Paraná, Curitiba, v. 2, n. 6, p.81-95, maio-ago. 2010).

[186] RAMOS, Graciliano. *Garranchos*: textos inéditos de Graciliano Ramos. Organização Thiago Mio Salla. Rio de Janeiro: Record, 2013. p. 111, nota número 3.

de bom alvitre lembrar que o município era uma espécie de ente público marginalizado pela Constituição então vigente, que sequer especificava, para tal entidade, qualquer fonte de receita, como o fazia para a União e Estados.[187]

O próprio Graciliano Ramos, em texto publicado no Jornal de Alagoas que circulou em 08 de agosto de 1930 faz uso da expressão "municípios mirins", ao ressaltar que pouquíssimas municipalidades alagoanas da época estavam "em condições de executar um programa. Há algumas de recursos tão parcos que, em conformidade com a Lei Orgânica, deveriam incorporar-se a outras vizinhas, pois ainda não conseguiram o rendimento exigido a um município"[188]

Ainda assim, naquele ano, a gestão municipal conseguiu aumentar a receita. Isso é admirável. É evidente que isso aconteceu porque as fontes de receita do município eram negligenciadas em gestões anteriores: tributos não eram cobrados, multas eram dispensadas, recursos financeiros não eram investidos, etc., condutas que passaram a ser profundamente modificadas quando Graciliano assumiu a Prefeitura.

Agora, em 2017, mais uma vez o Brasil enfrenta uma grave crise financeira, o que tem feito com que a maior parte dos entes federativos tenha visto suas receitas diminuírem. Na verdade, na combalida federação brasileira, com a desaceleração da economia no país, a arrecadação tributária federal sofre grandes revezes, o que faz com que os repasses aos Estados e Municípios caiam drasticamente

Somente com competência, trabalho e seriedade é possível combater esses problemas, sem onerar excessivamente as classes mais baixas da

---

[187] Neste contexto, nos termos da Constituição de 1891:
"Art 7º - É da competência exclusiva da União decretar:
1º) impostos sobre a importação de procedência estrangeira;
2º) direitos de entrada, saída e estadia de navios, sendo livre o comércio de cabotagem às mercadorias nacionais, bem como às estrangeiras que já tenham pago impostos de importação;
3º) taxas de selo, salvo a restrição do art. 9º, §1º, I;
4º) taxas dos correios e telégrafos federais. (...)
Art 9º - É da competência exclusiva dos Estados decretar impostos:
1º) sobre a exportação de mercadorias de sua própria produção;
2º) sobre imóveis rurais e urbanos;
3º) sobre transmissão de propriedade;
4º) sobre indústrias e profissões.
§1º - Também compete exclusivamente aos Estados decretar:
1º) taxas de selos quanto aos atos emanados de seus respectivos Governos e negócios de sua economia;
2º) contribuições concernentes aos seus telégrafos e correios".

[188] RAMOS, Graciliano. *Garranchos*: textos inéditos de Graciliano Ramos. Organização Thiago Mia Salla. Rio de Janeiro: Record, 2013. p. 113.

sociedade civil, já tão sacrificadas. Não se trata de adentrar em estudos econômico-tributários, mas sim de registrar que durante a maior crise mundial do século passado, um prefeito do interior de Alagoas conseguiu aumentar a receita do município.

O outro aspecto desse trecho do relatório que merece ser comentado diz respeito à passagem em que Graciliano Ramos relata, em tom de lamento, que fizera *"despesas que não faria se elas não estivessem determinadas no orçamento"*. Apesar da lamúria, o prefeito demonstrou reverenciar duas ideias bem republicanas: a consideração à continuidade administrativa e o respeito à vontade popular.

Como se sabe, a Administração Pública não deve sofrer solução de continuidade com a mudança dos postos no Governo. Embora cada gestão deve imprimir suas próprias características, advindas muitas vezes de ideologias políticas (é por essa razão que existem as eleições), os administradores públicos devem garantir a continuidade das ações administrativas, até mesmo em prestígio à impessoalidade e à eficiência. No caso, o prefeito Graciliano Ramos, em seu primeiro ano de mandato, procurou dar continuidade a ações que já haviam sido iniciadas pela gestão anterior.

Assim, embora não existisse à época a figura do orçamento impositivo, o gestor público Graciliano não desconsiderou o fato de que o orçamento em vigor em 1928 fora definido com a participação dos representantes do povo, no caso, do Poder Legislativo municipal.[189]

Vê-se, portanto, que, embora não estivesse satisfeito com determinadas despesas, essas foram definidas de forma democrática e nos termos definidos no ordenamento jurídico, o que certamente para um gestor como Graciliano vale muito mais que sua vontade pessoal.

> *PODER LEGISLATIVO*
> *Dispendi com o poder legislativo 1:616$484 –*
> *pagamento a dois secretários, um que trabalha,*
> *outro aposentado, telegrama, papel, selos.*

Nesse pequeno trecho, surgem duas situações inusitadas: os Poderes Legislativo e Judiciário não possuíam a autonomia financeira que existe nos dias de hoje. Por essa razão, era natural que o Poder Executivo concentrasse pagamentos referentes às despesas dos demais Poderes (no caso do Município, o Executivo pagaria as despesas do Legislativo, como relata Graciliano).

---

[189] Nos termos da Constituição de 1891, "Art. 34. Compete privativamente ao Congresso Nacional: 1º Orçar a receita, fixar a despeza federal annualmente e tomar as contas da receita e despeza de cada exercicio financeiro."

A outra circunstância que convém ressaltar é que, dentre as despesas com o Legislativo, não há qualquer menção a pagamento de salários dos Conselheiros Municipais, que seriam os atuais Vereadores. E de onde vinham os recursos para pagamento de tais salários? Na verdade, os Conselheiros Municipais não eram remunerados. Sobre essa questão:

> No Brasil, até 1977, somente os vereadores de capitais recebiam salários. Para fazer média com os políticos depois de ter fechado o Congresso, o general-presidente Ernesto Geisel estendeu o benefício aos demais vereadores. Nos 5.561 municípios havia um total de 60.267 vereadores até 2004.[190]

Como se sabe, nos pequenos municípios do país, a atividade do parlamentar não demanda uma dedicação exclusiva. Na época, receber remuneração por prestar um serviço cívico seria algo impensável. Infelizmente, hoje há muitas pessoas que fazem da política uma profissão, ao invés de ser uma missão.

Outra informação obtida nessa parte do relatório causa surpresa nos dias de hoje: o Poder Legislativo municipal, em vez de gastar grandes numerários com o pagamento de diárias, viagens, veículos, verbas de gabinete, dentre outras despesas que consomem milhões dos cofres públicos, demandava gastos tão somente com *"telegrama, papel, selos"*. E convém registrar, como se verá adiante, que o prefeito Graciliano Ramos se indignava com os gastos desnecessários com telegramas.

> ILUMINAÇÃO
> A iluminação da cidade custou 8:921$800. Se é muito, a culpa não é minha: é de quem fez o contrato com a empresa fornecedora de luz.

Mais uma vez, vê-se que o prefeito Graciliano Ramos respeita os princípios da impessoalidade e da continuidade: não é porque não foi ele o Prefeito que assinou o contrato com a empresa fornecedora de luz que a Administração Municipal não vai cumprir o ajuste.

Aliás, além da impessoalidade e da continuidade, o gestor Graciliano Ramos demonstra apreço por um princípio basilar dos contratos, no caso, o do *pacta sunt servanda* (os ajustes devem ser cumpridos), ao compreender

---

[190] Informação obtida no artigo "Só Brasil paga salário a vereador", disponível em: http://www.idecrim.com.br/index.php/artigos/152-so-brasil-paga-salario-a-vereador, com acesso em: 4 jan. 2017. Registre-se que apesar da correção da informação transcrita, o título não corresponde à realidade, pois há outros países que remuneram os parlamentares municipais (conforme artigo É verdade que o Brasil é o único país onde o vereador ganha salário? Disponível em: http://super.abril.com.br/comportamento/e-verdade-que-o-brasil-e-o-unico-pais-onde-o-vereador-ganha-salario/.)

que honrar compromissos assumidos pelas administrações anteriores é uma obrigação, não uma liberalidade.

Nos dias de hoje, muitos gestores assumem seus mandatos e, já no primeiro dia no cargo, declaram que não irão honrar determinadas despesas. Da mesma forma, anunciam que licitações serão canceladas, concursos públicos serão suspensos e contratos administrativos serão extintos.

Não se sustenta aqui que a Administração Pública não possa rever seus atos e contratos administrativos. O poder de autotutela, aliás, também se configura como um dever. Uma nova gestão, ao rever atos e contratos, pode detectar irregularidades, como sobrepreço, favorecimentos ilícitos, afrontas diversas à lei, como ausência de publicidade ou de atendimento a exigências imprescindíveis à validade do ato. O que não é possível é a decisão administrativa de desfazer, de forma generalizada e sem motivo específico, atos administrativos praticados em outra gestão, o que violaria os princípios de impessoalidade e continuidade. Afinal, o Governo muda, mas a Administração Pública permanece.

Por outro lado, exatamente porque o Governo muda, é totalmente legítimo que cada gestão, ao ter suas próprias ideologias, possa rever posicionamentos e políticas públicas. É para isso que são eleitos pelo voto popular.

Todavia, alguns gestores fazem questão de deixar sua marca pessoal na Administração Pública, e nada que veio das gestões anteriores (inclusive atos administrativos praticados legalmente), especialmente se lhe faziam oposição, pode ser mantido, pois isso sinalizaria o reconhecimento do acerto das iniciativas de seus adversários políticos. Vê-se claramente que essa postura, além de mesquinha, prejudica profundamente o interesse da coletividade.

> *OBRAS PÚBLICAS*
> *Gastei com obras públicas 2:908$350, que serviram para construir um muro no edifício da Prefeitura, aumentar e pintar o açougue público, arranjar outro açougue para gado miúdo, reparar as ruas esburacadas, desviar as águas que, em épocas de trovoadas, inundavam a cidade, melhorar o curral do matadouro e comprar ferramentas. Adquiri picaretas, pás, enxadas, martelos, marrões, marretas, carros para aterro, aço para brocas, alavancas, etc. Montei uma pequena oficina para consertar os utensílios estragados.*

Primeiramente, ao elencar algumas obras realizadas no primeiro ano de sua gestão, o prefeito Graciliano Ramos comprova que os recursos disponíveis pela Prefeitura eram muito reduzidos, só dando suporte a obras de pequeno vulto.

Não há registro da realização de procedimentos licitatórios para escolha das empresas contratadas para as referidas obras públicas. Essa exigência somente se imporia à Administração Pública municipal muitos anos depois.[191]

De toda forma, pela simplicidade dessas obras, é mais provável que tenham sido realizadas pelos funcionários remunerados pela própria Prefeitura (provavelmente pessoal com vínculos mais precários) ou por outras pessoas (inclusive os presos foram colocados para trabalhar), mas sem que tenha havido a formalização de contratos com empresas.

Outra circunstância a ser destacada nesse trecho do relatório diz respeito às prioridades escolhidas para os gastos públicos: se o dinheiro é pouco, que seja pelo menos bem empregado, essa é uma das exigências do princípio da eficiência: a otimização da relação custo-benefício, uma das facetas da economicidade.

No caso, o prefeito Graciliano narra que determinou a realização de obra para *"desviar as águas que, em épocas de trovoadas, inundavam a cidade"*, o que sinaliza que sua preocupação não era imediatista, e sim em planejar o crescimento da cidade e, principalmente, o bem-estar de seus moradores.

Desgraçadamente, essa não é a postura mais comum nas Administrações Públicas brasileiras, já as obras mais realizadas são aquelas que maiores dividendos eleitorais geram, no caso, as que mais colocam em evidência a figura do gestor. E, como se sabe, é notório o pensamento míope que está no imaginário brasileiro que aplicar recursos em obras de saneamento básico é como enterrar dinheiro.

Conforme se verificará em outros trechos dos relatórios, o prefeito Graciliano pensava diferente: investiu os escassos recursos da Prefeitura em medidas de saúde pública, como na limpeza urbana, na melhoria do açougue e do matadouro, na terraplanagem da lagoa e em outras medidas preventivas, evitando danos à população a curto, médio e longo prazo.[192]

---

[191] Sobre tal questão: "No Brasil processo licitatório sofreu várias transformações, tendo início com o Decreto nº 2.926/1862, que regulamentava as compras e alienações, que fora complementado com outras diversas leis, se estruturando dentro do âmbito federal com o Decreto nº 4.536/1922, tendo sua sistematização com o Decreto-Lei nº 200/1962 que estabeleceu a reforma administrativa no âmbito federal, sendo estendida à administração estadual e municipal através da Lei nº 5.45/1968". (RIBEIRO, Geraldo Luiz Vieira. *A evolução da licitação*. Disponível em: http://www.egov.ufsc.br/portal/sites/default/files/anexos/21103-21104-1-PB.pdf. Acesso em: 05 jan. 2017.

[192] Diferentemente do tempo em que Graciliano Ramos foi prefeito, hoje já há uma noção bem mais difundida da relevância do investimento em ações preventivas de saúde pública. Para a Organização Mundial de Saúde (OMS), a cada dólar investido em saneamento básico e água, são economizados 4,3 dólares em saúde. (Informação obtida no artigo *OMS: Para cada dólar investido em água e saneamento, economiza-se 4,3 dólares em saúde global*, publicado em 20.11.2014

> *EVENTUAIS*
> *Houve 1:069$700 de despesas eventuais: feitio e conserto de medidas, materiais para aferição, placas. 724$000 foram-se para uniformizar as medidas pertencentes ao Município. Os litros aqui tinham mil e quatrocentas gramas. Em algumas aldeias subiam, em outras desciam. Os negociantes de cal usavam caixões de querosene e caixões de sabão, a que arrancavam tábuas, para enganar o comprador. Fui descaradamente roubado em compras de cal para os trabalhos públicos.*

Nessa parte aparentemente despretensiosa do relatório, vê-se uma marca do caráter do homem Graciliano Ramos que se traduziu em uma característica de sua gestão como prefeito de Palmeira dos Índios: a retidão, traço que não tolera a fraude, que rechaça o engodo, que repudia o embuste e que não se compraz com a enganação.

Em um país que sempre se orgulhou de um tal jeitinho, levar vantagem em tudo que se faz (em detrimento do interesse de outrem) parece ser um sinal de esperteza, algo a ser valorizado. Ser astuto e perspicaz para fugir da aplicação das normas vigentes parece ser algo que tradicionalmente tem sido legitimado pela sociedade brasileira.

Todavia, conforme destacado, o jeitinho que gera a vantagem de uns implica muitas vezes a desvantagem de outros, o que, definitivamente, é algo com o qual o Direito não pode transigir, tampouco com o qual a Administração Pública pode ser complacente. Isso porque, ao exercer suas atividades, os órgãos públicos devem praticar e exigir a boa-fé, uma das principais decorrências do princípio da moralidade administrativa.

Vale recordar que, nos termos da Constituição Federal, um dos objetivos fundamentais da República brasileira é a construção de uma sociedade justa e solidária, na qual a dignidade da pessoa humana tem valor incomensurável.[193] Parece evidente que tais prescrições não admitem

---

no *site* ONUBR – Nações Unidas no Brasil, disponível em: https://nacoesunidas.org/oms-para-cada-dolar-investido-em agua-e-saneamento-economiza-se-43-dolares-em-saude-global/. Acesso em: 05 jan. 2017).

[193] Nesse sentido: "Destarte, com a inserção na Constituição de cláusulas que consagram os valores da dignidade da pessoa humana, justiça e solidariedade, é forçoso reconhecer a insuficiência do aspecto subjetivo da boa-fé. Em defesa do corpo social, é superada a concepção do Direito sob o enfoque de mera satisfação do indivíduo, e uma ética coletiva passa a ser valorizada e estimulada, pautada na confiança, cooperação, transparência e lealdade, ainda que isso signifique uma limitação da vontade individual, por força da objetivação dos direitos" (SOUZA, Márcio Luiz Dutra de. *O princípio da boa-fé na Administração Pública e sua repercussão na invalidação administrativa*. Disponível em: http://www.agu.gov.br/page/download/index/id/10399422. Acesso em: 06 jan. 2017).

que os particulares e os órgãos públicos se comportem, no tocante à boa-fé, de forma temerária.

Previsto implicitamente no texto constitucional, a legislação federal (e muitas leis estaduais e municipais seguiram a mesma toada) previu a boa-fé como princípio dos processos administrativos,[194] sendo o dever de lealdade e de honestidade não uma mera sugestão, mas uma imposição, tanto para a Administração Pública, como para as pessoas que com ela se relacionam. De acordo com a doutrina:

> A boa-fé, portanto, impõe a supressão de surpresas, ardis ou armadilhas. A conduta administrativa deve guiar-se pela estabilidade, transparência e previsibilidade. Não se permite qualquer possibilidade de engodo – seja ele direto ou indireto, visando à satisfação de interesse secundário da Administração. Nem tampouco poderá ser prestigiada juridicamente a conduta processual de má-fé dos particulares. Ambas as partes (ou interessados) no processo devem orientar seu comportamento, endo e extraprocessual, em atenção à boa-fé. Caso comprovada a má-fé, o ato (ou o pedido) será nulo, por violação à moralidade administrativa.[195]

Um dos aspectos da boa-fé objetiva é o princípio da proteção da confiança legítima, cada vez mais em voga no Direito Administrativo brasileiro. Se a Administração Pública pretende exigir lealdade e honestidade dos particulares que com ela mantêm relações, ela é a primeira que assim deve proceder.

Se tais exigências passaram a ser destacadas no cenário jurídico-administrativo brasileiro nas últimas décadas, vê-se nos relatórios que o prefeito Graciliano Ramos já exercitava essas práticas.

No caso, ao determinar o *"conserto de medidas"* e a compra de *"materiais para aferição"*, o prefeito de Palmeira dos Índios deu um recado forte: tolerância zero com a enganação, o que garantiria uma proteção, a partir do exercício do poder de polícia da Administração municipal, dos cidadãos que realizassem negócios no comércio local.

---

[194] Nos termos da Lei Federal 9784/99:
"Art. 2º A Administração Pública obedecerá, dentre outros, aos princípios da legalidade, finalidade, motivação, razoabilidade, proporcionalidade, moralidade, ampla defesa, contraditório, segurança jurídica, interesse público e eficiência.
Parágrafo único. Nos processos administrativos serão observados, entre outros, os critérios de:
(...)
IV - atuação segundo padrões éticos de probidade, decoro e boa-fé; "

[195] MOREIRA, Egon Bockman. *Processo administrativo*: princípios constitucionais e a Lei 9.784/1999. São Paulo: Malheiros, 2007. p. 116.

Também se constata nesse trecho do relatório uma preocupação da Administração com todas as partes envolvidas, atuando a Prefeitura com isonomia, ao exigir a uniformização das *"medidas pertencentes ao Município"*. Nesse contexto, o Prefeito confessa que *"litros aqui tinham mil e quatrocentas gramas. Em algumas aldeias subiam, em outras desciam"*. Ora, se em alguns casos eram os cidadãos os que levavam vantagem sobre os comerciantes, isto, evidentemente, também não seria justo, o que impôs a imediata correção.

Curiosamente, como nem todas as ações administrativas atingem a eficácia esperada, as medidas de correção determinadas pela Municipalidade não foram suficientes para impedir que a própria Prefeitura continuasse a ser enganada (*"Fui descaradamente roubado em compras de cal para os trabalhos públicos"*).

Isso demonstra, dentre outras coisas, que o gestor público que preze pela transparência administrativa não deve apenas divulgar suas conquistas, mas também reconhecer suas derrotas. Admitir as derrotas é algo essencial para correção de posturas, o que poderá dar ensejo a futuras vitórias.

> *CEMITÉRIO*
> *No cemitério enterrei 189$000 – pagamento ao coveiro e conservação.*
> *ESCOLA DE MÚSICA*
> *A Filarmônica 16 de Setembro consumiu 1:990$660 – ordenado de um mestre, aluguel de casa, material, luz.*
> *FUNCIONÁRIOS DA JUSTIÇA E DA POLÍCIA*
> *Os escrivães do júri, do cível e da polícia, o delegado e os oficiais de justiça levaram 1:843$314.*

Mais uma vez, de onde menos se espera, podem ser extraídas verdadeiras lições de Direito Administrativo e de gestão pública a partir dos relatos do prefeito Graciliano Ramos. Aqui, nesse segmento do relatório, há, pelo menos, duas questões interessantes: uma a respeito da distribuição dos valores aplicados pela Administração Pública, com a identificação das prioridades da gestão,[196] e a outra no tocante à concentração de recursos nas mãos do Poder Executivo e paulatina evolução da autonomia dos poderes.

---

[196] Curiosamente, observa-se que "Quando cita o cemitério, utiliza palavra "enterrei", fazendo uma ligação entre cemitério, enterro e aplicação do dinheiro. (...). Ao relacionar os gastos com a justiça e polícia ele faz uma relação dizendo que eles "levaram" da prefeitura" (CRUZ, Vera Lúcia *et al*. Uma análise das práticas de evidenciação contábil sob a ótica de Graciliano Ramos

Quanto ao primeiro aspecto a ser ressaltado, salta aos olhos uma situação que, nos dias de hoje, soa como algo surreal: o Estado gastar com uma escola de música mais que com os funcionários da Justiça e da Polícia.

Antes de tudo, o Estado brasileiro investe muito pouco em cultura, já que as políticas públicas para esta área tão relevante são, na ordem das prioridades, uma das últimas preocupações do Poder Público.[197]

Por outro lado, como é notório, os gastos com a administração da justiça são bem consideráveis nos dias de hoje,[198] especialmente diante do crescimento do Poder Judiciário, da expansão do acesso à Justiça após a Constituição de 1988 e, não se pode esquecer, dos altos salários pagos aos integrantes daquele Poder.

De toda forma, os valores informados no relatório publicado em 1929 acerca dos gastos municipais com uma atividade cultural (escola de música) e com a administração da justiça considerada em sentido amplo (funcionários da Justiça e da Polícia) apontam que, nos tempos de Graciliano Ramos prefeito, gastava-se, proporcionalmente, muito mais com cultura e muito menos com o pagamento dos salários daqueles encarregados da

---

nos anos de 1928 e 1929. *Revista de Contabilidade e Controladoria*, Curitiba, v. 2, n. 6, p. 81-95, maio-ago. 2010).

[197] No Brasil, invariavelmente, investe-se menos de 1% dos orçamentos federal, estaduais e municipais em cultura. No Ministério da Cultura, há apenas 922 servidores, sendo 430 ocupantes de cargos em comissão. E mais: "Entre 2001 e 2015, o orçamento do Ministério da Cultura apresentou crescimento. Porém, os recursos desembolsados não acompanharam o aumento. Nos últimos 15 anos foram orçados R$33,9 bilhões para a Pasta, mas apenas 54% foram efetivamente utilizados nas iniciativas culturais. O montante representa R$18,6 bilhões. O fim da Pasta tem gerado polêmica com a classe artística. A diferença é ainda maior quando analisados apenas os investimentos da Cultura, isto é, recursos para obras e compras de equipamentos. No período, foram orçados R$6,9 bilhões para essa rubrica de despesa, porém apenas R$2,2 bilhões foram efetivamente aplicados, o que representa 31,5% do total." (MENEZES, Dyelle. *Apenas metade do orçamento da Cultura foi utilizado nos últimos 15 anos*. Disponível em: http://www.contasabertas.com.br/website/arquivos/12909. Acesso em: 06 jan. 2017).

[198] Há quem diga que o Judiciário no Brasil é o mais caro do mundo: "O Poder Judiciário consome anualmente 1,3% do Produto Interno Bruto, ou 2,7% de tudo que é gasto pela União, pelos estados e municípios. Significa uma despesa anual de R$306,35 (US$91,2) no bolso de cada um dos 200 milhões de habitantes. Esse nível de gasto com o Judiciário só é encontrado na Suíça, cuja população é 25 vezes menor e a renda, cinco vezes maior. O custo brasileiro aumenta quando somado o orçamento do Ministério Público, que não dá transparência às suas despesas. Vai a 1,8% do PIB, o equivalente a R$87 bilhões (US$26,3 bilhões). Supera o orçamento de metade dos estados. É o dobro das obras contratadas pelo governo federal, até abril, nas áreas de Transportes, Saneamento, Habitação e Urbanização. Caro demais, ressaltam os pesquisadores, para quem o orçamento do Judiciário brasileiro é o mais alto por habitante no Ocidente. Essas instituições do Brasil custam 11 vezes mais que as da Espanha; dez vezes mais que na Argentina; nove vezes mais que nos EUA e Inglaterra; seis vezes mais que na Itália, na Colômbia e no Chile; quatro vezes mais que em Portugal, Alemanha e Venezuela. Coisa semelhante, só na Bósnia-Herzegovina e em El Salvador. Cada decisão judicial no Brasil (US$681,2) é, na média, 34% mais cara que na Itália (US$508,8)" (A Justiça mais cara do mundo. *O Globo*, 12 jul. 2016. Disponível em: http://oglobo.globo.com/opiniao/a-justica-mais-cara-do-mundo-19689169#ixzz4UzIx1Zfx. Acesso em: 06 jan. 2017).

manutenção da ordem jurídica e segurança pública (embora não haja referência aqui quanto ao pagamento dos salários do juízes). Tal constatação, embora careça de maior aprofundamento das condições históricas nas quais se sucederam, no mínimo, deveria ser objeto de reflexão pelos brasileiros.

Outro dado curioso trazido pela passagem do relatório ora em comento se relaciona com a questão acima destacada, qual seja, com os gastos com a administração da justiça. No caso, o que chama a atenção não são apenas os valores, mas também o fato de o Poder Executivo ser o responsável por eles.

Conforme já analisado em outro trecho do relatório (*"Dispendi com o poder legislativo 1:616$484"*), as atividades legislativas eram assumidas pelo Poder Executivo. Agora se verifica que (ao menos algumas) atividades judiciais também deveriam ser custeadas pelo combalido orçamento do Poder Executivo municipal.

Perceba-se que aqui há uma novidade: se antes já se viu que o Executivo arcava com as despesas de outro poder (o Legislativo), pelo menos há quem possa dizer que o Conselho Municipal fazia parte da estrutura do Município, o que justificaria o fato de ser custeado pelo orçamento do referido ente público.

No caso do Judiciário, todavia, trata-se de um Poder que mesmo sob a vigência da Constituição de 1891 (conforme art. 62), somente existia na estrutura dos Estados ou da União, não havendo que se falar em Judiciário municipal. Mesmo assim, como se vê no relatório, era o Executivo municipal que efetuava o pagamento dos salários dos escrivães do júri e dos oficiais de justiça.

Uma das possíveis justificativas para essa situação é a eventual prevalência de uma prática existente até mesmo nos dias de hoje (especialmente no âmbito da Justiça Eleitoral): os referidos funcionários pertenciam à Prefeitura e eram colocados à disposição (cedidos) ao Poder Judiciário.

> *ADMINISTRAÇÃO*
> A administração municipal absorveu 11:457$497 – *vencimentos do Prefeito, de dois secretários (um efetivo, outro aposentado), de dois fiscais, de um servente, impressão de recibos, publicações, assinatura de jornais, livros, objetos necessários à secretaria, telegramas.*
> *Relativamente à quantia orçada, os telegramas custaram pouco. De ordinário vai para eles dinheiro considerável. Não há vereda aberta pelos matutos, forçados pelos inspetores, que prefeitura do interior não ponha no arame, proclamando que*

>*a coisa foi feita por ela; comunicam-se as datas históricas ao Governo do Estado, que não precisa disso; todos os acontecimentos políticos são badalados. Porque se derrubou a Bastilha – um telegrama; porque se deitou uma pedra na rua – um telegrama; porque o deputado F. esticou a canela – um telegrama. Dispêndio inútil. Toda a gente sabe que isto por aqui vai bem, que o deputado morreu, que nós choramos e que em 1559 D. Pero Sardinha foi comido pelos caetés.*

Ainda no tocante às despesas municipais no ano de 1928, o prefeito Graciliano Ramos enumera os gastos realizados com a Administração, destacando-se, nesse contexto, a sobriedade: não há espaço para desembolsos com ostentação, com suntuosidades e com o supérfluo. Parece que a exceção (para confirmar a regra) diz respeito aos telegramas, que mesmo diante do debilitado orçamento municipal, eram expedidos sem parcimônia.

O exemplo dos telegramas trazido por Graciliano é bem pedagógico: demonstra que mesmo diante de uma previsão de gastos insignificante no contexto geral do orçamento (*"Relativamente à quantia orçada, os telegramas custaram pouco"*), deve-se procurar combater o desperdício quando da utilização do dinheiro público,[199] evitando que haja um descontrole dos gastos orçados. No caso, ainda que a previsão de gastos com os telegramas fosse *"insignificante"*, quando da execução orçamentária, a Administração municipal destinou a *"eles dinheiro considerável"*.

O combate ao desperdício é uma ação que depende da análise da relevância de uma determinada medida que gera despesa para o atendimento dos interesses da sociedade, especialmente quando confrontada

---

[199] Sobre a questão do combate ao desperdício na Administração Pública: "A boa gestão do gasto público permite a redução de desperdícios, possibilitando o aumento dos recursos disponíveis para o Estado atender melhor a população nas mais diversas formas. Imagine, por exemplo, economizar R$30 milhões por ano apenas gerindo melhor a energia elétrica e a quantidade de documentos impressos (...). A ideia é promover a sustentabilidade ambiental e socioeconômica na administração pública federal por meio da redução de gastos com diversos serviços, que vão desde limpeza e vigilância, telefonia fixa e móvel, até água e energia elétrica. (...) Estima-se ainda que, apenas com papel, haja um desperdício anual de quatro mil folhas por servidor. E, considerando que os ministérios possuem aproximadamente 50 mil servidores ativos, o uso total por ano pode chegar a 200 milhões de folhas, 400 mil resmas, isto é, pacotes com 500 folhas, quase vinte mil árvores e aproximadamente R$4 milhões. (...), os copos descartáveis também aparecem nessa lista de gastos com potencial de redução. O cálculo é de que, a cada ano, um servidor use pelo menos 500 copos. No Distrito Federal, a Administração Direta conta com aproximadamente 50 mil servidores. Logo, o desperdício total anual chega a 25 milhões de copinhos, ou R$1 milhão" (CAMBAÚVA, Daniella. *Eficiência contra o desperdício na administração pública*. Disponível em: http://www.ipea.gov.br/desafios/index.php?option=com_content&id=2914:catid=28&Itemid=23. Acesso em: 07 jan. 2017.

com outras medidas que possam ser prioritárias àquela (*"Dispêndio inútil"*). Sobre os tempos da gestão de Graciliano na Prefeitura de Palmeira dos Índios se anotou que:

> as rendas municipais, e mesmo as dos Estados – das quais eram dependentes – eram ínfimas, redundando na concentração de recursos públicos pela União, algo não muito distante do vigente pacto federativo brasileiro. Eis por que os relatórios de Graciliano demonstravam tanta preocupação com as (reduzidas) receitas e despesas do Município, tomando ele, por isso, providências para a redução dos gastos inúteis, como os com telegramas, que, embora custassem pouco relativamente à quantia orçada, eram demasiados para os resultados alcançados.[200]

Vale ainda destacar que, nesse segmento do relatório, Graciliano denuncia outra prática bastante enraizada na Administração Pública: há mais esforço e preocupação em divulgar à sociedade determinadas ações que propriamente em fazê-las, havendo situações em que se divulga algo que não se fez.

No caso, ao afirmar que *"Não há vereda aberta pelos matutos, forçados pelos inspetores, que prefeitura do interior não ponha no arame, proclamando que a coisa foi feita por ela"*, essa obsessão pela propaganda faz com que os entes públicos divulguem como suas, inclusive, situações que não lhes podem ser atribuídas.

Indubitavelmente, trata-se de uma espécie odiosa de propaganda enganosa, posto que praticada pelo próprio Estado,[201] o que atenta frontalmente contra a moralidade administrativa (especialmente contra o dever de lealdade e boa-fé), utilizando-se do dinheiro público para tal fim reprovável, levando a população ao engodo.

---

[200] MEDEIROS, Morton Luiz Faria de. Administrando vidas secas: ensaio sobre os relatos de Graciliano Ramos em sua experiência como Prefeito de Palmeira dos Índios/AL. *Revista de Filosofia do Direito, do Estado e da Sociedade*, v. 6, n. 2, p. 8, 2015.

[201] Acerca desta prática administrativa pouco comentada pela doutrina do Direito Administrativo: "É evidente que um governante não pode fazer a divulgação dos seus projetos com a utilização de argumentos enganosos, ou equivocados, ou de sentido dúbio ou contraditório, em relação aos fundamentos básicos em que se inspirou. Devem prevalecer aí os princípios constitucionais da razoabilidade e da proporcionalidade, nos atos administrativos. Isto é, a razoabilidade se entende o da racionalidade, do equilíbrio e da sensatez, como requisitos para a conduta administrativa, dirigidos a um fim especificado. A proporcionalidade significa a correta adequação dos meios adotados pela administração, a fim de que os critérios para o atingimento dos objetivos oficiais se façam sem agressividade, ou intervenção discricionária na liberdade de análise e decisão dos administrados. A propaganda enganosa é uma forma subliminar de agressão oficial do Poder Público." (FARAH, Elias. *A propaganda enganosa ou abusiva pelo poder público*. Disponível em: http://www.academus.pro.br/professor/eliasfarah/arquivos/artigos_propaganda.pdf. Acesso em: 07 jan. 2017).

Ou, para ser mais contundente, trata-se de um verdadeiro estelionato estatal perpetrado por gestores públicos com objetivos meramente eleitorais, o que viola de forma radical as regras da democracia, uma vez que tal embuste promove um injusto desequilíbrio de forças para se alcançar (no caso, manter) o poder.

> *ARRECADAÇÃO*
> *As despesas com a cobrança dos impostos montaram a 5:602$244. Foram altas porque os devedores são cabeçudos. Eu disse ao Conselho, em relatório,*[1] *que aqui os contribuintes pagam ao Município se querem, quando querem e como querem.*
> *Chamei um advogado e tenho seis agentes encarregados da arrecadação, muito penosa. O município é pobre e demasiado grande para a população que tem, reduzida por causa das secas continuadas.*

Um primeiro dado importante nesse segmento do relatório é a menção à existência de um relatório que o Prefeito Graciliano Ramos havia encaminhado ao Conselho municipal (correspondente à Câmara de Vereadores dos dias de hoje).

Assim, se o Prefeito de Palmeira dos Índios, por intermédio do relatório ora sob análise presta contas ao Chefe do Executivo Estadual, antes o fizera ao Legislativo municipal, o que demonstra como Graciliano reconhecia o valor do parlamento. Registre-se que ele não havia participado da formação do Conselho, quando da eleição no ano anterior (ele sequer havia feito sua própria campanha!). Mesmo assim, levava em consideração o papel reservado ao Poder Legislativo.

Ora, se alguém eventualmente considerava que, ao encaminhar seu relatório, o Prefeito de Palmeira dos Índios queria alcançar certo prestígio junto ao Governador do Estado de Alagoas, essa tese cai por terra quando se percebe que o gestor público Graciliano Ramos sempre prestou contas de suas atividades.

Vê-se ainda neste trecho que a municipalidade até então vinha negligenciando seu dever de cobrança dos tributos. Isso acontece ainda nos dias de hoje:

> Contra essa prática de atentado à moralidade, ainda muito corriqueira nesses prados, o Ministério Público tem exigido, por exemplo, de Prefeitos Municipais que se furtam à cobrança do IPTU para não se indispor com seus eleitores, a relação dos devedores de tributos municipais (dentre os quais se encontram, mais das vezes, os grandes empresários, pecuaristas, autoridades locais), advertindo-os de que o ato de agir negligentemente na

arrecadação de tributo ou renda constitui típico ato de improbidade (art. 10, X, da Lei nº 8.429/92).[202]

Administrar o interesse público não implica tão somente a expedição de atos administrativos concessivos de direitos, que agradam aos administrados. Além dos atos de outorga, que ampliam a esfera jurídica das pessoas, há também os atos administrativos restritivos de direitos e que impõem obrigações. Nesse caso, as pessoas nem sempre ficam satisfeitas em ter que cumprir determinados deveres perante o Estado.

Uma dessas situações corresponde à cobrança de tributos: uns pagam e outros não, mas, invariavelmente, ninguém o faz com um sorriso estampado na face. Na Palmeira dos Índios de 1928, os devedores eram *"cabeçudos"*, ou seja, não queriam pagar os tributos devidos. Talvez essa resistência tenha surgido do hábito, já consolidado, de não serem importunados pela Prefeitura.

Em um Município onde os *"contribuintes pagam ao Município se querem, quando querem e como querem"*, a Prefeitura teve que se desdobrar para impor sua autoridade e arrecadar os recursos necessários para fazer frente as suas despesas. Nesse contexto, o Prefeito relata o montante de recursos que gastou com esse objetivo (arrecadação) e o *modus operandi* que precisou ser ultimado.

No caso, relata-se a utilização de um advogado e seis agentes de arrecadação. Embora se trate de uma estrutura precária, há um princípio de organização e planejamento. Hoje em dia, os órgãos que exercem a advocacia pública e as pastas encarregadas das finanças (secretarias, ministérios, recebedorias, receitas, etc.) avançaram consideravelmente no mister de pôr para funcionar a máquina arrecadatória.

A Fazenda Pública e o Fisco são apenas algumas das conotações que o Estado Administração Pública assume para garantir o ingresso de recursos nos cofres públicos, condição *sine qua non* para a implementação de políticas públicas.

Um último ponto nesse trecho do relatório que convém ser analisado é a afirmação de que o *"município é pobre e demasiado grande para a população que tem"*. Qual o sentido dessa frase que na verdade mais parece um desabafo?

Uma possível análise é que, no capítulo do relatório sobre a arrecadação, o gestor Graciliano Ramos denunciava que a situação de extrema

---

[202] MEDEIROS, Morton Luiz Faria de. Administrando vidas secas: ensaio sobre os relatos de Graciliano Ramos em sua experiência como Prefeito de Palmeira dos Índios/AL. *Revista de Filosofia do Direito, do Estado e da Sociedade*, v. 6, n. 2, p. 8, 2015.

pobreza²⁰³ de um município localizado no agreste alagoano atingia tanto seu povo, como também, por consequência, a administração municipal.

Ora, se a população é pobre, de onde se pode retirar, via tributação, recursos para custear as despesas da Administração? Nesse caso, a pobreza cria um ciclo vicioso, já que como a Administração não é capaz de oferecer as mínimas condições que proporcionem o desenvolvimento social, a população estará fadada a permanecer indefinidamente na pobreza.

Mas não é só isso. Pode-se extrair desse trecho do relatório uma crítica à divisão territorial brasileira, pródiga em criar municípios sem as mínimas condições estruturais, ou com população reduzida, ou mesmo, como no caso de Palmeira dos Índios de outrora, cuja extensão territorial era desproporcional à população que possuía.²⁰⁴

Também se pode, a partir do desabafo do prefeito Graciliano Ramos, gerar uma reflexão quanto ao próprio pacto federativo, que relega aos municípios uma situação de indigência, na medida em que não propicia os devidos meios para atender os direitos fundamentais dos cidadãos.

Assim, vê-se que não há qualquer contradição no fato de um município ser demasiado grande e ao mesmo tempo ser pobre. Aliás, assim vem sendo o Brasil desde seu descobrimento: um país demasiado grande, cuja grandeza não consegue garantir que a população deixe a pobreza.

LIMPEZA PÚBLICA – ESTRADAS
No orçamento limpeza pública e estradas incluíram-se numa só rubrica. Consumiram 25:111$152.
Cuidei bastante da limpeza pública. As ruas estão varridas; retirei da cidade o lixo acumulado pelas gerações que por aqui passaram; incinerei monturos imensos, que a Prefeitura não tinha suficientes recursos para remover. Houve lamúrias e reclamações por se haver mexido no cisco preciosamente guardado em fundos de quintais; lamúrias, reclamações e ameaças porque mandei

---

[203] Nisso o escritor Graciliano Ramos se tornou mundialmente conhecido, ao narrar, no livro *Vidas Secas*, o drama dos nordestinos que eram obrigados a migrar para as cidades para fugir da miséria causada pela seca prolongada.

[204] Atualmente, o município de Palmeira dos Índios possui 74 mil habitantes, sendo a quarta cidade mais populosa de Alagoas, já tendo sido no passado a segunda. No relatório, o Prefeito Graciliano Ramos, ao afirmar que o município era "demasiado grande para a população que tem", parece que estava sendo visionário: como que em uma profecia, posteriormente, alguns distritos foram emancipados de Palmeira dos Índios, passando a ser municípios: Igaci (1959), Cacimbinhas (1959) e Estrela de Alagoas (1992).

matar algumas centenas de cães vagabundos; lamúrias, reclamações, ameaças, guinchos, berros e coices dos fazendeiros que criavam bichos nas praças.

Ademais dos detalhes curiosos de natureza orçamentária (*"limpeza pública e estradas incluíram-se numa só rubrica"*), essa passagem da prestação de contas oferece outros aspectos para análise jurídico-administrativa. O primeiro deles diz respeito à enorme preocupação do gestor público com a limpeza pública.

Nesse contexto, em poucos outros registros dos relatórios, o prefeito Graciliano Ramos foi tão enfático ao destacar uma atividade realizada em sua gestão, chegando a parecer até mesmo, para os mais desavisados, um tanto quanto vanglorioso: *"Cuidei bastante da limpeza pública"*.

Longe de ser um gesto de soberba, arrogância ou mesmo ostentação, o que há aí, indiscutivelmente, é um certo orgulho e sentimento de satisfação de um gestor público que julga ter feito algo muito importante (pelo menos aos seus olhos).

Mas provavelmente indagarão: *"como se pode ficar orgulhoso de ter cuidado bastante da limpeza pública?"*. Sim, o que, em uma análise açodada, parece pouco, na verdade não o é. Graciliano Ramos sabia que as grandes ações administrativas não precisavam ser suntuosas.

Ele praticava, como gestor público, uma característica que sempre o marcou em sua vida pessoal e até mesmo como escritor:[205] o despojamento, nesse contexto, traduzido no comedimento e no horror ao mero deslumbre.

Enquanto gestor público, Graciliano Ramos procurava agir com grande objetividade, sempre buscando realizar as ações mais relevantes para a sociedade, dentro da realidade do modesto orçamento do Município. Aqui se vê a preocupação do gestor com a limpeza pública, fator que, muito mais que apenas uma questão de caráter estético, é um dos elementos mais relevantes para assegurar a saúde da população.

---

[205] Graciliano Ramos era bastante claro e conciso na forma de escrever, evitando adjetivações desnecessárias e qualquer superfluidade. Sobre isso, tornou-se célebre a passagem de seu livro Linhas Tortas em que aconselha: "Deve-se escrever da mesma maneira com que as lavadeiras lá de Alagoas fazem em seu ofício. Elas começam com uma primeira lavada, molham a roupa suja na beira da lagoa ou do riacho, torcem o pano, molham-no novamente, voltam a torcer. Colocam o anil, ensaboam e torcem uma, duas vezes. Depois enxáguam, dão mais uma molhada, agora jogando água com a mão. Batem o pano na laje ou na pedra limpa, e dão mais uma torcida e mais outra, torcem até não pingar do pano uma só gota. Somente depois de feito tudo isso é que elas dependuram a roupa lavada na corda ou no varal, para secar. Pois quem se mete a escrever devia fazer a mesma coisa. A palavra não foi feita para enfeitar, brilhar como ouro falso; a palavra foi feita para dizer" (RAMOS, Graciliano. *Linhas tortas*. 22. ed. Rio de Janeiro: Record, 2015).

Como se pode depreender a partir de seu relato, a limpeza pública de Palmeira dos Índios vinha sendo negligenciada há muitos anos (*"retirei da cidade o lixo acumulado pelas gerações que por aqui passaram"*). Vê-se que, de forma modelar, parece não atribuir a culpa indiscriminadamente às gestões anteriores, como, aliás, é muito comum que se faça nas Administrações Públicas dos dias de hoje no Brasil.

Ao contrário, imputa a responsabilidade a todas as gerações anteriores de palmeirenses (incluindo aí a sociedade civil e os gestores públicos), já que tanto quem sujou as ruas, como aqueles que deveriam limpá-las devem assumir suas parcelas de responsabilidade. Na verdade, o que se vê na continuação do relato é exatamente a demonstração de que a sociedade palmeirense não contribuía em nada com a tarefa de deixar a cidade limpa.

Nesse contexto, ao ler que em 1928 *"Houve lamúrias e reclamações por se haver mexido no cisco preciosamente guardado em fundos de quintais"*, parece que essa frase foi retirada de um jornal de 2017.[206]

Se houve *"lamúrias e reclamações"*, essas ocorreram porque o gestor público Graciliano Ramos aplicava o princípio da supremacia do interesse público, que determina que este, quando em conflito com o interesse individual, deve prevalecer. No caso, não poderia a população do município ficar sujeita a adoecer (e morrer) por causa de atitudes egoístas de algumas pessoas que ameaçavam, com seus comportamentos, a saúde pública.

Por sua vez, dos *"fazendeiros que criavam bichos nas praças"*, a gestão comandada por Graciliano Ramos teve que enfrentar *"lamúrias, reclamações, ameaças, guinchos, berros e coices"*.

Como se sabe, todos os agentes e órgãos administrativos que exercem atividades de poder de polícia, ao contrariarem determinados interesses particulares (o que é algo inevitável), sofrem reações adversas, muitas vezes bastante contundentes (não são apenas lamúrias e berros, mas também ameaças e coices).

---

[206] Devido aos surtos de dengue, zika vírus e chikungunya que assolam o país nos tempos atuais, não é raro assistir a noticiários ou ler reportagens em que moradores que mantêm focos do mosquito *aedes aegypti* acumulam lixo e entulho em suas casas ("nos fundos dos quintais") se recusam a colaborar com o Poder Público. Este, para atender o interesse público de preservação da saúde da população, tem elaborado normas (leis e decretos) que autorizam, sob certas condições, o ingresso forçado de agentes de combate ao mosquito nos imóveis particulares. O Ministério da Saúde elaborou o Programa Nacional de Combate a Dengue. Nele se destaca que "os grandes problemas contemporâneos de saúde pública estão a exigir a atuação eficiente do Estado, empregando tanto os mecanismos de persuasão (informação, fomento) quanto os meios materiais (executando serviços públicos) e as tradicionais medidas de polícia administrativa (condicionando e limitando a liberdade individual) na implementação de uma política pública que vise à proteção da saúde de suas populações." (*Programa Nacional de Combate da Dengue*: amparo legal à execução das ações de campo – imóveis fechados, abandonados ou com acesso não permitido pelo morador. 2. ed. Brasília: Ministério da Saúde, 2006. p. 14. Disponível em: http://mosquito.saude.es.gov.br/Media/dengue/Arquivos/Amparo_Legal.pdf. Acesso em: 08 jan. 2017)

O gestor público Graciliano Ramos, que aplicou multas a todos que deixavam animais soltos na rua, sentiu na pele as agruras de ter que cumprir a lei de forma impessoal, ao multar seu próprio pai, dando um exemplo de retidão, equidade e seriedade.

Por fim, outra passagem aparentemente sem relevância do relatório é a que o prefeito declara: *"incinerei monturos imensos, que a Prefeitura não tinha suficientes recursos para remover"*. Além da relevância da limpeza urbana para a saúde pública, conforme já destacado, o que se vê aqui é um traço de criatividade e improviso do gestor público que não podia contar com o lastro financeiro adequado para realizar as melhores ações administrativas.

Nesse caso, procurando fugir das emboscadas que a burocracia (ou melhor, sua interpretação míope) gera, mais uma vez, o espírito objetivo e pragmático de Graciliano Ramos vem à tona: se não era possível o plano A, adote-se o plano B, desde que, evidentemente, a solução inovadora esteja em harmonia com a legalidade.

Infelizmente, a criatividade e o improviso do administrador público nem sempre resolvem: no caso, para as *"centenas de cães vagabundos"* que ameaçavam a saúde pública, não havendo um local apropriado para onde os animais poderiam ser encaminhados, o destino que lhes foi reservado foi a morte.

> *POSTO DE HIGIENE*
> *Em falta de verba especial, inseri entre os dispêndios realizados com a limpeza pública os relativos à profilaxia do Município. Contratei com o Dr. Leorne Menescal, chefe do Serviço de Saneamento Rural, a instalação de um posto de higiene, que, sob a direção do Dr. Hebreliano Wanderley, tem sido de grande utilidade à nossa gente.*

O prefeito Graciliano Ramos, já a par do movimento sanitarista[207] que assolava o país, procurou realizar uma série de medidas administra-

---

[207] Sobre este movimento: "O intervalo que compreende as três primeiras décadas do século XX caracteriza-se, no Brasil, por uma intensa polêmica em torno de um projeto para a nação. (...) O período é fortemente marcado pela ação de sanitaristas que, ao lado de intelectuais como Euclides da Cunha, causaram grande impacto no imaginário social brasileiro. As campanhas sanitárias de Oswaldo Cruz, no início do século; as imagens de um sertanejo forte, capaz de resistir à natureza hostil e ao avanço das tropas do exército republicano, trazidas por Euclides da Cunha quando da publicação de Os sertões, em 1902; os relatórios de expedições científicas ao interior do país, realizadas pelo Instituto Oswaldo Cruz entre 1912 e 1917; e a ação da Liga Pró-Saneamento do Brasil, criada em 1918 sob a direção do médico sanitarista Belisário Penna, tiveram grande divulgação e repercutiram de forma significativa na intelectualidade brasileira. Os sanitaristas trouxeram de suas expedições uma visão de nossos sertões diversa da que prevalecera até então, romântica e ufanista. Para eles, era urgente integrar essas populações nos

tivas para melhorar as condições de saúde dos moradores de Palmeira dos Índios.

Sempre é relevante registrar que, no início do século XX, a Administração Pública brasileira, ainda concebida para atender as demandas de um Estado de concepção liberal, pouco atuava em questões sociais, como é o caso da saúde. De toda forma, se essa atuação era reduzida no âmbito da União e dos Estados, muito mais limitada era no que se refere aos municípios.

Todavia, convém registrar que, além de uma sempre presente sensibilidade social, Graciliano Ramos havia perdido em 1915 várias pessoas de sua família (três irmãos e um sobrinho) por causa de uma epidemia de peste bubônica, enfermidade que acometeu a cidade de Palmeira dos Índios, circunstância que certamente aguçou seu desejo de contribuir com questões relacionadas à saúde pública.

Em seu primeiro ano de gestão, conforme já destacado nos comentários sobre a limpeza pública, o prefeito escritor concentrou boa parte de suas ações em medidas preventivas, sabedor de que essas tinham um retorno de grande relevância social.

Ao declarar que passou a inserir *"entre os dispêndios realizados com a limpeza pública os relativos à profilaxia do Município"*, deixava muito clara sua preferência em evitar doenças que em tratá-las.

Todavia, como sabia que a população, em sua grande maioria, era formada por pessoas pobres e até mesmo miseráveis, e que, portanto, estavam muito mais sujeitas a adoecer, não desconsiderava a necessidade de realizar investimentos na medicina curativa. Por essa razão, determinou *"a instalação de um posto de higiene"* (hoje em dia chamado de posto de saúde), e este, segundo registra, *"tem sido de grande utilidade à nossa gente"*.

> VIAÇÃO
> Consertei as estradas de Quebrangulo, da Porcina, de Olhos d'Água aos limites de Limoeiro, na direção de Cana Brava.
> Foram reparos sem grande importância e que apenas menciono para que esta exposição não fique incompleta. Faltam-nos recursos para longos tratos de rodovias, e, quaisquer modificações em

---

marcos da nacionalidade e da cidadania, conferindo-lhes condições de lutar pela melhoria da própria vida. Na concepção abraçada por esses pensadores, a responsabilidade por tal estado de coisas cabia tão somente ao poder público, que só se lembrava da existência desses indivíduos no momento de cobrar-lhes impostos ou votos" (PONTE, Carlos Fidelis; LIMA, Nísia Trindade; KROPF, Simone Petraglia. *O sanitarismo (re)descobre o Brasil*. Disponível em: http://www.epsjv.fiocruz.br/upload/d/cap_3.pdf. Acesso em: 11 jan. 2017).

> *caminhos estreitos, íngremes, percorridos por animais e veículos de tração animal, depressa desaparecerem. É necessário que se esteja sempre a renová-las, pois as enxurradas levam num dia o trabalho de meses e os carros de bois escangalham o que as chuvas deixam.*
>
> *Os empreendimentos mais sérios a que me aventurei foram a estrada de Palmeira de Fora e o terrapleno da Lagoa.*
>
> *ESTRADA DE PALMEIRA DE FORA*
> *Tem oito metros de largura e, para que não ficasse estreita em uns pontos, larga em outros, uma parte dela foi aberta em pedra.*
> *Fiz cortes profundos, aterros consideráveis, valetas e passagens transversais para as águas que descem dos montes.*
> *Cêrca de vinte homens trabalharam nela quase cinco meses. Parece-me que é uma estrada razoável. Custou 5:049$400. Tenciono prolongá-la à fronteira de Sant'Ana do Ipanema, não nas condições em que está, que as rendas do Município me não permitiriam obra de tal vulto.*
>
> *OUTRA ESTRADA*
> *Como, a fim de não inutilizar-se em pouco tempo, a estrada de Palmeira de Fora se destina exclusivamente a pedestres e a automóveis, abri outra paralela ao trânsito de animais.*

Nesses registros, veem-se as ações do Prefeito Graciliano Ramos no tocante à realização de obras de viação. Vale registrar que à época em que Graciliano cumpria seu mandato de prefeito, Washington Luiz era presidente da República, tendo ficado para a história por promover o desenvolvimento rodoviário no Brasil. Lembre-se de que seu lema era "Governar é abrir estradas".

Nesse trecho do relatório, por se tratar praticamente do simples detalhamento de quais vias estavam entregues às obras, o Mestre Graça confessa que "apenas menciono para que esta exposição não fique incompleta". Apesar da ressalva acima, há algumas passagens praticamente imperceptíveis, mas que destacam o estilo singular do gestor público Graciliano Ramos. No caso, em determinado momento, ele declara *"faltam-nos recursos para longos tratos de rodovias"*, em outro, em relação a uma determinada estrada (de Palmeira de Fora), diz que *"tenciono prolongá-la à fronteira de Sant'Ana do Ipanema, não nas condições em que está, que as rendas do Município me não permitiriam obra de tal vulto"*. Nos dois relatos, vê-se aquele que passou a ser considerado, setenta anos mais tarde, como o pai da responsabilidade fiscal no Brasil.[208]

Há quem aponte, inclusive, que o prefeito Graciliano já praticava algo que passou a ser difundido no Brasil somente nos últimos tempos, uma vez que nos relatórios já se percebia:

> a aplicação da *accountability* que é um termo da língua inglesa, sem tradução exata para o português, que remete à obrigação de membros de um órgão administrativo ou representativo de prestar contas a instâncias controladoras ou a seus representados (...) *Accountability* pode ser entendida como ato de prestar contas. *Accountability* remete a quem desempenha funções de importância na sociedade deve regularmente explicar o que faz, como faz, por que faz, quanto gasta. Não se trata, portanto, apenas de prestar contas em termos quantitativos, mas de autoavaliar a obra.[209]

Não obstante, se Graciliano Ramos teve o mérito de adotar uma gestão que prestigiou diversos dos princípios colacionados na Lei Complementar 101/2000, como a transparência, o planejamento, o controle, o equilíbrio das contas públicas, dentre outros que garantem o que se convencionou chamar de responsabilidade fiscal, por outro lado, certamente o prefeito escritor não estaria satisfeito com algumas situações que dizem respeito à aplicação da lei, especialmente quando essa impede o atendimento do interesse daqueles de que mais necessitam. Nesse contexto:

> O principal escritor do chamado romance regionalista-modernista, Graciliano Ramos, certamente não ficaria muito à vontade em ver o modo como seu nome está sendo utilizado na propagação e legitimação da Lei

---

[208] Neste contexto, "Com ação determinada, engenhosa, entabulou responsabilidade fiscal e governança focada no interesse público. Antecipou em muitos anos a LRF, do ano 2000 (...). Em 1928, eleito prefeito de Palmeira dos Índios, sob frouxas leis que o obrigassem e o vinculassem ao exercício planejado e transparente na administração pública, praticou o que a imensa maioria dos prefeitos brasileiros, hoje, não querem perseguir, embora juridicamente já sejam obrigados: esforço fiscal como contrapartida do investimento em políticas públicas e programas de desenvolvimento local" (OLIVEIRA, Luiz Carlos Diógenes de. *Prêmio Graciliano Ramos de esforço fiscal?* Disponível em: http://www.opovo.com.br/app/opovo/opiniao/2015/12/29/noticiasjornalopiniao,3554879/premio-graciliano-ramos-de-esforco-fiscal.shtml. Acesso em: 11 jan. 2017).

[209] CRUZ, Vera Lúcia et al. Uma análise das práticas de evidenciação contábil sob a ótica de Graciliano Ramos nos anos de 1928 e 1929. *Revista de Contabilidade e Controladoria, Universidade Federal do Paraná*, Curitiba, v. 2, n.6, p.81-95, maio-ago. 2010.

de Responsabilidade Fiscal (LRF). Isto porque, vez por outra, autoridades públicas e parte da mídia, buscando legitimar os princípios da chamada "gestão fiscal responsável", fazem menção às medidas administrativas tomadas pelo ilustre escritor quando à frente da Prefeitura de Palmeira dos Índios (...) talvez a maior dificuldade do ilustre escritor-prefeito em aceitar o papel de "garoto-propaganda" da LRF estaria certamente ligada aos objetivos e resultados da lei no contexto atual. Para quem teve uma vida e uma obra centradas na crítica às desigualdades sociais e regionais, ao drama da seca, à questão latifundiária, ao coronelismo poli rico e a outras mazelas que atingem os brasileiros menos favorecidos desde amanho, soar-lhe-ia descabido associá-lo à bandeira da máxima austeridade fiscal, inserida num projeto liberal de Estado-Mínimo, sem que, incontinenti, fossem-lhe dadas as garantias da implementação da verdadeira responsabilidade: a social.[210]

TERRAPLENO DA LAGOA
O espaço que separa a cidade do bairro da Lagoa era uma coelheira imensa, um vasto acampamento de tatus, qualquer coisa deste gênero. Buraco por toda parte. O aterro que lá existiu, feito na administração do Prefeito Francisco Cavalcante, quase que havia desaparecido.
Em um dos lados do caminho abria-se uma larga fenda com profundidade que variava de três para cinco metros. A água das chuvas, impetuosa em virtude da inclinação do terreno, transformava-se ali em verdadeira torrente, o que aumentava a cavidade e ocasionava sério perigo aos transeuntes. Além disso outras aberturas se iam formando, os invernos cavavam galerias subterrâneas, e aquilo era inacessível a veículo de qualquer espécie. Empreendi aterrar e empedrar o caminho, mas reconheci que o solo não fendido era inconsistente: debaixo de uma tênue camada de terra de aluvião, que uma estacada sustentava, encontrei lixo. Retirei o lixo, para preparar o terreno e para evitar fosse um monturo banhado por água que logo entrava em um riacho de serventia pública.

---

[210] PASCOAL, Valdecir. Graciliano Ramos, a LRF e nossas vidas secas. *Revista do Tribunal de Contas de Pernambuco*, Recife, v. 12, n. 12, p. 27, 2001.

> *Quase todos os trabalhadores adoeceram. Estou fazendo dois muros de alvenaria, extensos, espessos e altos, para suportar o aterro.*

Há situações decorrentes das forças da natureza que causam diversos transtornos à população de uma cidade: terremotos, furacões, tsunamis, etc. No Brasil, historicamente, há duas grandes manifestações naturais que geram grandes dificuldades à sociedade. São as enchentes e as secas.

Acerca destas últimas, como é notório, o autor de Vidas Secas retratou de forma insuperável na literatura mundial a trajetória de uma família de retirantes assolados pela falta de chuva, fenômeno climático cujas consequências até hoje abatem milhões de família nordestinas e que gera, a uma elite política e econômica, oportunidades de ganho próprio, o que se convencionou chamar de indústria da seca.

Nesse contexto, políticos e latifundiários se utilizam do sofrimento alheio para angariar recursos governamentais, a pretexto de atender aquelas pessoas, o que muitas vezes não acontece. Assim, desde o Império, as políticas públicas para enfrentar os efeitos da seca vêm favorecendo muito mais as elites locais[211] que aqueles que mais necessitam.

Assim como em relação à seca, com as enchentes causadas pelas fortes chuvas acontece algo parecido: embora fosse muito mais lógico, eficiente e econômico investir em prevenção, evitando ou minimizando danos às pessoas que vivem em áreas de risco, por diversas razões, isso não sucede.

A falta de planejamento é a tônica das Administrações Públicas brasileiras, quando se trata de tragédias naturais. E mais: quando o pior acontece, vêm as entidades públicas socorrer as pessoas vitimadas, dando-lhes roupas, medicamentos, comida e até mesmo casas, tornando-as gratas por esses gestos generosos. Em outras palavras: mais eleitores para manter no poder o político benfeitor.

---

[211] No livro *Vidas Secas*, há duas passagens que mostram bem como eram as relações entre os proprietários de terra e seus empregados. Vê-se também quem mais lucrava e quem mais perdia com a seca: "Comparando-se aos tipos da cidade, Fabiano reconhecia-se inferior. Por isso desconfiava que os outros mangavam dele. Fazia-se carrancudo e evitava conversas. Só lhe falavam com o fim de tirar-lhe qualquer coisa. Os negociantes furtavam na medida, no preço e na conta. O patrão realizava com pena e tinta cálculos incompreensíveis. Da última vez que se tinham encontrado houvera uma confusão de números, e Fabiano, com os miolos ardendo, deixara indignado o escritório do branco, certo de que fora enganado". Destaque-se ainda: "O patrão atual, por exemplo, berrava sem precisão. Quase nunca vinha à fazenda, só botava os pés nela para achar tudo ruim. O gado aumentava, o serviço ia bem, mas o proprietário descompunha o vaqueiro. Natural. Descompunha porque podia descompor, e Fabiano ouvia as descomposturas com o chapéu de couro debaixo do braço, desculpava-se e prometia emendar-se. Mentalmente jurava não emendar nada, porque estava tudo em ordem, e o amo só queria mostrar autoridade, gritar que era dono. " (RAMOS, Graciliano. *Vidas secas*. 130. ed. Rio de Janeiro: Record, 2016. p. 178).

Se nos dias atuais o Brasil gasta muito mais com socorro às tragédias que com prevenção, imagine-se em 1928. O prefeito Graciliano Ramos foi um ponto fora da curva: ao realizar a terraplanagem da lagoa de Palmeira dos Índios, sabia da grande importância da prevenção, pois tinha plena consciência de que *"a água das chuvas, impetuosa em virtude da inclinação do terreno, transformava-se ali em verdadeira torrente, o que aumentava a cavidade e ocasionava sério perigo aos transeuntes"*.

Todavia, Graciliano avaliou que não bastava a realização de uma obra feita às pressas e que, após a primeira chuva, já teria que ser refeita. Nesse sentido, afirma que *"empreendi aterrar e empedrar o caminho, mas reconheci que o solo não fendido era inconsistente: debaixo de uma tênue camada de terra de aluvião, que uma estacada sustentava, encontrei lixo. Retirei o lixo, para preparar o terreno e para evitar fosse um monturo banhado por água que logo entrava em um riacho de serventia pública"*. Ademais, explica que *"estou fazendo dois muros de alvenaria, extensos, espessos e altos, para suportar o aterro"*.

Vê-se, assim, que o prefeito Graciliano não caiu na tentação de fazer uma obra sem eficácia, que não resistisse por muito tempo, o que geraria, dentre outros problemas, um enorme desperdício do dinheiro público.[212]

No Brasil do século XXI, mesmo com o avanço da tecnologia e da ciência, ainda são realizadas obras de baixa qualidade e de reduzida durabilidade, o que gera a sensação de que o gestor público queria apenas colher os frutos gerados pela inauguração do novo equipamento público, sem que haja qualquer preocupação com as futuras gerações.[213]

---

[212] Registre-se que este estilo administrativo de Graciliano Ramos, marcado pela austeridade no gasto do dinheiro público, permanece quando ele ocupou o cargo de Diretor da Instrução Pública Estadual. Naquela oportunidade, o governador do Estado, "por questões políticas, queria ampliar a rede. O diretor da instrução pública ponderava que era preciso, primeiro, reformar as unidades existentes", devido a sua precariedade. (MORAES, Dênis de. *O velho Graça*: uma biografia de Graciliano Ramos. São Paulo: Boitempo Editorial, 2012. p. 92).

[213] Sobre essa questão, percebe-se um "generalizado desleixo com a qualidade de obras públicas no Brasil. Há em todo o país outros exemplos de empreendimentos que, mesmo tendo supostamente passado pelo crivo técnico, apresentam problemas de toda ordem — de concepção, execução ou de funcionamento. Nesse pacote, pontos comuns aos processos de contratação e acompanhamento de obras ajudam a entender o porquê do descompromisso com o dinheiro público, a segurança e bem-estar dos beneficiários dos empreendimentos. Um deles, talvez o mais comum na cadeia dos descasos, é ditado pelo calendário eleitoral: apressa-se a contratação e execução de projetos de olho em dividendos nos palanques. No caso da habitação popular, há a pouco criteriosa maneira como a Caixa Econômica Federal, o grande agente público de financiamento de moradias populares, parece analisar os projetos. Há, ainda, fatores que precisam ser considerados como o aumento do preço de terrenos, o encarecimento de material, da mão de obra, que estreitam a margem de lucros de empreiteiras contratadas. Mais um motivo para haver rígida fiscalização dos canteiros pelo poder público. A esses fatores a Controladoria-Geral da União incluiu, em relatório de 2011, outra causa da má qualidade dos projetos de engenharia contratados por governos: mais de 90% dos municípios brasileiros não têm, no quadro permanente, profissional qualificado de área técnica para elaborar editais de contratação de empreendimentos. São injunções que explicam — mas nenhuma delas

> *Dei à estrada nove metros de largura. Os trabalhos vão adiantados.*
> *Durante meses mataram-me o bicho do ouvido com reclamações de toda a ordem contra o abandono em que se deixava a melhor entrada para a cidade. Chegaram lá pedreiros – outras reclamações surgiram, porque as obras irão custar um horror de contos de réis, dizem.*
> *Custarão alguns, provavelmente. Não tanto quanto as pirâmides do Egito, contudo. O que a Prefeitura arrecada basta para que não nos resignemos às modestas tarefas de varrer as ruas e matar cachorros.*
> *Até agora as despesas com os serviços da lagoa sobem a 14:418$627.*

Nessa singela seção do relatório, há importantes registros acerca da maneira de proceder que marca o estilo do administrador público Graciliano Ramos. De plano, já se percebe sua preocupação com questões de ordem urbanística (*"Dei à estrada nove metros de largura"*), algo pouco comum para os gestores públicos do início do século passado no interior do país. De acordo com José dos Santos Carvalho Filho:

> É através das condutas urbanísticas que o Poder Público persegue um melhor meio de vida à coletividade, assegurando a todos que vivem na cidade melhores condições de desenvolvimento, de lazer, de trabalho, de conforto, de funcionalidade e de estética. Tais condições dificilmente seriam conseguidas pela auto-organização dos indivíduos, já que são grandes e muitas vezes incontornáveis os conflitos de interesses que os colocam em posição de franco e arraigado antagonismo.[214]

Os conflitos de interesse e o antagonismo entre cidadãos ou entre estes e o Poder Público presentes na passagem acima transcrita já existiam nos tempos de Graciliano Ramos prefeito: primeiramente, a insatisfação de muitos gerava *"reclamações de toda a ordem contra o abandono em que se deixava a melhor entrada para a cidade"*.

---

justifica — a banalização da baixa qualidade de edificação no setor." (*A má qualidade das obras públicas*. Disponível em: http://oglobo.globo.com/opiniao/a-ma-qualidade-das-obras-publicas-7963825#ixzz4VGVuedEC. Acesso em: 09 jan. 2017).

[214] CARVALHO FILHO, José dos Santos. *Comentários ao Estatuto da Cidade*. 5. ed. São Paulo: Atlas, 2013. p. 06.

Ao buscar solucionar esse problema, a Prefeitura se deparou com outro: o alto custo das obras (*"Chegaram lá pedreiros – outras reclamações surgiram, porque as obras irão custar um horror de contos de réis, dizem"*). Conforme se vê, é próprio da atividade de gerir o interesse público receber críticas, sejam elas justas ou não. Na verdade, trata-se de uma importante conquista da democracia, que dá voz ao povo, ainda que este não saiba muito bem com usá-la.

Com seu humor ácido, Graciliano confirma o referido melhoramento urbano (construção da estrada) que custou alguns réis, mas nada que chegasse perto do valor das *"pirâmides do Egito"*. Em relação à alusão a tais monumentos da antiguidade, teria sido essa uma feliz coincidência ou estaria aí uma referência velada, em tom crítico, às obras faraônicas que a Administração Pública brasileira sempre fez questão de patrocinar?

De uma forma ou de outra, o exemplo deixado pelo prefeito Graciliano Ramos foi o da austeridade, o do gestor público que investia o dinheiro público em saneamento básico, em medidas de prevenção a desastres, em saúde pública e em educação, sem que tenha realizado nenhuma obra pública que consumiu vultosas cifras.

Se insinuou que havia aqueles administradores que gastam de forma irresponsável o dinheiro da coletividade, também arrematou esse trecho do relatório, com uma crítica ferrenha às gestões públicas que nada fazem, ao declarar que *"o que a Prefeitura arrecada basta para que não nos resignemos às modestas tarefas de varrer as ruas e matar cachorros"*.

> *Convenho em que o dinheiro do povo poderia ser mais útil se estivesse nas mãos, ou nos bolsos, de outro menos incompetente do que eu; em todo o caso, transformando-o em pedra, cal, cimento, etc., sempre procedo melhor que se o distribuísse com os meus parentes, que necessitam, coitados. (Os gastos com a estrada de Palmeira de Fora e com o terrapleno estão, naturalmente, incluídos nos 25:111$152 já mencionados).*

Em um documento oficial, ainda que marcado por um clima de relativa informalidade, dificilmente se encontraria um desabafo tão contundente como esse acima transcrito: práticas nefastas de uma administração patrimonialista, como o favoritismo, o clientelismo, o fisiologismo e o nepotismo, estão arraigadas no cotidiano das Administrações Públicas brasileiras, e todos os esforços que procurem combatê-las devem ser envidados.

O prefeito Graciliano Ramos sabia muito bem onde pisava. Sua perfeita compreensão da sociedade em que vivia tanto está firmada em seus livros, reverenciados em todo o país e até mesmo fora dele, como também nos seus relatórios elaborados e publicados quando exerceu a função pública.

O Velho Graça conhecia bem a alma humana, e, mais que isso, a alma de um povo sofrido. Sabia que essas pessoas miseráveis (inclusive alguns de seus parentes) eram coitados, já que muitas vezes necessitavam e aceitavam a distribuição de favores estatais. Isso, todavia, não era suficiente para convencê-lo a abrir mão de seus princípios.

Até sugere *"que o dinheiro do povo poderia ser mais útil se estivesse nas mãos, ou nos bolsos, de outro menos incompetente do que eu"*, mas não sucumbe às velhas práticas de concessão de privilégios, algo tão aceito como natural pela própria sociedade palmeirense, que esta, ao perceber que o prefeito não agia dessa forma, passou a persegui-lo impiedosamente.

> DINHEIRO EXISTENTE
> *Deduzindo-se da receita a despesa e acrescentando-se 105$858 que a administração passada me deixou, verifica-se um saldo de 11:044$947.*
> *40$897 então em caixa e 11:004$050 depositados no Banco Popular e Agrícola de Palmeira. O Conselho autorizou-me a fazer o depósito.*
> *Devo dizer que não pertenço ao banco nem tenho lá interesse de nenhuma espécie. A Prefeitura ganhou: livrou-se de um tesoureiro, que apenas serviria para assinar as folhas e embolsar o ordenado, pois no interior os tesoureiros não fazem outra coisa, e teve um lucro de 615$050 de juros. Os 40$897 estão em poder do secretário, que guarda o dinheiro até que ele seja colocado naquele estabelecimento de crédito.*

Apesar das informações de caráter contábil,[215] como antes destacado, a primeira observação que deve ser registrada é que se o prefeito Graciliano Ramos criticava quando isso era necessário, ao informar que a "administração passada" deixara um saldo em caixa, ele também tinha a grandeza necessária para saber reconhecer ações positivas de outros gestores (ainda que esses recursos fossem bem escassos).

---

[215] Para análise desses aspectos contábeis dos relatórios, recomenda-se a leitura do artigo de CRUZ, Vera Lúcia et al. Uma análise das práticas de evidenciação contábil sob a ótica de Graciliano Ramos nos anos de 1928 e 1929. *Revista de Contabilidade e Controladoria*, Universidade Federal do Paraná, Curitiba, v. 2, n. 6, p.81-95, maio-ago. 2010.

Na verdade, o homem público Graciliano Ramos não tinha qualquer preocupação com fins eleitoreiros: se tinha dúvidas se chegaria a concluir o mandato, não possuía qualquer intenção de concorrer à reeleição. Da mesma forma, não se vê no relatório qualquer referência a disputas partidárias: se fora eleito em 1927 pelo Partido Democrata, certamente isso ocorreu por uma mera exigência da legislação eleitoral. Para Graciliano, se *"prefeito não tem pai"*, era como se também não tivesse partido político.

Em outro momento de sua vida pública, vale lembrar que, mesmo após ter ingressado formalmente no Partido Comunista Brasileiro em 1945, continuou a exercer seu cargo de Inspetor Federal de Ensino Secundário no Rio de Janeiro, que obteve durante a gestão de Getúlio Vargas. Assim, vê-se que Graciliano Ramos não misturava política partidária com administração pública.

Outra observação que merece ser pontuada acerca desse trecho do relatório diz respeito à preocupação com o dinheiro público. Antes de tudo, dinheiro que era utilizado com as devidas autorizações do Conselho (o Legislativo municipal).

Também se deve sublimar que o então prefeito de Palmeira dos Índios aplicava parte dos recursos disponíveis em instituição bancária, certamente para render juros, o que, ao que parece, não era uma prática corriqueira, já que ele informa que, com tal medida, "a Prefeitura ganhou" duplamente, pois *"livrou-se de um tesoureiro, que apenas serviria para assinar as folhas e embolsar o ordenado, pois no interior os tesoureiros não fazem outra coisa"* e também *"teve um lucro de 615$050 de juros"*.

De tão honesto, sente-se como que obrigado a afirmar *"não pertenço ao banco nem tenho lá interesse de nenhuma espécie"*, um gesto que, para as muitas pessoas que entram hoje em dia para a vida pública com o objetivo espúrio de enriquecer a todo custo e se metem em negociatas sem qualquer escrúpulo, deveria funcionar como uma tapa com luva de pelica. Infelizmente, para tais pessoas, a sutileza das palavras do Graciliano Ramos não atinge os seus intelectos, o que impõe, nesse caso, que se faça sentir o peso da lei, impedindo-lhes de cometer tantos abusos e iniquidades.

LEIS MUNICIPAIS

Em janeiro do ano passado, não achei no Município nada que se parecesse com lei, fora as que havia na tradição oral, anacrônicas, do tempo das candeias de azeite.

Constava a existência de um código municipal, coisa intangível e obscura. Procurei, rebusquei, esquadrinhei, estive quase a recorrer ao espiritismo,

> *convenci-me de que o código era uma espécie de lobisomem.*
> *Afinal, em fevereiro, o secretário descobriu-o entre papéis do Império. Era um delgado volume impresso em 1865, encardido e dilacerado, de folhas soltas, com aparência de primeiro livro de leitura de Abílio Borges. Um furo. Encontrei no folheto algumas leis, aliás bem redigidas, e muito sebo.*
> *Com elas e com outras que nos dá a Divina Providência consegui agüentar-me, até que o Conselho, em agosto, votou o código atual.*

Em uma época em que não existia o computador e seu poder de armazenamento de informações, trabalhar na Administração Pública, e mais especificamente, com sua legislação, era tarefa das mais ingratas.

Ao assumir seu cargo de Prefeito, Graciliano Ramos sabia que teria que conduzir suas ações de acordo com a legislação disponível[216] e que as leis, para serem aplicadas com efetividade, precisavam ser boas.[217] Mas que leis o município de Palmeira dos Índios produziu? Onde encontrá-las? Estariam elas em vigor?

Se os órgãos de assessoramento jurídico dos dias de hoje, em especial no âmbito dos Estados e Municípios, ainda têm enorme dificuldades em localizar leis e demais atos normativos, catalogar a legislação que ainda está em vigor, descartando normas já revogadas, imagine-se o que os gestores públicos das primeiras décadas do século passado não sofreram.

A passagem em que aduz que *"constava a existência de um código municipal, coisa intangível e obscura. Procurei, rebusquei, esquadrinhei, estive quase a recorrer ao espiritismo, convenci-me de que o código era uma espécie de lobisomem"*, embora descrita de forma chistosa, caracteriza o labor daqueles

---

[216] Apesar de proferida em outro contexto e muito anos depois da gestão à frente da Prefeitura de Palmeira dos Índios, Graciliano escrevera uma frase que bem traduz sua compreensão de que como o administrador público se sujeita à lei, devendo-lhe ser obediente, mas detendo ainda um espaço, dentro dos limites fixados por ela, para tomar decisões: "Liberdade completa ninguém desfruta: começamos oprimidos pela sintaxe e acabamos às voltas com a delegacia de ordem política e social, mas, nos estreitos limites a que nos coagem a gramática e a lei, ainda nos podemos mexer" (RAMOS, Graciliano. *Memórias do Cárcere*. Rio de Janeiro: Record, 2008. p. 12).

[217] Neste contexto, Graciliano Ramos escrevera o texto Prefeituras Municipais I, publicado na página 3 do Jornal de Alagoas no dia 31 de julho de 1930, em que afirma sobre as leis produzidas, em especial, nos municípios do interior: "Se são boas, ou pelo menos aceitáveis, entram em vigor e o matuto se conforma com elas, depois de eloquentes protestos, porque o matuto protesta sempre; se são ruins, caducam logo, ficam escondidas na gaveta do secretário da prefeitura, somem-se" (RAMOS, Graciliano. *Garranchos*: textos inéditos de Graciliano Ramos. Organização Thiago Mia Salla. Rio de Janeiro: Record, 2013. p. 110).

que são levados, por seus ofícios (advogados públicos, pesquisadores, historiadores, etc.), a localizar, como uma agulha em um palheiro, leis antigas de um ente federativo brasileiro.

Convém registrar que o Direito Administrativo se caracteriza no Brasil por ser um ramo jurídico não codificado. Assim, ao contrário de outras áreas (como o Direito Civil, Penal, Processual), há inúmeras leis administrativas esparsas e que versam sobre os temas mais distintos (organização administrativa, servidores, saúde pública, segurança, poder de polícia, serviços públicos, contratos, etc.).

Ademais, as referidas leis são produzidas por todos os entes federativos, gerando não dezenas ou centenas de leis, mas milhares, quiçá milhões.[218] Isso sem falar no imenso contingente de normas administrativas infralegais, como decretos, portarias, resoluções, regimentos internos, estatutos, dentre outras, que fazem com que a tarefa de administrar o interesse público seja ainda mais complexa.

Pois Graciliano Ramos prefeito se deparou exatamente com esse quadro caótico. Ou melhor, com algo bem pior: *"Em janeiro do ano passado, não achei no Município nada que se parecesse com lei"*. Ora, indaga-se aqui: como vinham então as gestões anteriores realizando suas atividades sem lei?

Para que o leitor possa ter uma ideia aproximada do que significava gerir um município sem leis que definissem as condutas e os procedimentos que deveriam ser realizados no exercício do poder de polícia da Administração Pública, José Afonso da Silva destaca o conteúdo de uma lei de 1828 que regulamentou a competência das Câmaras dos municípios brasileiros. No caso, um século antes da gestão de Graciliano Ramos, as atividades de ordenação do convívio urbano já abrangiam as seguintes questões:

> 1) alinhamento, limpeza, iluminação, e desempachamento das ruas, cais e praças, conservação e reparo de muralhas feitas para segurança dos edifícios, e prisões públicas, calçadas, pontes, fontes, aquedutos, chafarizes, poços, tanques, e quaisquer outras construções em benefício comum dos habitantes, ou para decoro e ornamento das povoações; 2) o estabelecimento de cemitérios fora do recinto dos templos; o esgotamento de pântanos, e qualquer estagnação de águas infectas; a economia e asseio dos currais, e matadouros públicos, a colocação de curtumes, os depósitos de imundices, e quanto possa alterar e corromper a salubridade da atmosfera; 3) edifícios ruinosos, escavações e precipícios nas vizinhanças das povoações; 4) vozerias nas ruas em horas de silêncio, injúrias e obscenidades contra a moral pública

---

[218] Basta fazer uma simples conta: se cada um dos mais de cinco mil municípios brasileiros tiver, pelo menos, duzentas leis, existirão no Brasil um milhão de leis municipais (isso sem falar nas leis nacionais, federais e estaduais).

5) construções, reparo, e conservação das estradas, caminhos, plantações de árvores para preservação de seus limites à comodidade dos viajantes e das que forem úteis para a sustentação dos homens e dos animais.[219]

Em outro trecho do relatório já analisado, Graciliano, ao criticar as gestões públicas municipais que achavam que administrar não era mais que as *"modestas tarefas de varrer as ruas e matar cachorros"*, já responde que uma Administração Pública que consegue realizar suas atividades sem lei é exatamente aquela que não nada faz.

Ressalte-se que para disciplinar todas essas temáticas citadas era imprescindível que existissem leis, ou, usando a nomenclatura da época, um Código Municipal. Assim, quando o prefeito escritor afirma, não em tom de chacota, que o secretário descobriu o código municipal *"entre papéis do Império"*, comprova na pele como o direito administrativo possui fontes normativas derivadas de tempos imemoriais,[220] o que dificultaria ainda mais sua plena aplicação.

Afortunadamente, Graciliano conseguiu ver aprovado um novo código municipal, votado em agosto de 1928 no Conselho. Sobre esse Código:

> Uma das primeiras vitórias do prefeito foi a aprovação, pelo Conselho Municipal, do Código de Posturas, calhamaço com 82 artigos que disciplinava costumes e estabelecia novo marco civilizatório na cidade. As medidas previstas no Código regulamentavam direitos e deveres dos cidadãos e do poder público. Eis alguns: animais não poderiam andar soltos nas ruas; os comerciantes eram impedidos de açambarcar mercadorias de primeira necessidade em época de carestia; os farmacêuticos, proibidos de vender determinados remédios sem receita médica; os hoteleiros, obrigados a ter em ordem o livro de hóspedes e a afixar a tabela de preços em locais visíveis; o comércio não poderia funcionar além das 21 horas nem abrir aos feriados e fins de semana; açougueiros não poderiam vender carne de rês doente e teriam de passar a recolher impostos. O Código estabelecia advertências e, em caso de reincidência, pesadas multas aos infratores.[221]

Uma vez aprovado o código tão inovador, o prefeito logo começou a ter problemas com aqueles que não queriam se adequar as suas regras.

---

[219] SILVA, José Afonso da. *Direito urbanístico brasileiro*. 6. ed. rev. atual. São Paulo: Malheiros, 2010. p. 53-54.

[220] Para estudar alguns temas de Direito Administrativo no Brasil, como é o caso de bens públicos, há a necessidade de se manusear atos normativos produzidos no Brasil Colônia e Império. No caso, os terrenos de marinha e as terras devolutas se enquadram perfeitamente nessa situação.

[221] MORAES, Dênis de. *O velho Graça*: uma biografia de Graciliano Ramos. São Paulo: Boitempo Editorial, 2012. p. 66-67.

Um dos que se confrontou com o prefeito Graciliano foi exatamente o Conselheiro Capitulino José de Vasconcelos, que estava injuriado porque os fiscais da Prefeitura estavam ameaçando fechar seu açougue caso não pagasse os impostos devidos.

Curiosamente, tratava-se de um dos Conselheiros que havia aprovado o Código meses antes. Ao ser procurado e confrontado, o prefeito Graciliano Ramos revidou *"Eu não tenho culpa de você ser burro e assinar papel sem ler. Não pleiteei a Prefeitura, não farei favores"*. E acrescentou *"Pague o imposto antes que tenha que fazê-lo pela coerção da lei"*.

Em outro momento, durante a construção da estrada para Palmeira de Fora, um fazendeiro não queria permitir que os operários dessem continuidade às obras em suas terras. Graciliano compareceu ao local, determinando que fossem cortadas as roças de milho que ficavam no caminho da estrada. Após os protestos do fazendeiro, Graciliano dissera *"Seu milho ia dar aqui a noventa dias, mas o senhor já o colheu agora. Vá à prefeitura receber o seu dinheiro"*.[222]

O prefeito Graciliano Ramos dava mais uma lição aos administradores públicos brasileiros: de nada adianta tanto esforço para aprovação de leis se essas não forem executadas pela Administração Pública, ainda que isso represente contrariar interesses poderosos.

CONCLUSÃO

Procurei sempre os caminhos mais curtos. Nas estradas que se abriram só há curvas onde as retas foram inteiramente impossíveis.

Ao contrário do que se possa supor de alguém que seja conhecido por ser severo, rígido e austero, o prefeito Graciliano Ramos não era um aficionado pelas exigências burocráticas, tampouco alguém que tinha obsessão pelo cumprimento insano das normas jurídicas.

Ao confessar que sempre procurara os *"caminhos mais curtos"*, destaca sua objetividade de caráter, seu pragmatismo. Todavia, rende-se à realidade: a impossibilidade de seguir retas, já que essas inexistiam.

Na Administração Pública, as dificuldades para realização do interesse da coletividade estão sempre presentes, ainda que as condições sejam mais favoráveis que aquelas encontradas pelo prefeito escritor.

No serviço público, se as *"retas"* são *"inteiramente impossíveis"*, isso ocorre geralmente porque há interesses consagrados no ordenamento jurídico que devem ser prestigiados. Por exemplo, se não é possível o administrador público escolher rapidamente aqueles que serão contratados

---

[222] MORAES, *op. cit.*, p. 67.

pelo Estado, tendo que realizar um procedimento licitatório, isso se deve diante da necessidade de garantir a isonomia e a impessoalidade na escolha.

O mesmo se diga em relação ao concurso público, que em vez de ser considerado um entrave ao imediato provimento da maior parte dos cargos públicos, trata-se de uma garantia da sociedade para que todos tenham igualdade de oportunidades e para que os servidores sejam selecionados a partir do mérito.

Todavia, se por exigências republicanas e democráticas não é possível alcançar o interesse público seguindo por retas, não se pode tolerar que os administradores públicos trilhem os caminhos mais longos, já que a população tem direito à boa administração,[223] o que exige empenho daqueles que gerem o interesse coletivo.

Nesse contexto, que se faça como Graciliano Ramos: deve-se procurar seguir sempre pelos caminhos mais curtos, o que exige criatividade, inteligência e comprometimento, sem que sejam desprezados valores como a ética e a responsabilidade.

> Evitei emaranhar-me em teias de aranha. Certos indivíduos, não sei por que, imaginam que devem ser consultados; outros se julgam autoridade bastante para dizer aos contribuintes que não paguem impostos. Não me entendi com esses.
> Há quem ache tudo ruim, e ria constrangidamente, e escreva cartas anônimas, e adoeça, e se morda por não ver a infalível maroteirazinha, a abençoada canalhice, preciosa para quem a pratica, mais preciosa ainda para os que dela se servem como assunto invariável; há quem não compreenda que um acto administrativo seja isento de lucro pessoal; há até quem pretenda embaraçar-me em coisas tão simples como mandar quebrar as pedras dos caminhos. Fechei os ouvidos, deixei gritarem, arrecadei 1:325$500 de multas.
> Não favoreci ninguém. Devo ter cometido numerosos disparates. Todos os meus erros, porém, foram da inteligência, que é fraca. Perdi vários

---

[223] É célebre a sentença que diz que "Justiça que tarda não é justiça". Da mesma forma, pode-se afirmar que "Administração que tarda não administra", o que se pode vislumbrar em questões diversas, como as de saúde pública, por exemplo, em que a falta de celeridade da atuação administrativa pode gerar situações de calamidade pública e comprometer a vida de milhares de pessoas.

> *amigos, ou indivíduos que possam ter semelhante nome. Não me fizeram falta. Há descontentamento. Se a minha estada na Prefeitura por estes dois anos dependesse de um plebiscito, talvez eu não obtivesse dez votos. Paz e prosperidade.*
> *Palmeira dos Índios, 10 de janeiro de 1929.*
> **GRACILIANO RAMOS**

O prefeito Graciliano Ramos conclui seu primeiro relatório de forma contundente: apesar das inúmeras realizações em prol da sociedade palmeirense, sua gestão agradou a poucos.

Isso, evidentemente, não causa surpresa alguma, posto que em uma sociedade tão afeita às práticas patrimonialistas e com pessoas tão acostumadas a receber do Estado um tratamento personalizado, o descontentamento pela adoção de posturas impessoais e austeras seria algo já esperado.

Nesse contexto, o antropólogo Roberto DaMatta afirma que "não é por acaso que os brasileiros no exterior sentem "saudade", ou seja, vem a descobrir a terrível nostalgia do estado de solidão, quando se situam diante de um mundo impessoal".[224]

O historiador Sérgio Buarque de Holanda também registrou que a cordialidade dos brasileiros, que é tão alardeada como algo positivo, também apresenta outros aspectos. No caso, trata-se de uma máscara, que permite que o indivíduo possa manter sua supremacia ante o social.[225] Em outras palavras, o brasileiro tem uma enorme dificuldade em encontrar satisfação em algo que "apenas" satisfaça o interesse coletivo.

Graciliano Ramos fora um bom gestor? Para a maioria dos habitantes de Palmeira dos Índios de 1928, que, como o brasileiro descrito por Sérgio Buarque de Holanda, não conseguia visualizar o "coletivo", é provável que não, daí a afirmação de que não teria sequer dez votos em um plebiscito. Sobre isso:

> Não soa despropositado, afinal, que, depois de tanta austeridade e aversão à politicagem reinante à época, o "Velho Graça" tenha apresentado sua carta de renúncia ao Governador antes do fim de seu mandato: suas ideias eram muito avançadas para aplicação naqueles tempos – quiçá, mesmo hoje se

---

[224] DAMATTA, Roberto. *Carnavais, malandros e heróis*: para uma sociologia do dilema brasileiro. 6. ed. Rio de Janeiro: Rocco, 1997, p. 243.

[225] HOLANDA, Sérgio Buarque de. *Raízes do Brasil*. 26. ed. São Paulo: Companhia das Letras, 1995. p. 147.

tenha dificuldade de vivenciá-las na Administração Pública brasileira, para desconsolo das muitas vidas secas a ela confiadas...[226]

Em uma realidade em que alguns *"imaginam que devem ser consultados; outros se julgam autoridade bastante para dizer aos contribuintes que não paguem impostos"*, a gestão do prefeito escritor ficou isolada.

Diante de todo esse quadro, conforme já anunciava, após o segundo ano do mandato, Graciliano renunciou ao cargo de Prefeito. Antes do fim do seu mandato, Graciliano iria comunicar ao Governador Álvaro Paes a sua renúncia ao cargo de prefeito, por meio de um telegrama lacônico: "Exmo. Governador do Estado - Maceió - Comunico a V. Excia. que hoje renunciei ao cargo de Prefeito deste município. Saudações, Graciliano Ramos".[227]

A partir do desfecho do mandato de Graciliano Ramos enquanto prefeito, vislumbra-se uma provável visão que parcela dos administradores públicos brasileiros tem acerca da forma como devem proceder: se muitos cidadãos esperam ser tratados com pessoalidade pelos agentes públicos e se preferem que o exercício das atividades administrativas seja voltado para a concessão de privilégios, distribuição de favores e atendimento de interesses individuais, mesmo que isso ocorra em detrimento do interesse público, é este caminho que deve ser trilhado para se manter no poder.

Essa lógica nefasta que gera esse ciclo vicioso se aplica, evidentemente, àqueles que possuem um vínculo temporário ou precário com a Administração Pública. No caso, isso atinge os que exercem mandatos eletivos e que precisam, com certa periodicidade, para renovar o voto de confiança de um segmento do eleitorado, agradar suas bases eleitorais, e os que exercem cargos e funções comissionadas, em que é necessário agradar constantemente aqueles que têm o poder de nomeá-los.

Daí a importância republicana do concurso público,[228] e, por consequência, da estabilidade dos servidores que exercem cargos de provimento efetivo. Ressalte-se que a Constituição brasileira de 1891, em vigor quando Graciliano foi prefeito de Palmeira dos Índios, determinava que

---

[226] MEDEIROS, Morton Luiz Faria de. Administrando vidas secas: ensaio sobre os relatos de Graciliano Ramos em sua experiência como Prefeito de Palmeira dos Índios/AL. *Revista de Filosofia do Direito, do Estado e da Sociedade*, v. 6, n. 2, p. 11, 2015.

[227] VAINSENCHER, Semira Adler. *Graciliano Ramos*. Disponível em: http://basilio.fundaj.gov.br/pesquisaescolar/index.php?option=com_content&view=article&id=278. Acesso em: 13 jul. 2016.

[228] Neste tocante: "O que se percebe é que, depois de uma longa história na qual prevaleceram critérios subjetivos que conduziam a favoritismo e a revanchismos, atualmente, o ordenamento jurídico brasileiro impõe à Administração Pública exclusivamente os critérios de mérito e capacidade para selecionar os servidores públicos, o que, indubitavelmente, foi uma exigência da burocracia, que, neste país, demorou muitíssimos anos para se consolidar como regra universal" (CARVALHO, Fábio Lins de Lessa. *Principiologia do concurso público*: elementos para a formação de uma teoria geral. Maceió: Edufal, 2015. p. 35).

"Art. 73. Os cargos públicos civis ou militares são acessíveis a todos os brasileiros, observadas as condições de capacidade especial que a lei estatuir, sendo, porém, vedadas as acumulações remuneradas". Vê-se, que apesar da referência à acessibilidade aos brasileiros, o provimento dos cargos públicos civis ou militares não dependia de prévia aprovação em concurso público. Tal exigência somente apareceu na Constituição de 1934 (após o fim do mandato de Graciliano), que introduziu o concurso público no ordenamento jurídico brasileiro ("Art. 170. 2º. A primeira investidura nos postos de carreira das repartições administrativas, e nos demais que a lei determinar, efetuar-se-á depois de exame de sanidade e concurso de provas ou títulos").

Destaque-se que os servidores efetivos, além de ter passado pelo crivo do acesso meritório, conseguem atuar com maior isenção e segurança, posto que sabem que, ao determinar a aplicação impessoal da lei, às vezes isso irá desagradar interesses, mas não haverá maiores consequências no tocante à permanência dos titulares em seus cargos.

Todavia, se é possível e até uma imposição diminuir consideravelmente o número de cargos em comissão, restringindo a sua utilização às hipóteses previstas na Constituição, o mesmo não se pode dizer em relação aos cargos eletivos, posto que esses fazem parte da essência da democracia.

A questão que se coloca, nesse caso, é a de como garantir que aqueles que venham a ser eleitos não se vejam obrigados a exercer seus mandatos apenas para pagar a "dívida de gratidão" com determinadas pessoas ou grupos de interesses que foram fundamentais na campanha,[229] o que comprometeria sua independência (essencial até mesmo para quem é um representante da sociedade).

Da mesma forma, outro imenso desafio é o de como impedir (ou, ao menos, dissuadir) que tais gestores exerçam seus mandatos mirando exclusivamente nas repercussões que suas ações terão na próxima eleição.[230]

No caso de Graciliano Ramos, que nem sequer queria ser prefeito, que não queria ser reeleito e que sequer sabia se iria concluir o mandato,

---

[229] Nesse sentido, a aprovação do fim do financiamento empresarial das campanhas eleitorais pode ser uma medida salutar, embora ninguém ó ingênuo de acreditar que as empresas, ainda que informalmente, deixarão de contribuir financeiramente com determinados candidatos de seus interesses. Da mesma forma, fraudes ocorrerão (e já ocorreram aos milhares nas eleições de 2016) no tocante às contribuições de pessoas físicas para as campanhas eleitorais. Em resumo: não há fórmula ideal, o que não impede que esse assunto seja debatido de forma ampla na sociedade, que deve buscar a solução que melhor prestigie os valores democráticos.

[230] Uma das possíveis soluções é a proibição da reeleição para os cargos de Chefe do Poder Executivo (Presidente da República, Governador de Estado e Prefeito), o que, se por um lado, estimula que o gestor aja sem se preocupar em se manter no poder, evidentemente, também tem seus inconvenientes, como a impossibilidade de recondução daquele que realizou um ótimo serviço à população e não teve a oportunidade de ter seu desempenho avaliado pelas urnas.

há um caso raríssimo de desapego ao poder. A partir das mais diferentes medidas, a sociedade brasileira deve mirar nesse exemplo e estimular que mais *gracilianos* aceitem participar da vida pública.

Para concluir a análise desse trecho final do primeiro relatório da gestão do prefeito Graciliano Ramos, destaca-se uma de suas frases mais marcantes, verdadeira reflexão para aqueles que ocupam cargos públicos no Brasil: *"há quem não compreenda que um acto administrativo seja isento de lucro pessoal"*.

Se nos tempos de Graciliano Ramos existiam aqueles que não concebiam a prática de um ato administrativo sem que houvesse proveito para aquele que o expede, o que dizer daqueles que vivem no Brasil contemporâneo, uma das maiores democracias do mundo?

A propósito, como esses comentários analisam os relatórios de Graciliano Ramos a partir de uma perspectiva jurídica, e a maioria de seus leitores deve vir dessa área, convém lembrar que este é o país do planeta com mais faculdades de direito, e que em todas elas (hoje são mais de 1300),[231] logo nas primeiras aulas de Direito Administrativo, ensina-se a lição básica de que a Administração Pública somente terá seus atos legitimados se esses buscarem a satisfação do interesse público, sob pena do ato administrativo que não atenda essa premissa ser considerado inválido.

Essa é a teoria do desvio de finalidade, ideia que vem sendo transmitida aos mais de quatro milhões de bacharéis em direito no país (dois por cento da população brasileira) e às centenas de milhares de estudantes dos cursos jurídicos que ainda se encontram nas salas de aula.

Há no Brasil, portanto, um verdadeiro exército de bacharéis em direito composto por profissionais que, ao menos em tese, estariam aptos a orientar os administradores públicos a aplicar um direito administrativo progressista, voltado para o interesse público, seguindo os ensinamentos de grandes mestres como Celso Antônio Bandeira de Mello, Maria Sylvia Zannela Di Pietro e José dos Santos Carvalho Filho. Aqui se pede que se acrescente a esta lista o nome de Graciliano Ramos, que, se não foi jurista ou doutrinador, sabia como poucos aplicar um direito administrativo justo e em consonância com seus princípios mais valiosos.

Por fim, resta a lição de que se o prefeito de Palmeira dos Índios, aos olhos do cidadão comum, pagou um alto preço por seu comportamento republicano (*"perdi vários amigos, ou indivíduos que possam ter semelhante nome"*), para ele próprio, sem demonstrar qualquer arrependimento, tais

---

[231] Sobre essa questão, é espantoso perceber que no Brasil há mais faculdades de Direito (cerca de 1.300) que em relação à soma de todos os cursos jurídicos dos demais países do mundo (cerca de 1.100). (*Brasil, sozinho, tem mais faculdades de Direito que todos os países*. Disponível em: http://www.oab.org.br/noticia/20734/brasil-sozinho-tem-mais-faculdades-de-direito-que-todos-os-paises. Acesso em: 12 jan. 2017). O número de faculdades no Brasil foi atualizado acima.

amigos não lhe fizeram falta. Que as atuais e as futuras gerações de brasileiros também saibam valorizar esses ideais e traços de caráter tão raros no presente, mas tão genuína e naturalmente caracterizadores de uma personalidade raríssima como a do Mestre Graça.

3.3 Comentários ao segundo relatório (relativo ao ano 1929)

> *Sr. Governador.*
> *Esta exposição é talvez desnecessária. O balanço que remeto a V. Exa. mostra bem de que modo foi gasto em 1929 o dinheiro da Prefeitura Municipal de Palmeira dos Índios. E nas contas regularmente publicadas há pormenores abundantes, minudência que excitaram o espanto benévolo da imprensa. Isto é, pois, uma reprodução de fatos que já narrei, com algarismo e prova de guarda-livros, em numerosos balancetes e nas relações que os acompanharam.*

Graciliano Ramos inicia o segundo relatório, dessa vez relatando as atividades desenvolvidas por sua gestão no ano de 1929, já tendo ciência da repercussão da publicação do primeiro relatório (*"minudência que excitaram o espanto benévolo da imprensa"*).

Indaga-se se o fato de Graciliano já ter visto e sentido a imensa receptividade que seu primeiro relatório teve na imprensa, tendo inclusive ultrapassado os limites territoriais de Alagoas,[232] teria ou não influenciado a confecção do segundo relatório. Embora seja fato que ninguém fica totalmente imune a uma avalanche de elogios, também é verdade que Graciliano Ramos, com sua personalidade marcante, nunca se deixava levar pela opinião pública.

Nesse contexto, a partir da comparação entre os dois relatórios, não há diferenças marcantes entre eles, sejam essas de natureza quantitativa (praticamente eles têm o mesmo número de páginas) ou de natureza qualitativa (empregam o mesmo método e linguagem). Também se pode

---

[232] Conforme antes destacado, com a divulgação do relatório, Graciliano "passou a ser reconhecido como homem público e escritor fora da província, alçando, inclusive, certa notoriedade em âmbito nacional. Ambos os documentos se tornaram públicos e conseguiram recepção extremamente favorável em diversos órgãos de imprensa". O primeiro relatório foi publicado não só no Diário Oficial de Alagoas, mas também em periódicos alagoanos (O Semeador e o Correio da Pedra), no Recife (Diário da Manhã), e na então capital federal, o Rio de Janeiro (Jornal do Brasil, A Manhã e A Esquerda), (LEBENSTAYN, Ieda; SALLA, Thiago Mio. *Conversas Graciliano Ramos*. Rio de Janeiro: Record, 2014. p. 87, nota 10).

afirmar que nos dois relatórios o prefeito escritor escancara de forma inigualável as mazelas da Administração Pública brasileira e seu estilo austero e criativo de gerir a coisa pública.

Se uma diferença pode ser apontada entre os dois relatórios, o que se pode destacar é que, como em seu segundo ano de mandato Graciliano Ramos já está mais a par de como se encontra a Prefeitura, de como se administra o município e quais são as suas reais possibilidades, além de ter aumentado a arrecadação em relação ao ano anterior, conseguiu realizar atividades que considerava prioritárias, como a construção de um posto de saúde e a instituição de várias escolas públicas.

Nesse sentido, observou-se que "Em virtude da melhora do caixa deixado por sua administração em 1928, Graciliano Ramos inicia o ano de 1929 com o propósito de melhorar a situação das pessoas. De posse de um novo saldo em caixa, frutos de sua administração do ano de 1928, ele mais uma vez supera sua previsão orçamentária"

A primeira frase de seu segundo relato já fornece uma amostra instigante de como o homem público em comento se porta: apesar de considerar, com certo ceticismo, que *"esta exposição é talvez desnecessária"*, não deixa de sentir obrigado a informar, nos mínimos detalhes, *"de que modo foi gasto em 1929 o dinheiro da Prefeitura Municipal de Palmeira dos* Indios".

É o prefeito realista, que compreende, sem ilusões ou ingenuidade, tanto seu papel na sociedade da qual faz parte, como suas limitações de ação, advindas das condições adversas que tem de enfrentar à frente da Administração Pública de um município pobre. Mas é também o prefeito ético, que exerce com zelo e rigor as atribuições que lhe foram confiadas pela população, ainda que para isso tenha que descontentar boa parcela de seus integrantes.

Ressalta que seus relatórios não eram propriamente documentos de valor técnico, contábil ou jurídico. A elaboração de documento de tal natureza já fizera anteriormente: *"já narrei, com algarismo e prova de guarda-livros, em numerosos balancetes e nas relações que os acompanharam"*.

Assim, o presente relatório serviria muito mais para prestar contas das atividades da Prefeitura, *"uma reprodução de fatos"* a partir de uma linguagem que fosse plenamente acessível, tanto ao Chefe do Executivo Estadual, como ao público, posto que já era sabedor da futura publicação e repercussão que seu segundo relato também teria.

Vê-se, portanto, que, para o prefeito, não bastava apenas cumprir exigências legais que determinassem a apresentação de balancetes com seus termos e cifras indecifráveis. Havia ainda a necessidade republicana e cívica de elaborar um relatório que traduzisse em palavras de fácil compreensão a frieza dos dados e números por ele apresentados. E para isso o talento do escritor notável tornaria essa missão menos espinhosa.

> *RECEITA – 96:924$985*
> *No orçamento do ano passado houve supressão de várias taxas que existiam em 1928. A receita, entretanto, calculada em 68:850$000, atingiu 96:924$985.*
> *E não empreguei rigores excessivos. Fiz apenas isto: extingui favores largamente concedidos a pessoas que não precisavam deles e pus termo a extorsões que afligiam os matutos de pequeno valor, ordinariamente raspados, escorchados, esbrugados pelos exatores.*
> *Não me resolveria, é claro, a pôr em prática no segundo ano de administração a eqüidade que torna o imposto suportável. Adotei-a logo no começo. A receita em 1928 cresceu bastante. E se não chegou à soma agora alcançada, é que me foram indispensáveis alguns meses para corrigir irregularidades muito sérias, prejudiciais à arrecadação.*

No item que trata da receita, o prefeito Graciliano Ramos demonstra toda sua capacidade de gerir as contas públicas: mesmo em tempos de crise (a de 1929 foi considerada a maior do século XX), ele consegue aumentar a arrecadação, rechaçando quaisquer práticas de favoritismo e de revanchismo, que eram até então largamente utilizadas.

Como se sabe, as leis orçamentárias, a cada ano, estimam as receitas que o ente público deverá arrecadar. Como se trata de uma mera expectativa, o efetivo ingresso das receitas nem sempre se confirma. Embora também seja possível haver uma arrecadação que supere a estimativa de receita orçada, historicamente, no cenário brasileiro, o mais comum tem sido exatamente o contrário, ou seja, arrecadar menos recursos financeiros que o estimado. Nesse tocante:

> Quando da elaboração do orçamento no âmbito da administração pública, a previsão de receitas constitui-se um fator decisivo. É por meio dela que o ente público traça seus programas de trabalho para o exercício financeiro, ou seja, é com base na estimativa de receitas que são fixadas as despesas do orçamento, bem como o montante de recursos que será destinado aos programas governamentais. Por se tratar de uma previsão, é comum que a receita efetivamente realizada seja diferente daquela que foi orçada (informação que só se obtém no encerramento do exercício) o que pode gerar a descontinuidade de programas por falta de recursos. Na verdade, são várias as razões pelas quais o orçamento previsto não "bate" com o orçamento executado, entre elas, pode-se citar: o aumento de contribuintes inadimplentes, crises econômicas, falta de políticas adequadas de combate

à evasão e a sonegação fiscal, estimativas inadequadas de arrecadação e ausência de metodologia e memória de cálculos que justifiquem a previsão.[233]

Não obstante a situação acima descrita, em 1929, a Prefeitura de Palmeira dos Índios, que tinha uma receita *"calculada em 68:850$000"*, obteve uma arrecadação que *"atingiu 96:924$985"*, ou seja, um aumento de mais de 40% (quarenta por cento).

À primeira vista, muitos diriam que esse incremento na arrecadação teria ocorrido pela criação de novos tributos e pelo aumento da alíquota dos já existentes, providências que normalmente são ultimadas pelas entidades federativas que visam a gerar mais receitas tributárias. Entretanto, para frustração de quem pensava dessa forma, narra o relatório que *"no orçamento do ano passado houve supressão de várias taxas que existiam em 1928"*.[234]

Por outro lado, outros diriam que a gestão do prefeito Graciliano Ramos teria então cometido excessos, verdadeiros abusos de autoridade,[235] outra prática recorrente em terras brasileiras para aumentar a arrecadação. Vale lembrar que tais situações são tão graves, que a legislação penal brasileira prevê o crime de excesso de exação[236] e o STF possui várias súmulas a respeito.[237]

Todavia, no relatório está registrado: *"não empreguei rigores excessivos"* e *"pus termo a extorsões que afligiam os matutos de pequeno valor,*

---

[233] PAIVA, Kleverson Antônio Fagundes de. Um estudo sobre a estimativa da receita orçamentária à luz da Lei de Responsabilidade Fiscal. *Revista Eletrônica Jurídico-institucional*, Natal, v. 1 n. 6, jan.-jun. 2013. Disponível em: http://www.mprn.mp.br/revistaeletronicamprn/abrir_artigo.asp?cod=1040. Acesso em: 13 jan. 2017.

[234] Para esclarecimento: como este relatório foi publicado em janeiro de 1930, "ano passado" se refere a 1929.

[235] Para ilustrar uma das muitas situações em que isto acontece: "É função do Estado zelar pelo interesse público e pela consolidação do bem comum. Para isso, em determinadas circunstâncias, faz-se necessária restrição de direitos individuais em prol do interesse coletivo. Essas restrições são feitas ao contribuinte por meio do exercício do poder de polícia, não cabendo, ao contribuinte, se opor. Todavia, muitas vezes, as autoridades fazendárias se valem desse poder para obrigar os contribuintes a quitarem seu débito tributário, de forma excessiva e desproporcional, de modo que viola gravemente direitos fundamentais consagrados pela Carta Magna" (ARAÚJO, Fernanda Dourado Aragão Sá. A apreensão de mercadorias e os direitos fundamentais do contribuinte. Âmbito Jurídico, Rio Grande, XVI, n. 119, dez. 2013. Disponível em: http://ambito-juridico.com.br/site/?n_link=revista_artigos_leitura&artigo_id=13921. Acesso em: 13 jan. 2017).

[236] Nos termos do §1º do art. 316 do Código Penal brasileiro, o crime de excesso de exação ocorre: "Se o funcionário exige imposto, taxa ou emolumento que sabe indevido, ou, quando devido, emprega na cobrança meio vexatório ou gravoso, que a lei não autoriza".

[237] Dentre elas, a Súmula nº 70: É inadmissível a interdição de estabelecimento como meio coercitivo para cobrança de tributo; a Súmula nº 323: É inadmissível a apreensão de mercadorias como meio coercitivo para pagamento de tributos; e a Súmula nº 547: Não é lícito a autoridade proibir que o contribuinte em débito adquira estampilhas, despache mercadorias nas alfândegas e exerça suas atividades profissionais.

ordinariamente raspados, escorchados, esbrugados pelos exatores". Vê-se, assim, que a indagação continua sem resposta, posto que, definitivamente, Graciliano Ramos não cultuava as práticas do revanchismo e do abuso de poder.

Na verdade, o considerável aumento da arrecadação do município de Palmeira dos Índios em 1929 ocorreu devido a uma simples medida: o cumprimento da lei. No caso, a gestão municipal extinguiu *"favores largamente concedidos a pessoas que não precisavam deles"*, tendo passado a atuar a partir de uma premissa que traduz algo tão desejável na tortuosa seara da tributação, a equidade, *"que torna o imposto suportável"*.

O gestor público Graciliano Ramos sabia que ninguém estava acima da lei. E mais: que todos deveriam suportar os mesmos encargos (respeitada a capacidade contributiva), e não apenas os matutos de pequeno valor.

Ora, se a receita do município era menor, isso se dava pelo fato de que a Prefeitura não cobrava dos mais aquinhoados o que era devido. Mesmo afastado quase noventa anos dos fatos, o leitor contemporâneo dos relatórios pode imaginar o escarcéu que isso provocou, já que, conforme declarou no primeiro relatório, *"os deveres são cabeçudos"*, e que *"aqui os contribuintes pagam ao Município se querem, quando querem e como querem"*.

Graciliano Ramos, mesmo sem qualquer formação técnica (nunca fizera um curso superior), já compreendia perfeitamente que em uma democracia solidária, o sistema tributário deve estar marcado por princípios de justiça social próprios do republicanismo, tais como a tributação solidária, a capacidade contributiva e a existência de um dever fundamental de pagar impostos.[238]

> *DESPESA – 105:465$613*
> *Utilizei parte das sobras existentes no primeiro balanço.*
>
> *ADMINISTRAÇÃO – 22:667$748*
> *Figuram 7:034$558 despendidos com a cobrança das rendas, 3:518$000 com a fiscalização e 2:400$000 pagos a um funcionário aposentado. Tenho seis cobradores, dois fiscais e um secretário. Todos são mal remunerados.*
> *GRATIFICAÇÕES – 1:560$000*
> *Estão reduzidas.*

---

[238] Sobre essa temática: ATALIBA, Geraldo. *República e Constituição*. 2. ed. São Paulo: Malheiros, 1998.

Nesse item que dispõe sobre as despesas da Prefeitura, o que logo chamaria a atenção seria o fato de a receita, que correspondia a 96:924$985, era inferior à despesa, que alcançou a cifra 105:465$613. Seria essa uma demonstração inequívoca que até mesmo a gestão conduzida pelo austero Graciliano Ramos não teria conseguido observar um princípio básico do equilíbrio orçamentário, que determina que a despesa não deve superar a receita?

Para responder à pergunta acima, convém registrar que a receita de Palmeira dos Índios de 1928 era de 71:649$290, ou seja, para o ano seguinte (1929), a prefeitura conseguiu aumentar a arrecadação em mais de 30% (trinta por cento).

Por sua vez, em 1928, conforme indica o primeiro relatório, *"deduzindo-se da receita a despesa e acrescentando-se 105$858 que a administração passada me deixou, verifica-se um saldo de 11:044$947"*. Logo se vê que, no primeiro ano de seu mandato, mesmo sem qualquer experiência administrativa com finanças públicas, o prefeito Graciliano Ramos tanto conseguiu aumentar a receita, como manter esta acima das despesas.

Em relação ao ano de 1929, a partir de uma análise menos acurada, poder-se-ia afirmar que as despesas públicas teriam superado (ainda que timidamente) as receitas que ingressaram nos cofres municipais.

Todavia, tanto não houve o cometimento de qualquer ato de irresponsabilidade fiscal, já que a gestão de Graciliano Ramos não realizara nenhuma despesa sem lastro financeiro e não deixara qualquer dívida para seu sucessor, como tampouco houve déficit, já que houvera a utilização do saldo do ano anterior. No caso, como explica o prefeito, *"utilizei parte das sobras existentes no primeiro balanço"*.

Registre-se que se o homem público Graciliano Ramos se empenhava ao máximo para garantir a saúde financeira da Prefeitura de Palmeira dos Índios, no campo pessoal, para o espanto de muitos, deixou o cargo de Prefeito muito mais pobre do que quando nele ingressou:

> Como se não bastassem os embates para dignificar a gestão pública, Graciliano concluiu o segundo ano de mandato enfrentando problemas com a loja Sincera. A crise de 1929 arrastara o país à bancarrota, fazendo ruir os alicerces da economia cafeeira. Em Palmeira dos Índios, as colheitas quebraram, as mercadorias sumiram das prateleiras das lojas que não tinham como repô-las, o poder aquisitivo diminuíra a olhos vistos. A Sincera naufragava em dívidas. As agruras financeiras acumulavam-se na medida em que ele ganhava subsídios simbólicos como prefeito e não se locupletava com a corrupção. (...). Em questão de semanas, Graciliano liquidou o estoque para

fazer caixa e vendeu a loja. Dos vinte contos de réis arrecadados, dezoito foram para pagar as dívidas. Empobrecera nos 27 meses como prefeito.[239]

Atualmente, a situação acima descrita é quase inimaginável. De fato, muitas pessoas ingressam na vida pública com o objetivo de enriquecer seu patrimônio. Mesmo quando o objetivo inicial não é esse, isso acaba frequentemente acontecendo, tendo em vista as diversas vantagens que o mandato eletivo ou determinados cargos públicos muitas vezes oferecem, que superam tão somente as questões de natureza remuneratória.

Se é até aceitável que o cidadão melhore gradativa e tenuemente sua condição de vida ao assumir um determinado cargo público, certamente é inconcebível que enriqueça ilicitamente à custa do dinheiro da sociedade. Não por outra razão, os estatutos dos servidores públicos costumam exigir que o servidor público, ao tomar posse, declare os bens que integram seu patrimônio,[240] assim como a legislação eleitoral impõe aos candidatos.[241]

Todavia, além da providência destacada, deve haver um acompanhamento permanente da evolução dos bens que o agente público venha a ter (especialmente, o agente político), posto que essa providência é essencial para detectar eventuais incompatibilidades entre os ganhos com a remuneração percebida pelo agente e os valores dos bens adquiridos por quem exerce cargo público. Sobre essa questão, convém que a declaração de bens deva ocorrer não apenas quando do ingresso do agente público,

---

[239] MORAES, Dênis de. *Graciliano, prefeito revolucionário*. Disponível em: https://blogdaboitempo.com.br/2012/10/31/graciliano-prefeito-revolucionario/. Acesso em: 16 jan. 2017.

[240] No âmbito da Lei Federal 8112/90, o art. 13, §5º, prescreve que "No ato da posse, o servidor apresentará declaração de bens e valores que constituem seu patrimônio e declaração quanto ao exercício ou não de outro cargo, emprego ou função pública". Todavia...

[241] A Lei 9.504/97 determina que: "Art. 11. Os partidos e coligações solicitarão à Justiça Eleitoral o registro de seus candidatos até as dezenove horas do dia 15 de agosto do ano em que se realizarem as eleições. (Redação dada pela Lei nº 13.165, de 2015). §1º O pedido de registro deve ser instruído com os seguintes documentos: (...) IV - declaração de bens, assinada pelo candidato". Todavia, apesar disso, os candidatos muitas vezes procuram driblar o objetivo dessa exigência: "Levantamento feito pela Folha mostra que as informações prestadas à Justiça Eleitoral pela maioria dos principais candidatos à Prefeitura de São Paulo indicam que eles têm patrimônio bem maior do que o declarado. A declaração dos candidatos, porém, está amparada por lei, que não obriga a divulgação de valores atualizados dos imóveis. Os valores de alguns imóveis, todos localizados na capital paulista, são até dez vezes mais valiosos do que o informado pelos candidatos. Para chegar à constatação, a reportagem pesquisou o valor venal de referência dos imóveis, calculado pela administração municipal" (BERGAMIM JR, Artur Rodrigues Giba. Valores de bens de candidatos à prefeitura superam o declarado à Justiça Eleitoral. *Folha de S. Paulo*, 21 ago. 2016. Disponível em: http://www1.folha.uol.com.br/poder/eleicoes-2016/2016/08/1805284-valores-de-bens-de-candidatos-a-prefeitura-superam-o-declarado-a-justica-eleitoral.shtml. Acesso em: 18 jan. 2017).

mas também anualmente, conforme determina o art. 13 da lei que versa sobre a improbidade administrativa.[242]

Acerca dessa exigência, que prevê a entrega da declaração de bens pelo agente público, já se destacou que deve abarcar todos os agentes públicos a serviço dos interesses do povo. E desses "não se excluem juízes, desembargadores e ministros de Tribunais Superiores. Como se vê, o fim administrativo da obrigatoriedade da apresentação da declaração de bens (e sua atualização) anual é assegurar em sua plenitude o princípio da transparência na Administração Pública, enquanto mera consequência da democracia (governo do povo, pelo povo, para o povo)".[243]

> *CEMITÉRIO – 243$000*
> *Pensei em construir um novo cemitério, pois o que temos dentro em pouco será insuficiente, mas os trabalhos a que me aventurei, necessários aos vivos, não me permitiram a execução de uma obra, embora útil, prorrogável. Os mortos esperarão mais algum tempo. São os munícipes que não reclamavam.*

Mesmo quando Graciliano Ramos, com seu fino humor, faz uso de uma linguagem mais chistosa ("*Os mortos esperarão mais algum tempo. São os munícipes que não reclamavam*"), ele oferece ensinamentos valiosos.

---

[242] Nesse contexto, a Lei 8429/92, determina que:
"Art. 13. A posse e o exercício de agente público ficam condicionados à apresentação de declaração dos bens e valores que compõem o seu patrimônio privado, a fim de ser arquivada no serviço de pessoal competente.
§1º A declaração compreenderá imóveis, móveis, semoventes, dinheiro, títulos, ações, e qualquer outra espécie de bens e valores patrimoniais, localizado no País ou no exterior, e, quando for o caso, abrangerá os bens e valores patrimoniais do cônjuge ou companheiro, dos filhos e de outras pessoas que vivam sob a dependência econômica do declarante, excluídos apenas os objetos e utensílios de uso doméstico.
§2º A declaração de bens será anualmente atualizada e na data em que o agente público deixar o exercício do mandato, cargo, emprego ou função.
§3º Será punido com a pena de demissão, a bem do serviço público, sem prejuízo de outras sanções cabíveis, o agente público que se recusar a prestar declaração dos bens, dentro do prazo determinado, ou que a prestar falsa.
§4º O declarante, a seu critério, poderá entregar cópia da declaração anual de bens apresentada à Delegacia da Receita Federal na conformidade da legislação do Imposto sobre a Renda e proventos de qualquer natureza, com as necessárias atualizações, para suprir a exigência contida no *caput* e no §2º deste artigo"

[243] DIAS, Francisco Gonçalves. *Da obrigatoriedade da apresentação e atualização da declaração de bens por agentes públicos e os princípios da transparência e publicidade na Administração Pública.* Disponível em: http://www.sintese.com/doutrina_integra.asp?id=1242. Acesso em: 18 jan. 2017.

No caso, vê-se inicialmente nesse trecho do relato uma grande preocupação com o planejamento (*"Pensei em construir um novo cemitério, pois o que temos dentro em pouco será insuficiente"*), algo que é imprescindível na administração pública.

Em uma tradição administrativa cujo imediatismo é o pensamento dominante, essa situação se agrava ainda mais quando se percebe que as gestões públicas tanto só voltam seus olhos para aquilo que lhes trará um rápido retorno eleitoral (populismo), como também não conseguem vislumbrar a necessidade da realização de ações vitais para a sociedade cujos resultados somente serão percebidos a médio e a longo prazo.

A lógica imediatista rechaça a realização de obras como a construção de um novo cemitério, se o atual ainda está em uso. Um exemplo evidente do que acontece diariamente nas Administrações Públicas brasileiras é o caso das contratações emergenciais decorrentes de desídia do Poder Público.

No caso, em vez de a Administração acompanhar a execução dos contratos administrativos que dizem respeito a serviços contínuos (que não podem ser interrompidos), ela simplesmente a deixa de lado, seja isso decorrente de dolo ou culpa.

Assim, quando o contrato está na iminência de se extinguir, não cabendo mais qualquer prorrogação, surge uma autoridade alegando que não há tempo suficiente para a abertura e conclusão de um processo licitatório, e que a situação demanda uma contratação emergencial por dispensa de licitação, para evitar um prejuízo maior à sociedade.

Atualmente, alterando um posicionamento que já estava consolidado, o Tribunal de Contas da União e a Advocacia-Geral da União têm entendido que a desídia do administrador público não pode impedir a contratação emergencial se realmente esta é imprescindível para atender o interesse público, devendo aquele que deu causa responder por sua inércia.[244] Como se vê, a falta de planejamento tem sido aceita como algo

---

[244] Nesse sentido: "A contratação emergencial, quando a situação urgente é causada pela própria Administração, é indesejável. A falta de planejamento, o atraso ou a omissão do administrador não podem abrir as portas para se dispensar a competição decorrente do certame licitatório, pois isso poderia dar espaço para direcionar a contratação pública, contrariando a exigência constitucional da impessoalidade. Trata-se do que se denominou de "emergência fabricada". No entanto, ainda que haja desídia do administrador, haverá uma necessidade pública que, muitas vezes, não pode ficar insatisfeita enquanto se espera a realização regular de uma licitação. Nesses casos, o Tribunal de Contas da União e a Advocacia-Geral da União passaram a admitir, em caráter excepcional, a contratação direta pelo tempo estritamente necessário à realização de novo certame, desde que seja apurada, concomitantemente, a causa da dispensa e responsabilizados eventuais culpados" (ANDRADE, Marina Fontoura de. A nova posição do TCU e da AGU sobre as contratações emergenciais sem licitação. *Revista Jus Navigandi*, Teresina, ano 19, n. 4141, 2 nov. 2014. Disponível em: https://jus.com.br/artigos/29831. Acesso em: 19 jan. 2017). Sobre essa questão, o novo entendimento do TCU começou a ser manifestado a partir do Acórdão nº 1.876/2007. Por sua vez, com base nessa mudança de entendimento, a

que está irremediavelmente arraigado à cultura administrativa brasileira, o que é de se lamentar.

Outro exemplo que demonstra como no cenário brasileiro as exceções e os improvisos têm conseguido suplantar a ideia de planejamento e a incidência das regras jurídicas destinadas a moralizar e a tornar impessoal a Administração Pública é o caso das contratações temporárias, que passaram a ser utilizadas em larga escala por entes federativos que simplesmente olvidam do dever constitucional de realização de concurso público.

Recorde-se que a excepcionalidade prevista no inciso IX do art. 37 da Constituição Federal como requisito para a válida utilização da contratação temporária tem sido relativizada, colocando em risco o acesso igualitário e meritório que se dá por meio do concurso público.

Sobre essa questão, já se afirmou que:

> o que foi previsto como algo anômalo, que somente deveria ser utilizado em circunstâncias excepcionais, na realidade brasileira, passou a fazer parte do cotidiano administrativo, em um flagrante atentado à Constituição (...) Uma das formas de transgressão da exigência de concurso público é a utilização da contratação temporária para funções permanentes da Administração Pública, quando não há circunstâncias especialíssimas que impeçam o recrutamento imediato através de concurso público.[245]

Zeloso e preocupado com as futuras gerações, que também precisariam enterrar seus mortos, o prefeito Graciliano Ramos manifestou seu interesse em construir um novo cemitério, mesmo com um ainda em funcionamento, mas com sua capacidade quase esgotada. Todavia, diante da necessidade premente de eleger prioridades devido às imensas limitações financeiras, arremata: *"mas os trabalhos a que me aventurei, necessários aos vivos, não me permitiram a execução de uma obra, embora* útil, *prorrogável"*.

Em uma situação de conforto sob o ponto de vista financeiro-orçamentário, certamente o prefeito em comento teria realizado a útil obra de construção de um novo cemitério. Todavia, não era essa a realidade econômica da Prefeitura de Palmeira dos Índios de 1929.

Assim, ao ser forçado a eleger, ele preferiu atender aos vivos, não só porque esses reclamavam, como insinuou em tom de chacota, mas especialmente porque eles têm carências inadiáveis. Esta é outra lição

---

AGU baixou a ON nº 11/2009: "A contratação direta com fundamento no inc. IV do art. 24 da Lei nº 8.666, de 1993, exige que, concomitantemente, seja apurado se a situação emergencial foi gerada por falta de planejamento, desídia ou má gestão, hipótese que quem lhe deu causa será responsabilizado na forma da lei".

[245] CARVALHO, Fábio Lins de Lessa. *Principiologia do concurso público*: elementos para a formação de uma teoria geral. Maceió: Edufal, 2015. p. 55.

obtida a partir dos relatórios: a Administração Pública tem que procurar diferenciar o prorrogável do inadiável. Invariavelmente, a análise em questão deve ter como prismas os elementos humano e social (no sentido dos mais necessitados da intervenção estatal), como bem reconheceu Graciliano Ramos nas ações que realizou neste segundo, priorizando ações como saúde e educação.

> *ILUMINAÇÃO – 7:800$000*
> *A Prefeitura foi intrujada quando, em 1920, aqui se firmou um contrato para o fornecimento de luz. Apesar de ser o negócio referente à claridade, julgo que assinaram aquilo às escuras. É um bluff. Pagamos até a luz que a lua nos dá.*

O prefeito Graciliano Ramos confirma nessa passagem do segundo relatório algumas características que já o marcavam desde o início de sua gestão (e que o acompanharam durante toda sua vida): primeiramente, o tom de denúncia das situações com as quais não concordava. Nesse caso, afirma com todas as letras que *"a Prefeitura foi intrujada quando, em 1920, aqui se firmou um contrato para o fornecimento de luz"*.

Registre-se que *intrujada* significa explorada, enganada. A propósito, com sabedoria, afirma que quem foi intrujada foi a Prefeitura, e não o Prefeito, assertiva adequada, seja porque o ato administrativo não deve ser imputado ao agente público e sim à entidade que ele representa, seja porque é possível que o chefe do Executivo que firmou o contrato em 1920, ao saber da natureza desvantajosa do contrato, em nenhum momento teria sido efetivamente enganado.

Esta última possibilidade se torna plausível à medida que Graciliano declara que *"Apesar de ser o negócio referente* à *claridade, julgo que assinaram aquilo* às *escuras"*. Ao dizer *"assinaram"*, provavelmente a referência abrange o representante da contratante (o prefeito) e a empresa contratada. Por sua vez, ao desconfiar que o negócio foi firmado "às *escuras"*, quis enfatizar a absoluta falta de transparência e lisura da contratação.

No caso, vê-se que, ao se referir o relatório a respeito das despesas com a iluminação pública, a enganação sofrida pela Municipalidade é relativa ao altíssimo valor que era pago à empresa responsável pelo fornecimento de luz, provavelmente uma concessionária.

É que "nos anos 20 do século XX inicia-se um processo de descentralização do Estado, com a criação de autarquias, que ganhou grande incremento após a Revolução de 30, exercendo não apenas funções de índole administrativa, como também de natureza industrial ou comercial.

Também nesse período teve grande voga a concessão a favor de pessoas privadas (nacionais e estrangeiras)".[246]

Ainda nesse contexto, no Brasil do final do século XIX e do início do século XX, "a criação e expansão da rede de estradas de ferro, de portos, de energia elétrica, de serviços de transporte coletivo se realizaram satisfatoriamente mediante a concessão destes serviços".[247]

Em relação ao setor elétrico, confirma-se que "até meados do século passado, os investimentos no setor de energia elétrica brasileira foram, quase todos, efetuados pela iniciativa privada, que dele acabou se afastando, à medida que o Governo foi aumentando substancialmente os controles sobre essa atividade, inclusive pondo em prática políticas de contenção tarifária".[248]

Assim, o prefeito Graciliano Ramos iniciou seu mandato de Prefeito com um contrato de fornecimento de energia elétrica já firmado *"em 1920"*. Ressalte-se que os contratos de concessão de serviço público são celebrados por longos prazos, a fim de que esses sejam mais que suficientes para que o contratado venha a ter interesse no negócio, faça investimentos, possa amortizá-los e ter lucro.

Nesse sentido, não restava ao então Prefeito de 1929 dar continuidade ao contrato, especialmente porque se tratava de um gestor público cumpridor de suas obrigações. Ademais, àquela altura, os contratos firmados pela Administração municipal não eram contratos administrativos como nos dias de hoje, em que são consignadas cláusulas exorbitantes de alteração e rescisão unilateral do ajuste, realidade que foi introduzida no Brasil muito tempo depois.

Convém destacar que as contratações administrativas realizadas no âmbito dos municípios brasileiros nas primeiras décadas do século passado não eram precedidas de licitação. Essa exigência, embora tenha sido introduzida no direito público brasileiro pelo Decreto nº 2.926/1862, só era então obrigatória para as arrematações dos serviços a cargo do então Ministério da Agricultura, Commercio e Obras Públicas.

Em 1922, com o surgimento do Código de Contabilidade da União (Decreto nº 4.536/1922), foi previsto um singelo procedimento licitatório apenas para o âmbito federal (arts. 49-53). Posteriormente, a matéria foi regulada no Decreto-Lei nº 200/1967 (arts. 125 a 144), que tratou da Reforma Administrativa Federal, e somente foi estendida a obrigatoriedade de

---

[246] GROTTI, Dinorá Adelaide Musetti. A experiência brasileira nas concessões de serviço público. *In*: SUNDFELD, Carlos Ari (Coord.). *Parcerias público-privadas*. São Paulo: Malheiros, 2007. p. 184.

[247] TÁCITO, Caio. Reformas do estatuto de concessões de serviços públicos. *In*: TÁCITO, Caio. *Temas de Direito Público*. Rio de Janeiro: Renovar, 1997. v. 1, p. 754-755.

[248] WALTENBERG, David. O direito da energia elétrica e a ANEEL. *In*: SUNDFELD, Carlos Ari (Coord.). *Direito administrativo econômico*. São Paulo: Malheiros, 2000. p. 353.

licitações às Administrações Estaduais e Municipais com a edição da Lei nº 5.456/1968.

Por sua vez, uma norma que definisse um Estatuto Jurídico das Licitações e dos Contratos Administrativos surge apenas com o Decreto-lei nº 2.300/1986, atualizado em 1987, pelos Decretos-lei nºs 2.348 e 2.360.

A partir da Constituição de 1988 a licitação recebeu *status* de princípio constitucional, de observância obrigatória pela Administração Pública direta e indireta de todos os poderes da União, Estados, Distrito Federal e Municípios, surgindo posteriormente a Lei nº 8.666/1993.[249]

Nesse contexto, o contrato de concessão de fornecimento de energia elétrica firmado pela Prefeitura de Palmeira dos Índios em 1920 tanto não fora precedido de licitação, como também não se tratava de um contrato administrativo com cláusulas exorbitantes que permitissem sua alteração e rescisão unilateral (pela Administração), o que impedia o seu simples rompimento pelo Prefeito Graciliano Ramos.

Da mesma forma, naquele momento histórico, o Poder Judiciário era muito mais formalista e avesso a intervenções em contratos (os princípios da autonomia da vontade e do *pacta sunt servanda* eram verdadeiros dogmas).

Nesse caso, a população de Palmeira dos Índios teve que amargar os prejuízos de um negócio feito "às *escuras*", pagando, inclusive, até a "*luz que a lua dava*".

> *HIGIENE – 8:454$190*
> *O estado sanitário é bom. O posto de higiene, instalado em 1928, presta serviços consideráveis à população. Cães, porcos e outros bichos incômodos não tornaram a aparecer nas ruas. A cidade está limpa.*
>
> *INSTRUÇÃO – 2:886$180*
> *Instituíram-se escolas em três aldeias. Serra da Mandioca, Anum e Canafístula. O Conselho mandou subvencionar uma sociedade aqui fundada por operários, sociedade que se dedica à educação de adultos.*
> *Presumo que esses estabelecimentos são de eficiência contestável. As aspirantes a professoras*

---

[249] GONÇALVES, Petrônio. *História das licitações no Brasil*. Disponível em: https://licitacaoviapetroniogoncalves.blogspot.com.br/2010/07/historia-das-licitacoes-no-brasil.html. Acesso em: 20 jan. 2017.

> *revelaram, com admirável unanimidade, uma lastimosa ignorância. Escolhidas algumas delas, as escolas entraram a funcionar regularmente, como as outras.*
>
> *Não creio que os alunos aprendam ali grande coisa. Obterão, contudo, a habilidade precisa para ler jornais e almanaques, discutir política e decorar sonetos, passatempos acessíveis a quase todos os roceiros.*

Saúde (no relatório chamada *"higiene"*) e educação (aqui denominada *"instrução"*): eis duas das prioridades eleitas e que efetivamente foram contempladas na prática pela gestão do Prefeito Graciliano Ramos, que reconhecia alguns meses depois, em artigo publicado na revista Novidade, que nos interiores do país, em especial no sertão do Nordeste, "faltam escolas e hospitais. Por isso os sertanejos andar carregados de muita verminose e muita ignorância".[250]

Se isso já teria algum mérito hoje, quando o binômio saúde-educação representa quase como um jargão obrigatório das campanhas eleitorais para a Chefia dos Executivos Federal, Municipal e Estadual, em 1929, época em que o Poder Público (especialmente os municípios) pouco faziam nessas áreas, soava um tanto quanto revolucionário.

Nesse sentido, considerando-se que a Administração Pública, segundo Hely Lopes Meirelles, "é o instrumental de que dispõe o Estado para pôr em prática as opções políticas do Governo",[251] a máquina administrativa no início do século XX ainda era muito incipiente no Brasil, já que este país ainda não havia atingido o estágio do Estado Social de Direito.[252]

Assim, pode-se afirmar que "a presença da Administração Pública na vida dos cidadãos cresceu de tal modo, que se tornou usual afirmar, em todos os países que seguiram o sistema constitucional europeu, que deixou

---

[250] RAMOS, Graciliano. *Garranchos*: textos inéditos de Graciliano Ramos. Organização Thiago Mia Salla. Rio de Janeiro: Record, 2013. p. 116.

[251] MEIRELLES, Hely Lopes. *Direito administrativo brasileiro*. 23. ed. São Paulo: Malheiros, 1998. p. 66.

[252] Essa mudança passa a ocorrer "a partir do fim do século XIX e início do XX, verificou-se de forma clara que o homem idealizado pelo liberalismo – cuja única necessidade era sua própria liberdade, suficiente para assegurar uma vida digna para si próprio e sua família – não existia mais. A garantia dos direitos individuais clássicos tornou-se insuficiente, na medida em que o Estado deixou de ser o único opressor. A lógica aleatória e impessoal do mercado capitalista livre era capaz de negar aos indivíduos bens absolutamente fundamentais, a despeito da liberdade garantida e do empenho destes em obtê-los" (BARCELLOS, Ana Paula. O mínimo existencial e algumas fundamentações: John Rawls, Michael Walzer e Robert Alexy. *In*: TORRES, Ricardo Lobo (Org.). *Legitimação dos direitos humanos*. Rio de Janeiro: Renovar, 2002. p. 14)

de existir atividade social, cujo exercício não se vinculasse, em maior ou menor grau, com o Direito Administrativo".[253]

No campo internacional, a Declaração Universal dos Direitos do Homem de 1948, declara em seu artigo 25 que "toda pessoa tem direito a um padrão de vida capaz de assegurar a si e a sua família saúde e bem-estar, inclusive alimentação, vestuário, habitação, cuidados médicos e os serviços sociais indispensáveis, e direito à segurança em caso de desemprego, doença, invalidez, viuvez, velhice ou outros casos de perda dos meios de subsistência fora de seu controle".

Em outra oportunidade, aduziu-se que:

> com o surgimento do Estado Social, a sociedade passou a ver o Estado como principal responsável pelas necessárias modificações que deveriam ser introduzidas nos campos social e econômico, palcos das distorções e excessos do sistema capitalista. Assim, coube à Administração Pública um papel muito mais atuante: à medida que o Estado passou a ter que promover os direitos sociais (intervindo nas relações econômicas e prestando serviços públicos), foi através da Administração Pública que tal propósito passou a ser perseguido, o que exigiu a criação de uma estrutura administrativa até então inexistente (surgimento do serviço público em sentido orgânico). A sociedade pós-Revolução Industrial já não se contentava com um Estado ausente, que mais se enquadrava no papel de vilão opressor que propriamente de Estado salvador. (...) Assim, de um direito administrativo tímido, que poucas preocupações tinha, passa-se a um ramo do direito que estava presente em todos os momentos da vida do cidadão.[254]

Assim, a colocação de questões como saúde e educação como prioritárias em um contexto marcado pela presença (ou seria ausência?) de um Estado de feição liberal decorria tão somente da grande sensibilidade social que sempre caracterizou a vida (inclusive pública) do Mestre Graça.

Ademais, convém registrar que, à época de Graciliano Ramos prefeito, inexistia qualquer espécie de vinculação de despesa para as citadas

---

[253] PEREZ, Marcos Augusto. *A Administração Pública democrática*. Belo Horizonte: Fórum, 2004. p. 41.

[254] CARVALHO, Fábio Lins de Lessa. A eficiência da Administração Pública e a efetivação dos direitos fundamentais. *In*: CARVALHO, Fábio Lins de Lessa (Coord.). *Direito Administrativo inovador*. Curitiba: Juruá, 2015. p. 165.

áreas de saúde e educação,[255] como existe atualmente.[256] Ainda assim, a gestão do prefeito escritor dedicou especial atenção a tais setores imprescindíveis à vida e ao desenvolvimento da sociedade.

No tocante à educação, ressalte-se que em uma época em que a taxa de analfabetismo no Brasil ultrapassava 65% (mais de 11 dos 17 milhões de brasileiros não eram alfabetizados), esse percentual era muito maior nos estados nordestinos,[257] onde miséria superava em números e dramaticidade (devido à seca) aquela encontrada em outras regiões do País. Vale ainda lembrar que a atuação dos municípios na área de educação ainda muito embrionária, já que os Estados costumavam ser os maiores protagonistas nessa área.

Nesse quadro, assevere-se que:

> eram poucos os municípios que possuíam grupos escolares nos anos de 1930 nas Alagoas. Do ponto de vista oficial, o sistema de criar grupos escolares foi adotado depois da Revolução de 1930, porém, na realidade, isto só existia nos decretos. Em Palmeira dos Índios, por exemplo, "havia um desses pessimamente instalado no prédio da prefeitura. Mobília nenhuma. Cada aluno levava a sua cadeira, cada professora adquiria uma banca". (RAMOS, 1935, p. 13). Assim, primeiro era criado um grupo escolar na lei, depois, nomeava-se o corpo docente, para, então, procurar uma casa.[258]

---

[255] Sobre tais vinculações, "são exceções ao princípio da não afetação, previsto no artigo 167, IV, da Constituição. Isso porque a regra é que o legislador orçamentário deva ter plena liberdade para dispor do orçamento como lhe aprouver, com verbas livres para custear o programa de governo para o qual foi eleito. Logo, a regra geral é a não afetação, com as exceções permitidas pela Constituição" (SCAFF, Fernando Facury. *Não é obrigado a gastar*: vinculações orçamentárias e gastos obrigatórios. Disponível em: http://www.conjur.com.br/2016-mai-17/contas-vista-vinculacoes-orcamentarias-gastos-obrigatorios. Acesso em: 21 jan. 2017).

[256] Atualmente, desde a EC 29/2000, o art. 198, §2º, incisos I, II e III, da Constituição Federal, passou a definir que o gasto com saúde, em cada um dos entes federativos, precisa obedecer a determinados percentuais mínimos da receita líquida (no caso da União não será inferior a 15%). Por sua vez, com educação, o art. 212 da Constituição prevê um gasto mínimo de 25% das receitas tributárias de estados e municípios – incluídos os recursos recebidos por transferências entre governos – e de 18% dos impostos federais, já descontadas as transferências para estados e municípios.

[257] Nesse contexto, sobre o Estado de Alagoas: "Em 1900, 81% da população era analfabeta; duas décadas depois, o censo demográfico de 1920 registrava que apenas 15% dos alagoanos "sabiam ler e escrever". Em 1930, para uma população de 200 mil crianças, a rede de ensino tinha 19.737 alunos matriculados em 434 escolas" (CARVALHO, Cícero Péricles. *Formação histórica de Alagoas*. 3. ed. Maceió: Edufal, 2015. p. 251).

[258] SANTOS, Aline da Silva. *Graciliano Ramos*: literato e gestor – contribuições à educação alagoana (1920-1940), Trabalho de Conclusão (Curso de Pedagogia) – Universidade Federal de Alagoas, Maceió, 2013. p. 38. Disponível em: http://www.cedu.ufal.br/grupopesquisa/gephecl/gracilianoramos.pdf. Acesso em: 03 fev. 2017.

Mesmo no século XXI, apesar dos avanços em termos quantitativos, ainda existem muitas dificuldades no campo educacional. Segundo o IBGE, no ano 2000, "dos 5.507 municípios brasileiros apenas 19 asseguram à sua população uma escolarização média que corresponda ao ensino fundamental completo (oito séries concluídas)".[259]

Ao afirmar *"Presumo que esses estabelecimentos são de eficiência contestável"*, o prefeito Graciliano Ramos já tinha um perfeito diagnóstico da triste realidade da instrução pública em Palmeira dos Índios de 1929.[260]

Na verdade, ainda que desde então avanços tenham ocorrido, é inegável que atualmente o "Brasil precisa e pode construir uma escola com infraestrutura adequada, capacitar os docentes, pagar-lhes salários justos, ampliar a duração dos turnos até chegar a uma escola de período integral, buscar e levar os seus alunos na escola, alimentá-los com dignidade, dar-lhes renda suplementar, enfim, implantar uma pedagogia de resgate e promoção da cidadania".[261]

Vale a pena trazer à baila os vergonhosos resultados do desempenho dos estudantes brasileiros quando são avaliados e comparados com alunos de outros países. Nesse tocante, os resultados do Brasil no Programa Internacional de Avaliação de Estudantes divulgados em 2016 "mostram uma queda de pontuação nas três áreas avaliadas: ciências, leitura e matemática. A queda de pontuação também refletiu uma queda do Brasil no *ranking* mundial: o país ficou na 63ª posição em ciências, na 59ª em leitura e na 66ª colocação em matemática".[262]

---

[259] PINTO, José Marcelino de Rezende *et al*. *Mapa do analfabetismo no Brasil*. Brasília: Instituto Nacional de Estudos e Pesquisas Educacionais Anísio Teixeira – INEP, 2003. p. 11

[260] Já foi observado que "nesse período, muitos professores eram apenas nomeados para o cargo por políticos no estado de Alagoas, o que significava não haver concurso para o ingresso na carreira. Esse fato pode ser observado na crônica "Teatro I", na qual as instituições de ensino eram vistas como prejudiciais, no entanto [...] "Havia algumas, é certo para dar emprego às filhas dos Prefeitos, mas estas não forneciam aos alunos conhecimentos" (RAMOS, 1992, p. 50)" (SANTOS, *op. cit.*, p. 31)

[261] Mapa do analfabetismo no Brasil, *op. cit.*, p. 11. Nesse documento, ainda está consignado que "O Brasil é um país plural, com diferenças regionais e intra-regionais. Assim sendo, toda política educacional deve considerar essas diferenças se deseja atingir seus objetivos, ainda mais na área do combate ao analfabetismo, marcada por propostas salvacionistas há longa data e que geralmente fracassaram. Deve-se considerar, também, o nível de descentralização em que o sistema está organizado".

[262] Registre-se que "a prova é coordenada pela Organização para Cooperação e Desenvolvimento Econômico (OCDE) foi aplicada no ano de 2015 em 70 países e economias, entre 35 membros da OCDE e 35 parceiros, incluindo o Brasil. Ela acontece a cada três anos e oferece um perfil básico de conhecimentos e habilidades dos estudantes, reúne informações sobre variáveis demográficas e sociais de cada país e oferece indicadores de monitoramento dos sistemas de ensino ao longo dos anos" (MORENA, Ana Carolina. *Brasil cai em ranking mundial de educação em ciências, leitura e matemática*. Disponível em: http://g1.globo.com/educacao/noticia/brasil-cai-em-ranking-mundial-de-educacao-em-ciencias-leitura-e-matematica.ghtml. Acesso em: 23 jan. 2017.

Por sua vez, quando se lê no relatório que *"as aspirantes a professoras revelaram, com admirável unanimidade, uma lastimosa ignorância"*, a sinceridade ácida de Graciliano Ramos aflora, mas não em tom de crítica às professoras, verdadeiras vítimas de um sistema educacional deficiente.[263] O que o prefeito escritor queria mesmo era denunciar ao Governador do Estado e a toda a sociedade alagoana a precariedade da formação dos professores de seu município, tarefa tão bem executada que fez com que fosse convidado, anos depois, para ser o Diretor da Instrução Pública Estadual (cargo equivalente ao de Secretário Estadual de Educação).

Na atualidade, a situação não é nada animadora. Nesse sentido, "dados da OCDE de 2015 mostram que, entre 30 países, o Brasil é um dos que pagam os piores salários para os professores, ficando à frente apenas da Hungria e da Indonésia. Os professores brasileiros são também os que têm mais alunos em sala de aula e com menores recursos para infraestrutura".[264]

Dentre as iniciativas de Graciliano no campo da instrução, destaca-se a abertura de três novas escolas em regiões mais periféricas do município ("três aldeias"), o que demonstra a preocupação em descentralizar as ações administrativas da Prefeitura e em atender aos munícipes mais esquecidos pelo Poder Público.

Outro relato relevante diz respeito à passagem em que destaca que *"o Conselho mandou subvencionar uma sociedade aqui fundada por operários, sociedade que se dedica à educação de adultos"*. Aqui, tanto se vê o respeito às deliberações do Poder Legislativo, como também o empenho em atender aqueles que estão mais excluídos, no caso, os analfabetos em idade adulta.

Realista antes de tudo, em vez de relatar, com estrelismo, as atividades da Prefeitura de modo a parecer que o mesmo realizara grandes feitos, preferira a sinceridade, o que se verifica claramente quando afirma: *"não creio que os alunos aprendam ali grande coisa. Obterão, contudo, a habilidade precisa para ler jornais e almanaques, discutir política e decorar sonetos, passatempos acessíveis a quase todos os roceiros"*.

Nesse trecho, além de atender aos reclamos da transparência administrativa, Graciliano demonstra ainda compreender que, em geral, na

---

[263] Atualmente, é evidente que a melhoria da educação brasileira passa invariavelmente pela capacitação e qualificação do contingente de mais de um milhão e meio de professores que atuam no ensino fundamental: "O Brasil possui cerca de 49 mil professores atuando no primeiro ciclo do ensino fundamental na modalidade de Educação de Jovens e Adultos, outros cerca de 800 mil no primeiro ciclo do ensino fundamental regular e mais de 700 mil atuando no segundo ciclo do ensino fundamental regular. Qualquer programa de combate ao analfabetismo não pode prescindir desse verdadeiro batalhão de professores que facilmente pode vir a se tornar um batalhão de alfabetizadores" (Mapa do analfabetismo no Brasil, *op. cit.*, p. 11).

[264] *Qualidade dos novos professores no Brasil é cada vez pior, revela estudo*. Disponível em: http://www.gazetadopovo.com.br/educacao/qualidade-dos-novos-professores-no-brasil-e-cada-vez-pior-revela-estudo-evksfhq93siys9entwu7uuel4. Acesso em: 23 jan. 2017.

administração pública, pequenos avanços perseguidos e alcançados com responsabilidade e com os *pés no chão* (especialmente diante das dificuldades financeiras) são preferíveis a ações imponentes e grandiosas sem qualquer eficácia, ou seja, sem resultados palpáveis.[265]

Por sua vez, no tocante à saúde, o Prefeito Graciliano enfrentava provavelmente uma situação mais dramática que em relação à educação. Nesse sentido, segundo a Fundação Nacional de Saúde (FUNASA), "da instalação da colônia até a década de 1930, as ações eram desenvolvidas sem significativa organização institucional".[266]

Convém ainda se fazer o registro histórico de algo que hoje chega a parecer difícil de acreditar: o Ministério da Saúde somente foi criado no Brasil em 1953, e até então vinculado ao Ministério da Educação.[267]

Ademais, "até o início do século XX a saúde no Brasil era ofertada apenas aos cidadãos que poderiam pagar ou faziam parte de classes trabalhistas organizadas, os demais eram atendidos em instituições de caridade ou ficavam sem atendimento, participando apenas das ações de políticas sanitárias do modelo Sanitarismo Campanhista".[268]

Ao quadro de abandono descrito devem ser somadas a insignificante atuação dos municípios brasileiros em ações de saúde na primeira metade do século XX e a lastimável situação das finanças herdadas pela gestão de Graciliano Ramos em Palmeira dos Índios.

Mesmo diante de tantas adversidades, com as iniciativas propostas por Graciliano, este afirma, sem empolgação que *"O estado sanitário é bom. O posto de higiene, instalado em 1928, presta serviços consideráveis à população. Cães, porcos e outros bichos incômodos não tornaram a aparecer nas ruas. A cidade está limpa".*

---

[265] Quanto à distinção entre eficiência e eficácia, vale registrar que no campo de ciência da Administração, "De um modo geral trabalhar com eficiência, significa medir qual o tempo, esforço e custo são utilizados para se realizar uma determinada tarefa, preocupando-se em realizar corretamente as ações e atividades propostas da melhor forma possível, enquanto trabalhar com eficácia é produzir com ênfase em alcançar o resultado esperado" (*A importância da eficiência e da eficácia na gestão pública*. Disponível em: http://www.portaleducacao.com.br/educacao/artigos/55602/a-importancia-da-eficiencia-e-eficacia-na-gestao-publica. Acesso em: 23 jan. 2017.

[266] *Cronologia histórica da saúde pública:* uma visão histórica da saúde brasileira. Disponível em: http://www.funasa.gov.br/site/museu-da-funasa/cronologia-historica-da-saude-publica/. Acesso em: 25 jan. 2017.

[267] Nesse sentido: "O primeiro Ministério com ações na área da saúde foi criado em 1930, durante o governo de Getúlio Vargas, com o nome de Ministério dos Negócios da Educação e Saúde Pública. Em 1937 passou a se chamar Ministério da Educação e Saúde. Em 25 de julho de 1953 foi definido como Ministério da Saúde" (Ministério da Saúde no Brasil. Disponível em https://pt.wikipedia.org/wiki/Minist%C3%A9rio_da_Sa%C3%BAde_(Brasil). Acesso em: 25 jan. 2017).

[268] *Evolução da saúde no Brasil até os dias atuais.* Disponível em: http://www.consisavrt.com.br/noticias/evolucao-da-saude-no-brasil-ate-os-dias-atuais. Acesso em: 25 jan. 2017.

Nas medidas acima descritas, ao adotar ações simples, porém eficazes, vê-se que o prefeito de Palmeira dos Índios não queria inventar a roda ou mesmo fazer pirotecnia, algo muito comum nos tempos modernos.

Sabia que o grau de eficiência administrativa que se podia alcançar não era alto, mas teria que ser esforçar ao máximo para oferecer à sociedade o que lhe fosse mais proveitoso. Ao deixar o posto de higiene (de saúde) em condições de prestar serviços consideráveis à população, garantiu o mínimo de dignidade a uma população acostumada ao abandono.

Por sua vez, ao afirmar que a cidade estava limpa, declarou sua grande preocupação com as condições de higiene do espaço público, até então, terra de ninguém. Como já destacado na análise do primeiro relatório, o gestor Graciliano Ramos sempre valorizou as ações preventivas de saúde pública, mesmo que, para tanto, tivesse que enfrentar uma grande resistência, inclusive cultural, da sociedade palmeirense.

> *UMA DÍVIDA ANTIGA – 5:210$000*
> *Entregaram-me, quando entrei em exercício, 105$858 para saldar várias contas, entre elas uma de 5:210$000, relativa a mais de um semestre que deixaram de pagar à empresa fornecedora de luz.*

Esse trecho do relatório demonstra claramente o descaso que vinha caracterizando a Prefeitura de Palmeira dos Índios até então. No caso, relata-se que o numerário reservado para pagamento de débitos do município não chegava a 2% (dois por cento) dos valores devidos.

Como se vê no noticiário dos dias de hoje, os entes públicos brasileiros, que sempre contraíram dívidas em grande profusão, passando por cima de algo basilar do direito financeiro, que é a ideia de que deve haver equilíbrio entre receitas e despesas, vêm deixando dívidas sem a devida cobertura de caixa para as novas gestões.[269]

---

[269] Em uma notícia de 2017, vê-se que, tal qual a gestão de Graciliano Ramos na Palmeira dos Índios da década de 1920, há gestões municipais no Brasil que também iniciam seu período governamental com significativas dívidas herdadas de gestões anteriores, inclusive, tal como no relatório em comento, referentes a contas com a empresa fornecedora de luz. Nesse sentido: "Após a posse, muitos prefeitos foram surpreendidos com a situação financeira das prefeituras. Ao menos, cinco municípios do estado do Rio devem decretar estado de calamidade financeira. Em Nilópolis, na Baixada Fluminense, o prédio da prefeitura está com luz, água, telefone e internet cortados. O novo prefeito herdou uma dívida de R$500 mil reais com a concessionária de energia. Até móveis e equipamentos do prédio da prefeitura teriam desaparecido. O novo prefeito de São Gonçalo também herdou dívidas, cerca de R$35 milhões com a empresa responsável pela coleta de lixo. O serviço foi suspenso no município. Em Nova Iguaçu, os servidores estão sem receber e o novo prefeito pretende devolver a gestão do Hospital da Posse para o Governo Federal. As ruas de Mesquita, na Baixada Fluminense, estão tomadas pelo lixo. O serviço de coleta foi suspenso por falta de pagamento. O novo prefeito de Duque de Caxias encontrou apenas R$13 reais nas contas do município e uma dívida, que chega a

Se a premissa fiscal ainda é desrespeitada hoje, mesmo com a vigência de normas constitucionais mais precisas e, especialmente, diante da rigorosa Lei de Responsabilidade Fiscal, imagine-se o que ocorria quando Graciliano Ramos iniciou seu mandato como prefeito.

A propósito, na Constituição de 1891, estava previsto no art. 34, com a redação determinada pela Emenda Constitucional de 3 de setembro de 1926 (promulgada um ano antes da eleição de Graciliano), que "Art.34. Compete privativamente ao Congresso Nacional: 1º orçar, annualmente, a receita e fixar, annualmente, a despeza e tomar as contas de ambas, relativas a cada exercicio financeiro, prorrogado o orçamento anterior, quando até 15 de janeiro não estiver o novo em vigor".

Conforme se vê, não havia qualquer prescrição constitucional que determinasse à época o dever de equilíbrio orçamentário-financeiro. Por sua vez, no Código de Contabilidade da União (Decreto nº 4536/1922), começa a haver uma certa preocupação com o tema.[270]

Todavia, as normas em questão, além de não preverem regras para Estados e Municípios, também não contemplavam o dever do gestor público, ao final de seu mandato, deixar em caixa recursos financeiros suficientes para cobertura das dívidas contraídas e não pagas.

Apesar da posterior promulgação da Lei nº 4.320/64, que estatuiu "normas gerais de direito financeiro para elaboração e controle dos orçamentos e balanços da União, dos Estados, dos Municípios e do Distrito Federal" (art. 1º, *caput*), somente com a edição da Lei Complementar nº 101/2000 é que começam a ser instituídas "normas de finanças públicas voltadas para a responsabilidade na gestão fiscal" (art. 1º, *caput*).

R$400 milhões de reais". (*Novos prefeitos do RJ herdam dívidas milionárias e devem decretar estado de calamidade financeira*. Disponível em: http://noticias.r7.com/rio-de-janeiro/rj-no-ar/videos/novos-prefeitos-do-rj-herdam-dividas-milionarias-e-devem-decretar-estado-de-calamidade-financeira-03012017. Acesso em: 29 jan. 2017.

[270] Neste contexto, o Código de Contabilidade da União previa:
"Art. 10. O periodo addicional será empregado, até 31 de março, na realização das operações de receita e despesa que se não ultimarem dentro do anno financeiro; o daquella data até 30 de abril, na liquidação e encerramento das contas do exercicio. §1º Não se poderá dentro daquelle periodo empenhar despesa nova por conta do exercicio, sinão pagar apenas as que tiverem sido empenhadas até a expiração do anno financeiro. §2º A despesa empenhada dentro do anno financeiro e que não tiver sido paga até 31 de março será liquidada na fórma dos arts. 73 a 78. (...)
Art. 73. Os credores que não tiverem sido pagos até o dia 31 de março, do prazo adicional ao anno financeiro, só o serão pelo processo abaixo determinado para as dividas de exercicios findos.
Art. 74. Por divida de exercicios findos entende-se a que provier de fornecimento ou serviço feito á União no decurso do anno financeiro de exercicio encerrado. O anno da entrada do fornecimento nas repartições, ou da época da realização do serviço, determinará o exercicio a que pertence a divida".

Registre-se que o §1º do art. 1º da referida lei, apelidada de Lei de Responsabilidade Fiscal, determina que:

> A responsabilidade na gestão fiscal pressupõe a ação planejada e transparente, em que se previnem riscos e corrigem desvios capazes de afetar o equilíbrio das contas públicas, mediante o cumprimento de metas de resultados entre receitas e despesas e a obediência a limites e condições no que tange a renúncia de receita, geração de despesas com pessoal, da seguridade social e outras, dívidas consolidada e mobiliária, operações de crédito, inclusive por antecipação de receita, concessão de garantia e inscrição em Restos a Pagar.

E mais: em seu artigo 16, determina que a lei de responsabilidade fiscal impõe que a criação, expansão ou aperfeiçoamento de ação governamental que acarrete aumento da despesa será acompanhado de: "I - estimativa do impacto orçamentário-financeiro no exercício em que deva entrar em vigor e nos dois subseqüentes; II - declaração do ordenador da despesa de que o aumento tem adequação orçamentária e financeira com a lei orçamentária anual e compatibilidade com o plano plurianual e com a lei de diretrizes orçamentárias".

Não obstante, o dispositivo que mais se enquadra no contexto narrado por Graciliano Ramos é o art. 42, que dispõe que "É vedado ao titular de Poder ou órgão referido no art. 20, nos últimos dois quadrimestres do seu mandato, contrair obrigação de despesa que não possa ser cumprida integralmente dentro dele, ou que tenha parcelas a serem pagas no exercício seguinte sem que haja suficiente disponibilidade de caixa para este efeito".

Sobre tal norma, a doutrina comenta que:

> Até a edição da Lei de Responsabilidade Fiscal (LRF), era comum os administradores públicos inscreverem despesas em restos a pagar, mesmo sem o cumprimento das receitas previstas na Lei Orçamentária Anual, promovendo a já citada rolagem da dívida. Com isso, ao longo dos anos, os governos acumularam dívidas junto aos fornecedores, comprometendo as receitas futuras e aumentando as dificuldades para a gestão das finanças públicas. Procurando combater esse tipo de prática, a LRF veio estabelecer que, nos últimos oito meses de cada mandato, o governante só poderá contrair obrigações de despesas que possam ser pagas integralmente no próprio exercício ou, quando havendo parcelas a serem pagas no exercício futuro, houver também disponibilidade financeira que suporte tais parcelas.[271]

---

[271] PEREIRA, Bruno Sales. *Artigo 42 da Lei de Responsabilidade Fiscal*: os restos a pagar e a gestão financeira pública. Disponível em: http://www.conteudojuridico.com.br/artigo,artigo-42-da-lei-de-responsabilidade-fiscal-os-restos-a-pagar-e-a-gestao-financeira-publica,54200.html. Acesso em: 29 jan. 2017.

Como nos tempos de Graciliano Ramos inexistia qualquer norma com o conteúdo acima, a gestão do prefeito em comento recebeu da gestão anterior recursos financeiros pífios (como destacado, apenas 2% do que seria necessário) para saldar as dívidas herdadas.

A irresponsabilidade era tamanha que, na gestão anterior, por *"mais de um semestre que deixaram de pagar* à *empresa fornecedora de luz"*, prática bem comum ainda na atualidade, especialmente após as eleições, quando o gestor não consegue sua reeleição.[272]

Nos tempos atuais, destaque-se que o orçamento público, enquanto instrumento de planejamento, representa um dos mais relevantes instrumentos de controle democrático. No tocante ao significado do planejamento orçamentário, este "incorpora a ideia de atuação conjunta dos diversos setores da organização, de existência de uma base de informações, bem como de recursos técnicos e humanos que apoiem sua execução, garantindo o acompanhamento, a avaliação e as tomadas de decisões, em todas as suas fases"[273]

Registre-se que o prefeito Graciliano Ramos, embora não estivesse sujeito a leis tão rígidas, não tivesse formação acadêmica ou experiência administrativa, tampouco dispusesse de estrutura de apoio técnico, não só pagou os débitos que eram devidos pelo município, como também deixou o mandato sem deixar dívidas à gestão que lhe sucedeu.

Tudo isso para demonstrar sua marca de seriedade e seu pioneirismo, já que se antecipou, em mais de setenta anos, ao cumprir, no fim dos anos 1920, algo que somente passou a ser obrigatório com a lei de responsabilidade fiscal.

VIAÇÃO E OBRAS PÚBLICAS – 56:644$495
Os gastos com viação e obras públicas foram excessivos. Lamento, entretanto, não me haver sido possível gastar mais. Infelizmente a nossa pobreza é grande. E ainda que elevemos a receita ao dobro da importância que ela ordinariamente alcançava, e economizemos com avareza, muito nos faltu realizar. Está visto que me não preocupei com todas as obras exigidas. Escolhi as mais urgentes.

---

[272] Atualmente, é bastante comum (embora ilegal) uma gestão iniciar o mandato com folhas salariais em aberto, assim como dívidas com fornecedores. Pelo princípio da impessoalidade, as dívidas são do ente público, que deve honrá-las, embora também deva haver a responsabilidade do gestor por eventual ilicitude.

[273] MATIAS-PEREIRA, José. *Finanças públicas*: foco na política fiscal, no planejamento e orçamento público. 6. ed. São Paulo: Atlas, 2012. p. 279.

> Fiz reparos nas propriedades do Município, remendei as ruas e cuidei especialmente de viação. Possuímos uma teia de aranha de veredas muito pitorescas, que se torcem em curvas caprichosas, sobem montes e descem vales de maneira incrível. O caminho que vai a Quebrangulo, por exemplo, original produto de engenharia tupi, tem lugares que só podem ser transitados por automóvel Ford e lagartixa. Sempre me pareceu lamentável desperdício consertar semelhante porcaria.

Nesse pequeno trecho do relatório, aparentemente sem maior destaque, vê-se o quanto o gestor público Graciliano Ramos era um homem de iniciativa e atento às mudanças da sociedade. No caso, ele registra em seu relato a importância que conferia à realização de obras públicas (em especial, reparos nos prédios públicos) e à viação (construção e manutenção de ruas e estradas).

Julgava que os recursos financeiros investidos para tais finalidades, embora aparentemente *"excessivos"*, não foram suficientes para atender a demanda[274] (*"muito nos falta realizar"*). Em apenas um parágrafo do relatório, de forma indireta, reafirma que as finanças do município eram ínfimas (*"infelizmente a nossa pobreza é grande"*), confirma que os esforços realizados a partir do início de sua gestão aumentaram consideravelmente a receita municipal (*"ainda que elevemos a receita ao dobro da importância que ela ordinariamente alcançava"*), e confessa, com todas as letras, sua postura de austeridade com o dinheiro público (*"e economizemos com avareza"*).

Ao se afirmar nesses comentários que o prefeito Graciliano Ramos era um homem de iniciativa, pretende-se ressaltar sua disposição para enfrentar novos desafios, indo além do que normalmente se espera de um gestor municipal, mormente em se tratando de um ente público que naquele momento histórico, como o próprio Graciliano destacou no primeiro relatório, limita-se às *"modestas tarefas de varrer as ruas e matar cachorros"*.

---

[274] No tocante às preocupações urbanísticas de uma municipalidade, a doutrina especializada destaca que "o arruamento, o alinhamento e o nivelamento constituem atribuições próprias do Município, porque deles dependem o traçado, a funcionalidade e a estética da cidade. (...) Arruamento é o conjunto de vias de circulação, logradouros públicos e espaços livres aprovado pela Prefeitura para determinada área urbana ou urbanizável em zona rural. (...) Alinhamento é o limite entre a propriedade privada e o domínio público urbano. (...) Nivelamento é a fixação da cota correspondente aos diversos pontos característicos da via urbana, a ser observada por todas as construções nos seus limites com o domínio público (alinhamento)." (MEIRELLES, Hely Lopes; DALLARI, Adilson Abreu (Coord.). *Direito Municipal brasileiro*. 17. ed. São Paulo: Malheiros, 2014. p. 451-454).

Inovar na administração pública é fundamental. Embora se trate de um conceito muito mais desenvolvido no setor privado, o conceito de inovação passa a ter um nível de complexidade diferenciado quando aplicado ao contexto das entidades públicas, especialmente devido às peculiaridades envolvidas na gestão do interesse público.

Registre-se que o processo de inovação "pode ser interpretado como a busca, descoberta, experimentação, desenvolvimento, imitação e adoção de melhorias em produtos, serviços, processos e técnicas organizacionais. Lembrando que tais mudanças, além de gerar valor, devem ser difundidas às partes interessadas do sistema organizacional".[275]

Nesse contexto, também é importante ressaltar que as entidades públicas têm sido demandadas "não apenas no sentido de aumentar sua eficiência (ou seja, melhorar o aspecto técnico), mas também de implantar mudanças "de caráter substantivo", o que significa estabelecer um compromisso mais próximo com a cidadania". Em relação a esse segundo aspecto, deve-se sempre frisar "a importância de realizar mudanças na gestão pública que permitam aproximar o cidadão do Estado, pela via da descentralização, do aumento da autonomia dos governos locais e da maior participação da sociedade civil.[276]

Embora a exigência de inovação faça parte de um discurso tão em voga nos tempos atuais, por ser um dos corolários do modelo de administração gerencial, pode-se afirmar que ela já era perseguida pelo prefeito Graciliano Ramos, entendida essa assertiva dentro de um contexto histórico, caracterizado por limitações administrativas de todas as espécies.[277]

O prefeito Graciliano Ramos deu várias amostras de ser inovador: antes de tudo, não se acomodou com práticas seculares que vinham sendo mantidas pelas gestões anteriores. Nesse sentido, tanto repeliu com veemência comportamentos que violavam valores éticos da administração pública, como tudo o que violava sua noção de impessoalidade e moralidade administrativa (destaque-se o caso da uniformização das medidas do Município), como tanto rechaçou condutas que considerava atentatórias à eficiência da Administração Pública (recorde-se o caso dos telegramas).

Acrescente-se que a gestão conduzida pelo prefeito escritor também pode ser considerada inovadora porque passou a investir em áreas sociais,

---

[275] RESENDE, Pedro. *Inovação e gestão pública*. Disponível em: http://www.fnq.org.br/informe-se/artigos-e-entrevistas/artigos/inovacao-e-gestao-publica. Acesso em: 30 jan. 2017.

[276] FARIA, Luciana Jacques. Nova Administração Pública: o processo de inovação na Administração Pública Federal brasileira visto pela experiência do "Concurso Inovação na Gestão Pública Federal". XXXIII *Encontro da ANPAD*, São Paulo, 2009, Disponível em: http://www.anpad.org.br/admin/pdf/APS378.pdf. Acesso em: 30 jan. 2017.

[277] Vale lembrar que, à época, a Prefeitura de Palmeira dos Índios possuía pouco mais de uma dezena de funcionários.

como saúde e educação, em uma época em que os municípios sequer atuavam nesses setores da vida da população.

No trecho sob análise, vê-se ainda a postura inovadora da municipalidade, ao procurar alargar vias públicas. Esse fato permite que também se possa aduzir que Graciliano Ramos era um gestor público atento às mudanças da sociedade, já que no final da década de 1920, o crescimento da indústria automobilística já indicava o futuro que estava por vir.

Embora gerisse uma pequena cidade do interior alagoano, Graciliano sabia que não administrava apenas para a geração presente, e que mesmo esta não poderia estar eternamente condenada pela falta de planejamento de seus antepassados.

Nesse contexto, ao afirmar, em linguagem poética, que *"possuímos uma teia de aranha de veredas muito pitorescas, que se torcem em curvas caprichosas, sobem montes e descem vales de maneira incrível"*, o prefeito estava fazendo uma crítica ferrenha ao modelo de urbanismo que foi herdado dos portugueses: a construção de cidades sem maiores preocupações com a ordenação rigorosa do território urbano.

Nesse contexto, a título de ilustração, vale a pena verificar a comparação entre as cidades de colonização espanhola e aquelas que foram colonizadas pelos portugueses:

> enquanto as cidades espanholas das Índias são geralmente constituídas por uma quadrícula de *cuadras* a partir da *Plaza Mayor*, cujos ângulos são orientados segundo os pontos cardeais; nesta praça ficam a catedral ou igreja principal, a casa do governador ou máxima autoridade com residencial local, o *cabildo* (*ayuntamiento*); o casco urbano é definido (não menos de 600 varas a partir da praça, em cada direcção); está rodeado pelos *ejidos*, onde se instalou o matadouro e indústrias mal odorantes, as *dehesas*, pastos de utilização comum, os montes onde os vizinhos se podem prover de lenha, caça e materiais do construção. A aparência irregular das cidades tradicionais do Brasil tem-se explicado pelo predomínio da colonização rural, com base na lavoura da cana-de-açúcar, sobre a vida urbana e pela ausência, na tradição urbana portuguesa, da rigorosa ordenação de tantas cidades espanholas. Essa diferença tem de interpretar-se pela convergência de várias circunstâncias: 1. A maior parte das cidades portuguesas tem um traçado irregular que provém, no Norte, da preferência, por motivos de defesa, dos sítios alcandorados, no Sul por esta mesma preferência se conjugar com o dédalo de ruas da tradição muçulmana.(...) Dado o escasso número de povoadores de origem portuguesa, logo reforçados por mestiços, muitas cidades e vilas não tiveram origem num acto intencional de fundação mas desenvolveram-se, como tantas povoações de Portugal, «de maneira espontânea, por assim dizer insensível»[278]

---

[278] RIBEIRO, Orlando. A cidade portuguesa e a cidade espanhola na América. *In*: RIBEIRO, Orlando. *Opúsculos Geográficos*. Lisboa: Fundação Calouste Gulbenkian, 1994. v. 5 – Temas Urbanos, p. 491-497.

Assim, vê-se como Graciliano já identificava no traçado urbano de Palmeira dos Índios todas as características das urbes de colonização portuguesa, sendo as ruas um verdadeiro emaranhado de vias como uma *"teia de aranha"*, mas ao invés de se buscar vias traçadas em linha reta, só se consegue encontrar aquelas que *"torcem em curvas caprichosas"*, seguindo os acidentes geográficos. Não é o homem que molda a natureza, e sim o revés.

Também é revelado por Graciliano a preferência (para não dizer obsessão) dos portugueses por construções em lugares íngremes (*"sobem montes e descem vales"*), formando incontáveis ladeiras, como se vê claramente em cidades como Salvador[279] (BA), Rio de Janeiro (RJ), Olinda (PE), Ouro Preto (MG), e, inclusive, as cidades coloniais alagoanas de Penedo, Porto Calvo, Marechal Deodoro e Piranhas.

Nesse contexto, a própria Palmeira dos Índios serve para exemplificar como as cidades brasileiras nasceram e cresceram sem qualquer planejamento, já que o sítio urbano daquela cidade surgiu a partir de uma aldeia indígena. Nesse sentido, "as terras do Município constituíam, em meados do século 18, um aldeamento dos índios xucurus", sendo este localizado entre "o brejo Cafurna e os palmerais da serra da Boa Vista",[280] confirmando a tradição portuguesa por locais de encostas.

Graciliano, em tom de deboche, chama tais veredas de pitorescas, destacando que *"o caminho que vai a Quebrangulo, por exemplo, original produto de engenharia tupi, tem lugares que só podem ser transitados por automóvel Ford e lagartixa"*. Assim, por achar esta estrada imprestável, fez questão de demonstrar sua aversão ao mau uso do dinheiro público: *"sempre me pareceu lamentável desperdício consertar semelhante porcaria"*.

Já no primeiro relatório, havia ressaltado que a estrada de Palmeira de Fora *"tem oito metros de largura e, para que não ficasse estreita em uns pontos, larga em outros, uma parte dela foi aberta em pedra. Fiz cortes profundos, aterros consideráveis, valetas e passagens transversais para as águas que descem dos montes"*.

---

[279] O historiador Eduardo Bueno narra como se deu a construção de Salvador: "A primeira capital do Brasil se materializaria aos poucos como o fruto mais concreto de uma série de antagonismos não apenas arquitetônicos e urbanísticos, mas políticos, econômicos e administrativos (...) As "amostras" trazidas por Luís Dias – tido como o "decano dos arquitetos brasileiros" – sugeriam um traçado regular e ordenado. Mas o projeto original seria pragmaticamente readaptado às irregularidades do terreno. Surgiriam, assim, as ruelas tortuosas, os largos e as pequenas praças nitidamente medievais, derramando-se em natural e pitoresca desordem por determinadas partes da encosta, como ainda hoje se observa na área do Pelourinho (...) Mesmo em seu coração administrativo, porém, a regularidade do traçado urbano se revelaria muito menos rígida do que a do modelo implantado pelos espanhóis em suas cidades americanas" (BUENO, Eduardo. *A coroa, a cruz e a espada*: lei, ordem e corrupção no Brasil Colônia, Rio de Janeiro: Objetiva, 2006. Coleção Terra Brasilis 4, p. 98-99).

[280] *Site* oficial do município de Palmeira dos Índios. http://www.palmeiradosindios.al.gov.br/ Nossa_Cidade. Acesso em: 31 jan. 2017.

Todas essas medidas de caráter corretivo (como o nivelamento da largura da via em todo o seu trecho) e preventivo (é o caso da construção de valetas) tinham a pretensão de serem duradouras, pois era ciente de que *"as enxurradas levam num dia o trabalho de meses"*.

Registre-se que, na atualidade, os serviços públicos prestados pelo Estado ou por seus concessionários e permissionários devem ser adequados. Na legislação que disciplina os contratos de concessão (Lei nº 8987/95), destaca-se, no §1º, do art. 6º, a definição de serviço adequado, sendo aquele "que satisfaz as condições de regularidade, continuidade, eficiência, segurança, atualidade, generalidade, cortesia na sua prestação e modicidade das tarifas".

Por sua vez, no §2º, aduz-se que "a atualidade compreende a modernidade das técnicas, do equipamento e das instalações e a sua conservação, bem como a melhoria e expansão do serviço". Por sua vez, Celso Antônio Bandeira de Mello destaca a relevância do princípio da adaptabilidade, que consiste basicamente no dever de se adequar os serviços públicos à modernização e atualização das necessidades dos administrados.[281]

Ao analisar o relato sobre as melhorias nas vias públicas, que passariam a ter cada vez mais demandas com a chegada dos automóveis, impossível não perceber como o prefeito Graciliano Ramos já se preocupava com a necessidade de o município oferecer um serviço adequado, garantindo todas aquelas condições indicadas na lei em comento, em especial, a segurança, a continuidade e a atualidade, adaptando, moldando a Administração Pública aos novos interesses da população.

Embora preocupações urbanísticas já existissem no Brasil do final da década de 1920, elas se limitavam aos grandes centros, como Rio de Janeiro e São Paulo, e tinham como maior preocupação a execução dos chamados planos de embelezamento.[282]

De acordo com os estudiosos do assunto, esses planos "provinham da tradição européia, principalmente, e consistiam basicamente no alargamento de vias, erradicação de ocupações de baixa renda nas áreas mais centrais, implementação de infra-estrutura, especialmente de saneamento, e ajardinamento de parques e praças".[283]

---

[281] BANDEIRA DE MELLO, Celso Antônio. *Curso de Direito Administrativo*. 19. ed. São Paulo: Malheiros, 2005. p. 679.

[282] Segundo o presente estudo, entre 1875-1992, o urbanismo no Brasil passou por quatro fases: 1ª fase – planos de embelezamento (1875 – 1930), 2ª fase – planos de conjunto (1930 – 1965), 3ª fase – planos de desenvolvimento integrado (1965 – 1971) e 4ª fase – planos sem mapas (1971 – 1992). (SABOYA, Renato. *Urbanismo e planejamento urbano no Brasil – 1875 a 1992*. Disponível em: http://urbanidades.arq.br/2008/11/urbanismo-e-planejamento-urbano-no-brasil-1875-a-1992/. Acesso em: 02 fev. 2017).

[283] SABOYA, *op. cit.*

A partir da leitura do relatório, vê-se que um prefeito de uma pequena cidade do interior do Estado de Alagoas, há quase 90 anos, já se esforçava para atender a algumas dessas questões urbanísticas, como é o caso do *"remendo"* de ruas, alargamento de vias, terraplanagem da lagoa, do saneamento, etc. É importante frisar que tais iniciativas sempre buscavam atender ao interese público, mormente aquele consubstanciado nas necessidades das camadas mais desprotegidas da sociedade.

Por sua vez, não há relatos de medidas administrativas de cunho urbanístico cujo objetivo tenha sido tão somente o embelezamento (o que certamente não era considerado prioritário diante dos escassos recursos financeiros da Prefeitura) ou de quaisquer ações de cunho supostamente elitista, como eventuais remoções de assentamentos irregulares (o que seria contrário a seus valores nitidamente sociais).

> *ESTRADA PALMEIRA A SANTANA*
> *Abandonei as trilhas dos caetés e procurei saber o preço duma estrada que fosse ter a Sant'Ana do Ipanema. Os peritos responderam que ela custaria aí uns seiscentos mil-réis ou sessenta contos. Decidi optar pela despesa avultada.*
> *Os seiscentos mil-réis ficariam perdidos entre os barrancos que enfeitam um caminho atribuído ao defunto Delmiro Gouveia e que o Estado pagou com liberalidade: os sessenta contos, caso eu os pudesse arrancar ao povo, não serviriam talvez ao contribuinte, que, apertado pelos cobradores, diz sempre não ter encomendado obras públicas, mas a alguém haveriam de servir. Conheci os trabalhos em janeiro. Estão prontos vinte e cinco quilômetros. Gastei 26:871$930.*

Não restam dúvidas de que uma das principais qualidades do gestor público Graciliano Ramos é a sua austeridade no uso do erário. Nesse sentido, vê-se nessa passagem do relatório uma inequívoca demonstração de como todo aquele que gere a coisa pública deve se comportar: gastar o dinheiro da sociedade com um zelo ainda mais que aquele empregado para a realização de despesas de caráter pessoal.

Na situação relatada, Graciliano narra que queria saber *"o preço duma estrada que fosse ter a Sant'Ana do Ipanema"*, município situado no sertão alagoano. Desde logo, já se percebe que o prefeito não autorizou qualquer despesa sem que antes verificasse a estimativa de seu custo.

Em seguida, registra que a tarefa em questão foi atribuída a *"peritos"*, o que ressalta o reconhecimento do valor das decisões que se embasam no conhecimento técnico em detrimento daquelas que não são fundadas em valores racionais. Muitas décadas antes da criação de leis que exigiam que as obras públicas fossem precedidas de estudos técnicos,[284] Graciliano Ramos já sabia que, antes de executar uma obra, esta deveria ser precedida de planejamento.

Todavia, vê-se no relatório que os *"peritos"* consultados fizeram projetos com estimativas de valores bem distintas: uma de apenas *"seiscentos mil-réis"* e outra de *"sessenta contos de réis"*, o que corresponderia a sessenta milhões de réis.

Curiosamente, Graciliano preferiu adotar o projeto da obra de valores mais altos, não para simplesmente gerar uma maior despesa ao erário, mas pelo fato de que sabia que se construísse a estrada a partir do projeto de orçamento de menor valor, aquela não teria qualidade alguma, o que geraria um total desperdício do dinheiro público (*"Os seiscentos mil-réis ficariam perdidos entre os barrancos que enfeitam um caminho atribuído ao defunto Delmiro Gouveia e que o Estado pagou com liberalidade"*).

Acrescentou ainda que a adoção do projeto de estimativa mais alta, apesar de potencialmente poder gerar protestos na população, que nunca está feliz em pagar impostos e que sempre alega que não solicitara as obras, faria com que os sessenta contos de réis fossem bem empregados: *"a alguém haveriam de servir"*.

Na situação acima narrada, vê-se uma grande lição para a Administração Pública brasileira, especialmente no tocante à utilização dos recursos públicos: embora a eficiência administrativa deva buscar a redução de custos (um dos aspectos da economicidade), existem outras

---

[284] Na Lei Federal nº 8.666/93, que rege as licitações e contratos administrativos no âmbito da Administração Pública brasileira, está consignado que: "Art. 7º As licitações para a execução de obras e para a prestação de serviços obedecerão ao disposto neste artigo e, em particular, à seguinte seqüência:

I - projeto básico; II - projeto executivo; III - execução das obras e serviços.

§1º A execução de cada etapa será obrigatoriamente precedida da conclusão e aprovação, pela autoridade competente, dos trabalhos relativos às etapas anteriores, à exceção do projeto executivo, o qual poderá ser desenvolvido concomitantemente com a execução das obras e serviços, desde que também autorizado pela Administração.

§2º As obras e os serviços somente poderão ser licitados quando:

I - houver projeto básico aprovado pela autoridade competente e disponível para exame dos interessados em participar do processo licitatório;

II - existir orçamento detalhado em planilhas que expressem a composição de todos os seus custos unitários;

III - houver previsão de recursos orçamentários que assegurem o pagamento das obrigações decorrentes de obras ou serviços a serem executadas no exercício financeiro em curso, de acordo com o respectivo cronograma;

IV - o produto dela esperado estiver contemplado nas metas estabelecidas no Plano Plurianual de que trata o art. 165 da Constituição Federal, quando for o caso".

situações que devem ser contempladas pelo gestor, como a qualidade, a utilidade, a produtividade e os resultados que serão obtidos com a atividade desenvolvida (otimização da relação custo-benefício).

De toda forma, o custo do quilômetro construído da estrada executada pelo Município de Palmeira dos Índios durante a gestão de Graciliano ainda ficou bem abaixo daquele que era usualmente praticado no âmbito da Administração Estadual: "enquanto o Estado gastava, por quilômetro construído, quatro contos de réis, ele fazia a estrada – com as mesmas dimensões – investindo apenas a metade".[285]

Outro aspecto que salta aos olhos é o fato de que o valor orçado pelo perito para a obra de construção da estrada Palmeira dos Índios – Santana do Ipanema[286] não foi ultrapassado com a sua execução, algo que não ocorre tão comumente nas contratações administrativas da atualidade.

No caso, seja pela prática ilícita (dolosa ou culposa) do superfaturamento, pela invariável celebração de termos aditivos que fazem acréscimos ou reajustes contratuais ou pelas duas situações juntas, verifica-se que o valor de execução contratual normalmente ultrapassa de forma considerável o valor inicialmente definido para a realização da obra pública.

Ao destacar que o superfaturamento pode advir de situações dolosas, em que há intenção de favorecimentos, ou culposas, derivadas da negligência administrativa, é indiscutível que tanto há de se reconhecer a grande quantidade de práticas ilícitas (corrupção), que envolvem conluios entre agentes públicos e particulares, como, em diversos casos, não há como negar que o superfaturamento também é causado por deficiências da própria Administração Pública:

> Superfaturar é mentir sobre o preço real de uma mercadoria e pagar mais caro por isso. Essa definição pressupõe que se conheça exatamente a mercadoria e, consequentemente, seu preço real. No caso das obras públicas, "conhecer exatamente a mercadoria" significa que a administração (contratante da obra) deveria dispor de um projeto completo, detalhado, contendo todas as informações necessárias e atualizadas que permitissem precificar corretamente o empreendimento a ser construído. A Lei nº 8.666/93, que regula os procedimentos licitatórios em todo o país, traz em sua seção II (Das Definições) o detalhamento do que seja um Projeto Básico, condição mínima necessária para se instalar qualquer certame licitatório. É evidente para quem constrói, para quem contrata e para quem fiscaliza, que o "bom projeto" reduz significativamente (se não elimina) a margem de surpresas

---

[285] MORAES, Dênis de. *O velho Graça*: uma biografia de Graciliano Ramos. São Paulo: Boitempo, 2012. p. 68.

[286] Embora a estrada em questão tenha cerca de setenta quilômetros, é evidente que a Prefeitura de Palmeira dos Índios somente construiu a parte que ficava dentro do território municipal palmeirense.

ao longo da execução da obra, permitindo que seu orçamento inicial se aproxime bastante do preço real, das especificidades de cada empreendimento. Mas infelizmente não é isso que vivenciamos em mais de 95% das licitações promovidas pelas administrações das três esferas de poder – federal, estaduais e municipais. Seja pela falta de planejamento adequado, pela "urgência" em atender a convênios, pela deficiência de equipes técnicas ou mesmo pela irracional adequação do projeto à verba disponível, a expressiva maioria dos editais de licitações disponibiliza verdadeiros arremedos de projetos. Que, além de não definirem com precisão o objeto a ser contratado, distorcem seus preços por não preverem os serviços necessários, não especificarem corretamente marcas, equipamentos, materiais, mão de obra e tampouco oferecerem soluções técnicas exigidas para o tipo de obra em questão. Claro está que quando saímos do plano burocrático (a licitação em si) para o plano real (a execução da obra no canteiro), todas essas falhas aparecem e demandam soluções.[287]

Para ilustrar essa situação, recordem-se os valores dos estádios construídos e reformados para a Copa do Mundo de Futebol de 2014, sediada no Brasil. Foi amplamente divulgado pela imprensa que "a conta final dos estádios da Copa do Mundo 2014 continua crescendo mesmo com a conclusão de seis obras. Após mais quatro reajustes, o custo das 12 arenas chegou a R$8 bilhões. O valor é 285% maior que o anunciado pelo governo federal em outubro de 2007, quando o Brasil foi escolhido sede do Mundial. À época, o preço das reformas e construções era de R$2,8 bilhões".[288]

Na mesma fonte citada, veem-se os números relativos ao aumento dos custos com a construção ou reforma dos estádios da Copa do Mundo do Brasil em 2009, 2010 e 2013:

---

[287] SINDUSCON. *Obras públicas*: superfaturamento ou má administração? Brasília: Conselho Regional de Engenharia e Agronomia do Distrito Federal – CREA/DF, 2013. Disponível em: http://creadf.org.br/index.php/2011-08-19-13-59-20/central-de-noticias/clipping-de-noticias/item/2841-obras-publicas-superfaturamento-ou-ma-administracao. Acesso em: 03 fev. 2017.

[288] SALGADO, Diego. *Custo dos estádios da Copa 2014 dispara e chega a R$8 bilhões*. Disponível em: http://www.portal2014.org.br/noticias/12106/CUSTO+DOS+ESTADIOS+DA+COPA+2014+DISPARA+E+CHEGA+A+R+8+BILHOES.html. Acesso em: 03 fev. 2017.

Estádio da Copa do Mundo 2014	Previsão em maio de 2009: R$3,7 bilhões	Matriz de dezembro de 2010: R$ 5,4 bilhões	Custos em agosto de 2013: R$ 7,98 bilhões
Arena da Baixada	Indefinido	184,5 milhões	265 milhões
Arena da Amazônia	500 milhões	515 milhões	605 milhões
Arena das Dunas	300 milhões	350 milhões	350 milhões
Arena das Dunas	400 milhões	454,2 milhões	519,4 milhões
Arena Pernambuco	500 milhões	529,5 milhões	529,5 milhões
Beira-Rio	120 milhões	130 milhões	330 milhões
Beira-Rio	300 milhões	623 milhões	623 milhões
Fonte Nova	400 milhões	591,7 milhões	591,7 milhões
Mané Garrincha	520 milhões	745,3 milhões	1,43 bilhão
Maracanã	430 milhões	600 milhões	1,19 bilhão
Mineirão	Indefinido	426,1 milhões	695 milhões
Morumbi	300 milhões	240 milhões	855 milhões (Arena Corinthians)

Se a gestão do prefeito Graciliano Ramos já mereceria aplausos por não ter ultrapassado os valores orçados para a obra de construção da estrada que liga Palmeira dos Índios a Santana do Ipanema, o que dizer então diante da constatação de que a obra em questão foi concluída por menos da metade do valor estimado?

Pois foi exatamente isso o que aconteceu, já que a obra em comento foi realizada por 26 contos de réis, tendo sido orçada em sessenta. Como se percebe, é algo extraordinário que surpreende o cidadão que vive nos tempos atuais, algo tão característico do homem público Graciliano Ramos.

Mais um dado surpreendente: em uma época na qual a engenharia rodoviária não estava tão adiantada, a estrada em questão fora construída em apenas doze meses, tempo que impressiona até mesmo nos dias de hoje. ("*Conheci os trabalhos em janeiro. Estão prontos vinte e cinco quilômetros*").

> TERRAPLENO DA LAGOA
> Este absurdo, este sonho de louco, na opinião de três ou quatro sujeitos que sabem tudo, foi concluído há meses.
> Aquilo, que era uma furna lôbrega, tem agora, terminado o aterro, um declive suave. Fiz uma galeria para o escoamento das águas. O pântano que ali havia, cheio de lixo, excelente para a cultura de mosquitos, desapareceu. Deitei sobre as muralhas duas balaustradas de cimento armado. Não há perigo de se despenhar um automóvel lá de cima.
> O plano que os técnicos indígenas consideravam impraticável era muito mais modesto.
> Os gastos em 1929 montaram a 24:391$925.

Iniciados no ano anterior, os trabalhos de terraplano da lagoa foram concluídos em 1929, o que ratifica as observações já feitas no tocante à eficiência do gestor público que valoriza o planejamento e que termina as obras dentro do prazo.

Graciliano faz questão de deixar registrado que existiam opositores e críticos as suas iniciativas. Não o incomodavam, já que a convicção de que estava no caminho certo o fazia continuar de forma obstinada.

O prefeito sabia que tanto era relevante garantir a saúde da população ("o pântano que ali havia, cheio de lixo, excelente para a cultura de mosquitos, desapareceu"), como para a sua segurança ("*fiz uma galeria para o escoamento das águas*", "*deitei sobre as muralhas duas balaustradas de cimento armado*" e "*não há perigo de se despenhar um automóvel lá de cima*").

Conforme comentado em diversos outros pontos do relatório, as iniciativas narradas apontam para a valorização da prevenção e "mostram também que a preocupação de um gestor com os aspectos urbanos da cidade é constante".[289]

Nesse contexto, mesmo sem formação técnica, Graciliano agia de forma consciente, sabendo que a urbanização era um processo pelo qual a população urbana cresce em proporção superior à população rural, e,

---

[289] CARREIRO, Marcos Nunes. *Graciliano Ramos, não, mas prefeitos atuais sofrem com a falta de planejamento urbano*. Disponível em: http://www.jornalopcao.com.br/reportagens/graciliano-ramos-nao-mas-prefeitos-atuais-sofrem-com-falta-de-planejamento-urbano-4405/. Acesso em: 16 jan. 2017.

especialmente no caso de Palmeira dos Índios, essa situação era agravada devido à seca.

Sabia que isso demandava a adoção de medidas de urbanificação, que é o processo deliberado de correção da urbanização, consistente na renovação urbana,[290] tudo isso em um período em que pouco se falava no interior de Alagoas em urbanismo, entendido este como o "conjunto de medidas estatais destinadas a organizar os espaços habitáveis, de modo a propiciar melhores condições de vida ao homem na comunidade".[291]

> *SALDO – 2:504$319*
> *Adicionando-se à receita o saldo existente no balanço passado e subtraindo-se a despesa, temos 2:504$319.*
> *2:365$969 estão em caixa e 138$350 depositados no Banco Popular e Agrícola de Palmeira.*

Não se sabe ao certo se Graciliano Ramos, ao escrever o relatório referente ao segundo ano de seu mandato, já estava convicto de que apresentaria sua renúncia apenas três meses depois. De toda forma, o que não se pode negar é que o prefeito escritor deixou a seu sucessor uma Prefeitura saneada financeiramente e com dinheiro em caixa. Ou melhor: um pequeno percentual em caixa e um grande montante depositado no banco em favor do Município.

Nos dois anos em que geriu Palmeira dos Índios, Graciliano conseguiu aumentar a receita prevista no orçamento. Em 1928, passou de um valor estimado em 50:000$000 para uma receita de 71:649$290 (aumento de mais de 40%); e em 1929, de 68:850$000 para 96:924$985 (o que corresponde a um incremento de mais de 41%).

Como se pode perceber, tanto em 1928, como em 1929, a gestão do prefeito Graciliano Ramos, mesmo tendo realizado inúmeras ações administrativas (o que provavelmente fez crescer a despesa em valores brutos), ao contrário das gestões anteriores que faziam pouco e gastavam muito, tanto a receita cresceu consideravelmente, como houve um superávit.

Quais as razões que permitiram essas proezas financeiras? Certamente o fato de que Graciliano era um homem público austero contribuiu bastante. Mas não se tratava de uma austeridade que se confundia ou mesmo se aproximava da avareza. Demonstrou-se, nesses comentários, que a Prefeitura de Palmeira dos Índios, a partir de 1928, passou a atuar em várias frentes, tendo realizado diversas atividades em prol da sociedade.

---

[290] SILVA, José Afonso da. *Direito urbanístico brasileiro*. 6. ed. rev. atual. São Paulo: Malheiros, 2010. p. 31.

[291] MEIRELLES, Hely Lopes. *Direito municipal brasileiro*. São Paulo: Malheiros, 1993. p. 522.

Nesse sentido, o prefeito escritor não objetivava em primeiro lugar economizar dinheiro. Ao contrário, queixava-se do estado lamentável das finanças do município, de que poucos recursos dispunha. Por essa razão, procurou aumentar a receita para poder atender às diversas demandas que se apresentavam. E, dentro de uma realidade complexa e de dificuldades, agravadas pela maior crise econômica mundial em 1929, pode-se dizer que ele conseguiu muita coisa.

O que Graciliano realmente fez foi agir com muito rigor ao combater velhas práticas que consumiam o dinheiro público de forma indevida, seja porque geravam situações de desperdício, seja porque se voltavam para atender ao interesse de uns poucos privilegiados.

Ademais, embora não se tratasse de um valor que a Administração Pública perseguisse à época, a gestão conduzida por Graciliano Ramos atuou com eficiência, procurando utilizar os escassos recursos de que dispunha de forma racional, prestigiando as necessidades mais relevantes, que invariavelmente estavam relacionadas ao atendimento da população mais carente da cidade.

> *PRODUÇÃO*
> *Dos administradores que me precederam uns dedicaram-se a obras urbanas; outros, inimigos de inovações, não se dedicaram a nada.*
> *Nenhum, creio eu, chegou a trabalhar nos subúrbios.*
> *Encontrei em decadência regiões outrora prósperas; terras aráveis entregues a animais, que nelas viviam quase em estado selvagem. A população minguada, ou emigrava para o Sul do País ou se fixava nos municípios vizinhos, nos povoados que nasciam perto das fronteiras e que eram para nós umas sanguessugas. Vegetavam em lastimável abandono alguns agregados humanos.*
> *E o palmeirense afirmava, convicto, que isto era a princesa do sertão. Uma princesa, vá lá, mas princesa muito nua, muito madraça, muito suja e muito escavada.*
> *Favoreci a agricultura livrando-a dos bichos criados à toa; ataquei as patifarias dos pequeninos senhores feudais, exploradores da canalha; suprimi, nas questões rurais, a presença de certos intermediários, que estragavam tudo; facilitei o*

transporte; estimulei as relações entre o produtor e o consumidor. Estabeleci feiras em cinco aldeias: 1:156$750 foram-se em reparos nas ruas de Palmeira de Fora. Canafístula era um chiqueiro. Encontrei lá o ano passado mais de cem porcos misturados com gente. Nunca vi tanto porco. Desapareceram. E a povoação está quase limpa. Tem mercado semanal, estrada de rodagem e uma escola.

Nesse trecho do relatório, mais do que em qualquer outro, vê-se um sinal fortíssimo da imensa sensibilidade social do homem público Graciliano Ramos. Aqui se vê, inclusive, o prenúncio daquela que viria a ser a grande obra literária do Velho Graça, o romance regionalista *Vidas Secas*, publicado em 1938 (*"encontrei em decadência regiões outrora prósperas; terras aráveis entregues a animais, que nelas viviam quase em estado selvagem. A população minguada, ou emigrava para o Sul do País ou se fixava nos municípios vizinhos"*).

Por sua vez, ao afirmar que considerava que nenhum gestor que já havia passado pela Administração municipal *"chegou a trabalhar nos subúrbios"*, ele faz uma clara opção pelos mais necessitados. Em um relatório, que é um documento oficial, normalmente marcado pela frieza e objetividade, confessava sua preocupação com aqueles *"agregados humanos"* que *"vegetavam em lastimável abandono"*.

Aos que se apegavam a um passado glorioso da cidade e não queriam enxergar a realidade, afirmava que a outrora Princesa do Sertão, apelido dado a Palmeira dos Índios, hoje seria *"Uma princesa, vá lá, mas princesa muito nua, muito madraça, muito suja e muito escavada"*. Vê-se aqui o lado realista do gestor público, que não se compraz com pensamentos saudosistas ou com medidas paliativas que têm como objetivo maquiar a realidade.

Como essa parte do relatório trata da produção, Graciliano procurou relatar as medidas administrativas realizadas pela Prefeitura para recuperar a combalida economia da cidade. E foram várias as ações, o que demonstra o dinamismo do gestor público: a) *"favoreci a agricultura livrando-a dos bichos criados à toa; b) ataquei as patifarias dos pequeninos senhores feudais, exploradores da canalha; c) suprimi, nas questões rurais, a presença de certos intermediários, que estragavam tudo; d) facilitei o transporte; e) estimulei as relações entre o produtor e o consumidor; f) estabeleci feiras em cinco aldeias: 1:156$750 foram-se em reparos nas ruas de Palmeira de Fora"*.

As ações da Administração Pública municipal acima transcritas apontam para uma gestão que, ainda na terceira década do século passado, já antecipava as preocupações do Estado Social, algo que no Brasil somente ganhou força vários anos depois.

Ressalte-se que as medidas em questão não apenas eram relacionadas às atividades de polícia administrativa (algo típico do Estado liberal). Há nos relatos destacados exemplos de atuações positivas, de oferecimento de comodidades aos munícipes, como é o caso do transporte que foi facilitado, do favorecimento da agricultura e da construção de escola.

Vê-se, portanto, que a Administração municipal na gestão de Graciliano Ramos tanto se esmerava na fiscalização das atividades particulares, com o objetivo de afastar eventuais excessos da liberdade individual ("*ataquei as patifarias dos pequeninos senhores feudais, exploradores da canalha*"), como também na prestação de serviços públicos, facilitando a vida da população.

Em todos os casos, o que se verifica é a adoção, ainda que à época sem qualquer cogitação de natureza teórica, do princípio da supremacia do interesse público sobre o particular, que hoje tantos tentam aniquilar, ainda que, para isso, usem o discurso da relativização.

Nesse contexto, no direito administrativo brasileiro, prevalece o entendimento que o citado princípio "trata-se de verdadeiro axioma reconhecível no moderno Direito Público. Proclama a superioridade dos interesses da coletividade, firmando a prevalência dele sobre o do particular, como condição, até mesmo, da sobrevivência e asseguramento deste último".[292]

Todavia, nos últimos tempos, vários administrativistas, como Marçal Justen Filho, têm destacado que o princípio da supremacia do interesse público sobre o particular não é absoluto, tampouco seguro, sob o ponto de vista da clareza em sua aplicação:

> o critério da supremacia do interesse público apresenta utilidade reduzida, uma vez que não há um interesse único a ser reputado como supremo. O critério da supremacia do interesse público não permite resolver de modo satisfatório os conflitos, nem fornecer um fundamento consistente para as decisões administrativas. Mas ainda, a determinação do interesse a prevalecer e a extensão dessa prevalência dependem sempre da avaliação do caso concreto. Trata-se de uma questão de ponderação entre princípios e regras.[293]

Embora as considerações desse grupo de juristas sejam bem fundamentadas, já que ressaltam a necessidade de razoabilidade na aplicação da lei, e que, de fato, a simples evocação do interesse público não tem o

---

[292] BANDEIRA DE MELLO, Celso Antônio. *Curso de Direito Administrativo*. 19. ed. rev. e atual. até a Emenda Constituicional 47, de 5.7.2005. São Paulo: Malheiros, 2005. p. 45.

[293] JUSTEN FILHO, Marçal. *Curso de direito administrativo*. 9. ed. rev. atual e ampl. São Paulo: Revista dos Tribunais, 2013. p. 145.

condão de, por si só, conferir à Administração Pública posição de superioridade diante de qualquer situação em que esta se relacione com os particulares, havendo sempre a necessidade de que a lei disponha nesse sentido, não se olvidar que:

> as normas de direito público, embora protejam reflexamente o interesse individual, têm o objetivo primordial de atender ao interesse público, ao bem-estar coletivo. Além disso, pode-se dizer que o direito público somente começou a se desenvolver quando, depois de superados o primado do Direito Civil (que durou muito tempo) e o individualismo que tomou conta dos vários setores da ciência, inclusive a do Direito, substituiu-se a ideia do homem com fim único do direito (próprio do individualismo) pelo princípio que hoje serve de fundamento para todo o direito público e que vincula a Administração em todas as suas decisões: o de que os interesses públicos tem supremacia sobre os individuais.[294]

Ademais, como destaca o próprio Celso Antônio Bandeira de Mello, ao se referir às prerrogativas da Administração Pública, estas "de modo algum autorizariam a supor que a Administração Pública, escudada na supremacia do interesse público sobre o interesse privado, pode expressar tais prerrogativas com a mesma autonomia e liberdade com que os particulares exercitam seus direitos. É que a Administração exerce função: a função administrativa", e tal função, segundo o professor paulista, é aquela que tem como finalidade "satisfazer interesses públicos, ou seja, interesses de outrem: a coletividade".[295]

Assim, entende-se aqui que o princípio da supremacia do interesse público sobre o particular não significa nem o aniquilamento do interesse individual, tampouco a possibilidade de a Administração Pública desconsiderar a existência de tais direitos subjetivos.

Na verdade, o que o citado princípio pretende ressaltar é a proeminência dos interesses da coletividade em relação aos interesses particulares, o que deve ser levado em consideração pelo legislador quando da criação das leis, e uma vez autorizadas por estas, pela Administração Pública, sempre precise interpretar ou mesmo aplicar as normas legais.

MIUDEZAS
Não pretendo levar ao público a idéia de que os meus empreendimentos tenham vulto. Sei perfeitamente que são miuçalhas. Mas afinal existem. E,

---

[294] DI PIETRO, Maria Sylvia Zanella. *Direito administrativo*. 19. ed. São Paulo: Atlas, 2006. p. 82-83
[295] MELLO, op. cit., p. 61.

> *comparados a outros ainda menores, demonstram que aqui pelo interior podem tentar-se coisas um pouco diferentes dessas invisíveis sem grande esforço de imaginação ou microscópio.*
>
> *Quando iniciei a rodovia de Sant'Ana, a opinião de alguns munícipes era de que ela não prestava porque estava boa demais. Como se eles não a merecessem. E argumentavam. Se aquilo não era péssimo, com certeza sairia caro, não poderia ser executado pelo Município.*
>
> *Agora mudaram de conversa. Os impostos cresceram, dizem. Ou as obras públicas de Palmeira dos Índios são pagas pelo Estado. Chegarei a convencer-me de que não fui eu que as realizei.*

Um dos segmentos mais impactantes de todo o relatório recebe o nome de *"miudezas"*, algo que somente o gênio do alagoano poderia proporcionar. Em seu início, já insinua que a finalidade do relatório não é apenas a de prestar contas ao Governo do Estado, mas também à sociedade. Isso aparece quando usa a frase *"levar ao público"*.

Em seguida, Graciliano confessa saber que as iniciativas de sua gestão (*"meus empreendimentos"*) não são de grande vulto. Chega até mesmo a afirmar *"sei perfeitamente que são miuçalhas"*, para logo após arrematar, *"mas afinal existem"*.

Embora não cultivasse a vaidade, o prefeito escritor fez questão de comparar sua gestão àquelas que lhe antecederam. Com que propósito fez isso? A primeira resposta é para criticar as gestões públicas patrimonialistas que não tinham compromisso com a satisfação do interesse público e, dentre outros males, padecia da inércia administrativa, atitude (ou falta dela) que entorpece ou mesmo paralisa a Administração.

Ratifique-se que Graciliano sabia que poderia ter feito muito mais e que seus empreendimentos não eram de grande vulto, mas também queria enfatizar que *"comparados a outros ainda menores, demonstram que aqui pelo interior podem tentar-se coisas um pouco diferentes dessas invisíveis sem grande esforço de imaginação ou microscópio"*, ou seja, queria destacar que existe muito por fazer, tudo dependendo da iniciativa da Administração,[296] não

---

[296] Nesse contexto, convém destacar os princípios da oficialidade, que determina que a Administração Pública pode (e deve) impulsionar seus atos de ofício, independentemente de provocação de terceiros, e o da autotutela, que permite que a Administração Pública possa rever seus próprios atos, sem que precise ser provocada pelos particulares ou mesmo autorizada pelo Poder Judiciário. Sobre a autotutela, ela "...envolve dois aspectos quanto à atuação administrativa: 1) aspectos de legalidade, em relação aos quais a Administração, de ofício, procede à revisão de atos ilegais; e 2) aspectos de mérito, em que reexamina atos anteriores quanto à

havendo espaço para escusas que procuram justificar a paralisia administrativa pelo fato de que os municípios do interior quase nada conseguem realizar.

Com uma apurada visão, Graciliano não concentra suas críticas apenas nas gestões passadas: a própria população também tem sua parcela de culpa. Ao relatar *"Quando iniciei a rodovia de Sant'Ana, a opinião de alguns munícipes era de que ela não prestava porque estava boa demais. Como se eles não a merecessem"*, procura ressaltar como a sociedade, ao se julgar não merecedora de uma boa administração, não exigia serviços públicos de qualidade.

E mais: se eventualmente alguma coisa que viesse da Administração Pública tivesse qualidade, a sociedade desconfiava: *"Se aquilo não era péssimo, com certeza sairia caro, não poderia ser executado pelo Município"*. No primeiro caso, *"os impostos cresceram, dizem"*; na segunda hipótese, *"ou as obras públicas de Palmeira dos Índios são pagas pelo Estado"*.

Se é verdade que a incredulidade da população de Palmeira dos Índios surgiu da tradição de abandono proporcionada pelas Administrações Públicas passadas, também é fato que a sociedade local considerava que não havia muito a exigir dos Poderes Públicos, não havendo, por exemplo, reivindicações por uma gestão pública eficiente.

Ao contrário, o que existia era o predomínio de características históricas da sociedade brasileira, acentuadas no início do século passado, como o parasitismo, o permissivismo e a passividade. Como se vê, instala-se, entre o Estado inerte e a sociedade civil passiva, um ciclo vicioso: se um nunca faz, a outra não vai sentir falta do que nunca recebeu e não vai cobrar que se faça; como não há quem pressione, nunca se fará.

Quanto às características em comento, enquanto o parasitismo estava atrelado a uma sociedade que possui uma concepção errônea de que do Estado não se obtêm direitos, e sim favores, o que exige o estreitamento dos laços pessoais, por sua vez, o permissivismo está relacionado à tolerância da sociedade diante de situações ilegais, como a corrupção. Mais um ciclo vicioso se forma: se (quase) todos são corruptos, ser corrupto é normal; se ser corrupto é normal, por que não o ser ou aceitar que assim seja?

Quanto à passividade da sociedade brasileira em suas relações com a Administração Pública, pode-se afirmar que apesar de ter havido alguns avanços nos últimos noventa anos, especialmente após o período de redemocratização pós-Constituição de 1988, a população ainda não desenvolveu plenamente uma noção de cidadania que lhe permita sair

---

conveniência e oportunidade de sua manutenção ou desfazimento" (CARVALHO FILHO, José dos Santos. *Manual de Direito Administrativo*. 21. ed. Rio de Janeiro: Lumen Juris, 2009. p. 25)

de um estado de paralisia e para um estado de movimento, no qual possa reivindicar seus direitos e cobrar a melhor gestão pública possível.

Nos tempos de Graciliano e hoje em dia, os cidadãos geralmente não exigem uma boa (ou mesmo ótima) administração pública, *"como se eles não a merecessem"*. A diferença é que, antes, inexistia qualquer instrumento que viabilizasse a participação cidadã na atividade administrativa, tampouco eram previstos meios de fiscalização das ações da Prefeitura pelos munícipes, situações já previstas no ordenamento jurídico-constitucional da atualidade.

Apesar de a Constituição de 1988 consagrar o princípio da participação popular na atividade administrativa, derivação do princípio da democracia participativa (e este oriundo da soberania popular), ainda prevalecem na sociedade civil a apatia política (falta de estímulo para a ação cidadã), a abulia política (recusa à participação popular) e a acracia política[297] (inexistência de condições efetivas que garantam a participação cidadã qualificada).

O clima de desestímulo que caracteriza a participação cidadã nos dias de hoje é a versão moderna da descrença generalizada na Administração Pública nos tempos do prefeito Graciliano. Se hoje existem mecanismos que garantam a participação popular na gestão e na fiscalização estatais, isso não significa que haja uma efetiva atuação cidadã. Nesse sentido:

> É ingenuidade supor que o incremento da participação popular na administração pública possa ser isolado da questão da participação popular nos demais setores do Estado ou reduzido a uma questão meramente jurídica, relacionada unicamente à definição de instrumento normativos de participação. A participação popular é sobretudo uma questão política, relacionada ao grau de desenvolvimento e efetivação da democracia. O aparato jurídico é incapaz de induzir a participação popular; mais ainda, freqüentemente cumpre papel inverso, dificultando a participação, estabelecendo mecanismos de neutralização e acomodação extremamente sutis.[298]

Assim sendo, convém que a sociedade civil assuma seu papel de protagonista e participe de todos os momentos da vida estatal, algo que certamente só será possível a partir do momento em que a educação para a cidadania for considerada uma prioridade, permitindo que os cidadãos estejam informados e estimulados a participar, seja influenciando decisões administrativas, seja fiscalizando-as. Da mesma forma, outra condição

---

[297] MODESTO, Paulo. *Participação popular na administração pública*: mecanismos de operacionalização. Disponível em: https://jus.com.br/artigos/2586/participacao-popular-na-administracao-publica. Acesso em: 05 fev. 2017.

[298] MODESTO, *op. cit.*

que é imprescindível para uma maior mobilização social é a diminuição das distâncias sociais, econômicas e culturais entre as pessoas, gerando uma sociedade mais equitativa, e, consequentemente, mais apta a exercer a cidadania.

> *BONS COMPANHEIROS*
> *Já estou convencido. Não fui eu, primeiramente porque o dinheiro despendido era do povo, em segundo lugar porque tornaram fácil a minha tarefa uns pobres homens que se esfalfam para não perder salários miseráveis.*
> *Quase tudo foi feito por eles. Eu apenas teria tido o mérito de escolhê-los e vigiá-los, se nisto houvesse mérito.*

A primeira observação que deve ser feita diz respeito à utilização, em algumas passagens do relatório, de expressões que supostamente denotariam a presença de um gestor público que considerava ser o responsável pessoal pelas conquistas da Administração Pública.

Nesse tocante, a frase do último trecho analisado *"Chegarei a convencer-me de que não fui eu que as realizei"*, assim como a expressão *"meus empreendimentos"* têm que ser analisadas com a devida cautela.

É evidente que, à luz do Direito Administrativo atual, a utilização do pronome possessivo *meus* assim como a frase acima transcrita seriam totalmente descabidas, tendo em vista que a administração púbica se caracteriza pela impessoalidade, que se traduz, nesse caso, na impossibilidade de associação dos feitos administrativos à figura do administrador público.

Todavia, como o contexto histórico não pode nunca ser olvidado, não se vislumbra nas situações narradas no relatório qualquer ranço de personalismo na atuação do prefeito Graciliano Ramos. Nesse contexto, ao afirmar que *"Já estou convencido. Não fui eu, primeiramente porque o dinheiro despendido era do povo, em segundo lugar porque tornaram fácil a minha tarefa uns pobres homens que se esfalfam para não perder salários miseráveis"*, Graciliano demonstra duas coisas: primeiramente, que estava plenamente ciente de que as iniciativas de sua gestão eram financiadas pelo erário, e que este era constituído de recursos vindos da população, sendo ele apenas o gestor encarregado de exercer a direção da máquina administrativa.

Em segundo lugar, Graciliano era uma pessoa sábia que reconhecia o valor daqueles que se empenhavam na realização de suas tarefas, no caso, dos funcionários da Prefeitura, a quem ele chamava de *uns pobres homens*, no sentido de que as condições de trabalho às quais eles eram submetidos eram tão inadequadas, inclusive no tocante à remuneração, que eles se extenuavam (significado de *enfalfar*), ultrapassavam seus limites, *"para não perder salários miseráveis"*.

Se o próprio Graciliano Ramos, em diversos momentos de sua vida, precisou recorrer ao emprego público para garantir sua subsistência e de sua família, o que dizer do resto da população de Palmeira dos Índios, em sua maioria pobre! Na verdade, isso ainda acontece nos tempos atuais, quando a busca pelo emprego público é uma verdadeira odisseia:

> Atualmente, não há dúvida de que a grande demanda pelo emprego no setor público no Brasil é motivada por distintos fatores, entre os quais se destaca a ausência de alternativas mais vantajosas no setor privado, especialmente em relação a determinadas carreiras. Esta visão incompleta (para não dizer somente econômica) do significado do acesso à função pública, e de sua relevância para a vida social, implica intrinsecamente dois graves riscos. O primeiro é que muitos dos candidatos que se inscrevem nos concursos públicos não têm o perfil exigido para desempenhar a função pública para a qual optam, o que, certamente, além de gerar uma grande frustração, poderá comprometer o desempenho do cargo. Para tais candidatos, a única questão que importa é adquirir um emprego para toda a vida, ainda que isto não lhes seja particularmente interessante sob um ponto de vista profissional ou pessoal. O que se critica não é propriamente a posição do candidato, que, logicamente, tem o direito de buscar a concretização de seus projetos (ainda que forçado por circunstâncias econômicas). O problema é que a contribuição social de um servidor que ingressou (e se mantém) na Administração sem a adequada propensão, motivação e capacitação será provavelmente muito mais baixa que a de alguém que houvesse encontrado no serviço público sua natural vocação profissional. O outro risco de uma visão essencialmente mercantilizada do acesso à função pública é a incapacidade da Administração de selecionar os candidatos que efetivamente dispõem das aptidões necessárias para o desempenho das tarefas administrativas. Assim, convém que as políticas de seleção se caracterizem pelo planejamento, organização, utilização de técnicas cientificamente desenvolvidas, entre outros fatores.[299]

Graciliano sabia que os funcionários públicos (hoje denominados servidores públicos) são os verdadeiros responsáveis pelos avanços que a Administração consegue alcançar, tendo em vista que o elemento humano, embora não seja o único, é o mais importante dentro de qualquer organização, inclusive o Estado.

E mais: estava absolutamente convicto de que o papel do gestor público era o de bem selecionar e fiscalizar o desempenho dos servidores

---

[299] CARVALHO, Fábio Lins de Lessa. *Concursos públicos no direito brasileiro*: teoria geral, fundamentos, princípios, requisitos, procedimentos e controle. Curitiba: Juruá, 2015.

("Quase tudo foi feito por eles. Eu apenas teria tido o mérito de escolhê-los e vigiá-los, se nisto houvesse mérito").

A constatação acima somente reforça a necessidade de um maior aperfeiçoamento das políticas de pessoal na Administração Pública, especialmente no que diz respeito à seleção dos servidores públicos (maior reflexão em torno do papel do concurso público) e quanto ao controle da atuação daqueles que exercem cargos, empregos e funções públicas, algo que ainda não foi desenvolvido nas entidades públicas brasileiras.

> MULTAS Arrecadei mais de dois contos de réis de multas. Isto prova que as coisas não vão bem. E não se esmerilharam contravenções. Pequeninas irregularidades passam despercebidas. As infrações que produziram soma considerável para um orçamento exíguo referem-se a prejuízos individuais e foram denunciadas pelas pessoas ofendidas, de ordinário gente miúda, habituada a sofrer a opressão dos que vão trepando.
> Esforcei-me por não cometer injustiças. Isto não obstante, atiraram as multas contra mim como arma política. Com inabilidade infantil, de resto. Se eu deixasse em paz o proprietário que abre as cercas de um desgraçado agricultor e lhe transforma em pasto a lavoura, devia enforcar-me.
> Sei bem que antigamente os agentes municipais eram zarolhos. Quando um infeliz se cansava de mendigar o que lhe pertencia, tomava uma resolução heróica; encomendava-se a Deus e ia à capital. E os Prefeitos achavam razoável que os contraventores fossem punidos pelo Sr. Secretário do Interior, por intermédio da polícia.

Uma das maiores conquistas da gestão do prefeito Graciliano Ramos foi a instalação de um clima de ordem na cidade, e, acima de tudo, de respeito à lei. Um dos traços da personalidade do escritor alagoano, a firmeza, estendeu-se ao homem público, o que se vê neste trecho do relatório, que trata da aplicação de multas.

Como administrador que não tolerava favoritismo ("*esforcei-me por não cometer injustiças*"), Graciliano simplesmente determinou o cumprimento irrestrito da lei: "*Se eu deixasse em paz o proprietário que abre as cercas de um desgraçado agricultor e lhe transforma em pasto a lavoura, devia enforcar-me*".

Não precisava ler as demais passagens do relatório para saber que essa atitude rígida do administrador público causou muito descontentamento: *"atiraram as multas contra mim como arma política. Com inabilidade infantil, de resto"*.

Todavia, o outro lado da moeda é que a conduta austera do prefeito fez com que as pessoas que eram prejudicadas pelos excessos dos munícipes que não respeitavam a lei passassem a ter coragem de denunciar irregularidades, o que passou a favorecer *"de ordinário gente miúda, habituada a sofrer a opressão dos que vão trepando"*.

Uma das atividades mais árduas da Administração Pública é o exercício do poder de polícia,[300] tendo em vista que a fiscalização de atividades particulares e a imposição de medidas restritivas de direitos sempre causam descontentamentos. Nesse contexto, há que se destacar que o exercício do poder de polícia é:

> uma atividade negativa, distinguindo-se, sob esse aspecto, do serviço público, que seria uma atividade positiva. Neste, a Administração Pública exerce, ela mesma, uma atividade material que vai trazer um benefício, uma utilidade, aos cidadãos: por exemplo, ela executa os serviços de energia elétrica, de distribuição de água e gás, de transportes etc.; na atividade de polícia, a Administração apenas impede a prática, pelos particulares, de determinados atos contrários ao interesse público; ela impõe limites à conduta individual.[301]

Assim, é algo inerente à tarefa de gerir o interesse público atuar de forma a contrariar interesses individuais, já que aquele que recebe uma multa, que tem seu estabelecimento comercial interditado ou obra embargada não ficará satisfeito em ser o destinatário desses atos administrativos restritivos de direitos. Todavia, é preferível viver em uma sociedade na qual todos estejam sujeitos igualmente à lei, formal e materialmente (*dura lex,*

---

[300] Nos termos do Código Tributário Nacional:
  Art. 78. "Considera-se poder de polícia a atividade da Administração Pública que, limitando ou disciplinando direito, interesse ou liberdade, regula a prática de ato ou abstenção de fato, em razão de interesse público concernente à segurança, à higiene, à ordem, aos costumes, à disciplina da produção e do mercado, ao exercício de atividades econômicas dependentes de concessão ou autorização do Poder Público, à tranqüilidade pública ou ao respeito à propriedade e aos direitos individuais ou coletivos.
  Parágrafo único: Considera-se regular o exercício do poder de polícia quando desempenhado pelo órgão competente nos limites da lei aplicável, com observância do processo legal e, tratando-se de atividade que a lei tenha como discricionária, sem abuso ou desvio de poder".

[301] DI PIETRO, Maria Sylvia Zannela. *Direito Administrativo*. 22. ed. São Paulo: Atlas, 2009. p. 121.

sed lex),³⁰² que em uma comunidade onde haja dois pesos e duas medidas para a aplicação das normas jurídicas ("aos amigos tudo, aos inimigos a lei"). Nesse contexto, como dizia Fernando Sabino, "para os pobres é *dura lex, sed lex*. A lei é dura, mas é a lei. Para os ricos, é *dura lex, sed latex*. A lei é dura, mas estica".

Graciliano complementa seu relato sobre a imposição de multas destacando que as gestões que lhe antecederam simplesmente faziam vistas grossas à aplicação da lei: *"sei bem que antigamente os agentes municipais eram zarolhos"*, algo que nos dias de hoje poderia ser facilmente capitulado como crime (prevaricação)³⁰³ e ato de improbidade administrativa, na modalidade de ato que causa lesão ao erário.³⁰⁴

Relata, por fim, que quando as gestões anteriores resolviam finalmente agir, as questões administrativas eram resolvidas por meio da violência, por intermédio dos órgãos de segurança pública, em uma evidente situação de abuso de autoridade: *"quando um infeliz se cansava de mendigar o que lhe pertencia, tomava uma resolução heróica; encomendava-se a Deus e ia à capital. E os Prefeitos achavam razoável que os contraventores fossem punidos pelo Sr. Secretário do Interior, por intermédio da polícia"*.

> ## REFORMADORES
> *O esforço empregado para dar ao Município o necessário é vivamente combatido por alguns pregoeiros de métodos administrativos originais. Em conformidade com eles, deveríamos proceder sempre com a máxima condescendência, não onerar os camaradas, ser rigorosos apenas com os pobre-diabos sem proteção, diminuir a receita, reduzir a despesa aos vencimentos dos funcionários, que ninguém vive sem comer, deixar esse luxo de obras públicas à Federação, ao Estado ou, em falta destes, à Divina Providência.*

---

[302] A expressão em latim, que se traduz como "a lei é dura, mas é a lei", significa que a aplicação da lei muitas vezes gera sacrifícios, mas que isso deve ser suportado pela sociedade como preço de uma sociedade que busca.

[303] Nos termos do Código Penal, o tipo da prevaricação é: "Art. 319 - Retardar ou deixar de praticar, indevidamente, ato de ofício, ou praticá-lo contra disposição expressa de lei, para satisfazer interesse ou sentimento pessoal: Pena - detenção, de três meses a um ano, e multa".

[304] Nos termos da Lei de Improbidade Administrativa (Lei Federal nº 8.429/92): "Art. 10. Constitui ato de improbidade administrativa que causa lesão ao erário qualquer ação ou omissão, dolosa ou culposa, que enseje perda patrimonial, desvio, apropriação, malbaratamento ou dilapidação dos bens ou haveres das entidades referidas no art. 1º desta lei, notadamente: (...) X - agir negligentemente na arrecadação de tributo ou renda, bem como no que diz respeito à conservação do patrimônio público."

> *Belo programa. Não se faria nada, para não descontentar os amigos: os amigos que pagam, os que administram, os que hão de administrar. Seria ótimo. E existiria por preço baixo uma Prefeitura bode expiatório, magnífico assunto para commérage de lugar pequeno.*

Nessa peculiar seção do relatório, o sempre transparente prefeito Graciliano Ramos expõe um lado que nenhuma gestão pública costuma tornar público: as críticas que vinha recebendo de seus mais ferrenhos opositores.

Antes, todavia, faz questão de alertar, com ironia, que aqueles críticos são *"pregoeiros de métodos administrativos originais"*, o que, para o leitor dos dias de hoje, serve para lançar holofotes naqueles que periodicamente aparecem com fórmulas mágicas para resolver os problemas da Administração Pública, em geral, respaldados em soluções com roupagens modernas, às vezes importadas de outros países, e invariavelmente supressoras de controles administrativos.[305]

Mas, finalmente, quais eram as maiores críticas daqueles que se opuseram sua gestão à frente da Prefeitura de Palmeira dos Índios? Curiosamente, todas as reclamações são saudosistas das antigas gestões e suas práticas patrimonialistas: *"deveríamos proceder sempre com a máxima condescendência, não onerar os camaradas, ser rigorosos apenas com os pobre-diabos sem proteção, diminuir a receita, reduzir a despesa aos vencimentos dos funcionários, que ninguém vive sem comer, deixar esse luxo de obras públicas à Federação, ao Estado ou, em falta destes, à Divina Providência"*.

Acerca das críticas que vinha recebendo, Graciliano sabia que se deixasse de proceder como vinha fazendo passaria a contar com o apoio dos que estavam insatisfeitos. Mas desde quando Graciliano Ramos, seja o homem público ou o escritor, preocupou-se com a opinião de seus críticos? Essa é mais uma lição valiosa: a Administração Pública deve fazer o que

---

[305] Na atualidade, está cada vez mais em evidência a alegada "crise do Direito Administrativo", que tem levado a questionamentos de parcela da doutrina sobre os fundamentos tradicionais deste ramo do direito (supremacia do interesse público sobre o privado, indisponibilidade do interesse público), especialmente com a utilização do discurso da eficiência e o objetivo (mais ou menos revelado) de supressão de mecanismos de controle. Embora exista uma premente necessidade de abertura do Direito Administrativo para a consolidação de valores democráticos (motivação, participação popular, transparência, legitimidade) e de redução de entraves burocráticos que comprometem as finalidades (e a funcionalidade) da Administração Pública, deve-se estar ciente que este movimento de "fuga do Direito Administrativo", com a cada vez maior aproximação dos institutos tradicionais do Direito Privado (autonomia da vontade, igualdade entre as partes), é uma tendência que recebe os influxos de inspiração neoliberal, em que os interesses individuais estão no centro das preocupações. Dessa tensão poderá surgir um novo Direito Administrativo, que avance em alguns pontos, mas não retroceda em outros.

tem que ser feito, independentemente dos efeitos que isso vai causar no índice de popularidade dos gestores.

O Mestre Graça conclui o citado trecho do relatório com um paradoxo, ao afirmar que se fossem feitas todas as medidas propostas, *"não se faria nada"*, ressaltando, portanto, que inerente à atividade de administração pública está o *"descontentar os amigos"*, embora não seja exatamente essa a tradição do Estado brasileiro.

> *POBRE POVO SOFREDOR*
> *É uma interessante classe de contribuintes, módica em número, mas bastante forte. Pertencem a ela negociantes, proprietários, industriais, agiotas que esfolam o próximo com juros de judeu. Bem comido, bem bebido, o pobre povo sofredor quer escolas, quer luz, quer estradas, quer higiene. É exigente e resmungão. Como ninguém ignora que se não obtêm de graça as coisas exigidas, cada um dos membros desta respeitável classe acha que os impostos devem ser pagos pelos outros.*

Se na seção anterior Graciliano Ramos falou das críticas que vinha recebendo sua gestão, agora ele elenca aqueles que vinham "sofrendo" com suas medidas administrativas. A tais pessoas, com grande sarcasmo, intitula *"pobre povo sofredor"*.

Dentre os que fazem parte desta legião de insatisfeitos estão *"negociantes, proprietários, industriais, agiotas que esfolam o próximo com juros de judeu"*. Em nenhum outro trecho do relatório Graciliano Ramos deixa transparecer tão fortemente suas futuras inclinações comunistas.

O prefeito escritor sabe que essas pessoas são também as que pagam os impostos (*"É uma interessante classe de contribuintes, módica em número, mas bastante forte"*). Em um município onde a maioria esmagadora da população era pobre ou mesmo miserável, aquele pequeno grupo afortunado *"bem comido, bem bebido"* era *"exigente e resmungão"*.

Todavia, como exigiam da municipalidade escolas, luz, estradas e higiene, provavelmente sabiam que *"não obtêm de graça as coisas exigidas"*. O problema é que, nesta hora, *"cada um dos membros desta respeitável classe acha que os impostos devem ser pagos pelos outros"*.

O quadro descrito com precisão por Graciliano não difere daquele retratado nos tempos presentes. Embora não se queira aplaudir aqui a altíssima carga tributária brasileira, é inegável que os custos do Estado para atender às inúmeras demandas que a Constituição impõe são altíssimos.

E, evidentemente, esse custo tem que ser repartido por todos, em especial por aqueles que têm uma maior capacidade contributiva. Não é exatamente isso que ocorre no Brasil, onde a classe média acaba arcando com o maior peso da carga tributária imposta à sociedade.

Graciliano Ramos ressalta que em uma sociedade justa, a existência de direitos pressupõe a de deveres. No caso, para que as atividades administrativas possam ser prestadas com eficiência, exigem-se as correspondentes receitas, que naturalmente advêm da sociedade.

Assim, em um Estado que procura garantir a justiça social (e isso vale para o menor dos municípios brasileiros), impõe-se que haja uma adequada e proporcional distribuição de bens e de responsabilidades, a fim de que a sociedade seja cada vez mais equilibrada.

> *PROJETOS*
> *Tenho vários, de execução duvidosa. Poderei concorrer para o aumento da produção e, conseqüentemente, da arrecadação. Mas umas semanas de chuva ou de estiagem arruínam as searas, desmantelam tudo – e os projetos morrem.*
> *Iniciarei, se houver recursos, trabalhos urbanos.*
> *Há pouco tempo, com a iluminação que temos, pérfida, dissimulavam-se nas ruas sérias ameaças à integridade das canelas imprudentes que por ali transitassem em noites de escuro.*
> *Já uma rapariga aqui morreu afogada no enxurro. Uma senhora e uma criança, arrastadas por um dos rios que se formavam no centro da cidade, andaram rolando de cachoeira em cachoeira e danificaram na viagem braços, pernas, costelas e outros órgãos apreciáveis.*
> *Julgo que, por enquanto, semelhantes perigos estão conjurados, mas dois meses de preguiça durante o inverno bastarão para que eles se renovem.*
> *Empedrarei, se puder, algumas ruas.*
> *Tenho também a idéia de iniciar a construção de açudes na zona sertaneja. Mas para que semear promessas que não sei se darão frutos? Relatarei com pormenores os planos a que me referia quando eles estiverem executados, se isto acontecer.*
> *Ficarei, porém, satisfeito se levar ao fim as obras que encetei. É uma pretensão moderada, realizável. Se não realizar, o prejuízo não será grande.*

> O Município, que esperou dois anos, espera mais um. Mete na Prefeitura um sujeito hábil e vinga-se dizendo de mim cobras e lagartos.
> Paz e prosperidade.
> Palmeira dos Índios, 11 de janeiro de 1930.
> GRACILIANO RAMOS

O relatório de prestação de contas relativo ao ano de 1929 chega ao fim dando a impressão de que Graciliano Ramos ainda permaneceria como prefeito até o fim de seu mandato, tendo em vista que esta última seção trata dos *"projetos"*.

Dentre os citados projetos, vê-se a preocupação do gestor público com as seguintes áreas: economia do município e finanças da Prefeitura (*"aumento da produção e, conseqüentemente, da arrecadação"*); urbanismo (*"iniciarei, se houver recursos, trabalhos urbanos"*); especialmente a iluminação pública (*"com a iluminação que temos, pérfida, dissimulavam-se nas ruas sérias ameaças à integridade das canelas imprudentes que por ali transitassem em noites de escuro"*), prevenção de tragédias, como enchentes (*"uma rapariga aqui morreu afogada no enxurro"*) e vias públicas (*"empedrarei, se puder, algumas ruas"*).

O autor de Vidas Secas também não deixou de manifestar sua preocupação com o meio rural (*"tenho também a idéia de iniciar a construção de açudes na zona sertaneja"* e *"mas umas semanas de chuva ou de estiagem arruínam as searas, desmantelam tudo – e os projetos morrem"*).

Não obstante tenha feito muitos planos, ao contrário de muitos gestores públicos da atualidade, aqueles não eram simplesmente promessas de um político que queria tirar proveito das expectativas que viesse a gerar na população. Ao contrário, Graciliano demonstra ser extremamente realista, especialmente quando faz uso de expressões como *"se houver recursos"*, *"se puder"* ou mesmo *"mas para que semear promessas que não sei se darão frutos?"*.

Como quem estava se arrependendo de divulgar tantos planos (a sua obsessão pela transparência administrativa sempre falava mais alto), praticamente conclui o relatório dizendo que *"relatarei com pormenores os planos a que me referia quando eles estiverem executados, se isto acontecer"*. O fim vem com uma declaração de extraordinária sabedoria: *"ficarei, porém, satisfeito se levar ao fim as obras que encetei. É uma pretensão moderada, realizável"*.

Concluído o relatório, convém que os presentes comentários também sejam finalizados: vê-se que o prefeito Graciliano Ramos era um homem que não só estava à frente de seu tempo, como também seria, caso vivesse nos tempos atuais, uma indiscutível referência de administrador público, não só no campo da ética, mas também da técnica.

Ademais, a leitura dos relatórios escritos há 90 anos permitiu uma volta ao passado da Administração Pública brasileira, com a possibilidade de que esse pudesse ser comparado com o presente, reflexão que certamente poderá gerar bons frutos para o futuro.[306]

Com a produção deste livro, espera-se que a sociedade brasileira tenha acesso a informações que não poderiam ficar reservadas a um seleto grupo de pesquisadores. Os relatos do desempenho de Graciliano nos diversos cargos públicos, cada experiência que vivenciou, tudo isso deve ser levado ao conhecimento dos brasileiros.

No caso específico de seus relatórios, a comunidade jurídica não mais poderia ficar alheia ao seu conteúdo, que até hoje é marcado pelo frescor. Não se trata apenas de documentos de valor histórico e literário. Para este autor, os relatórios de Graciliano Ramos são uma fonte valiosa de lições de Direito Administrativo, convicção que compartilhava apenas em sala de aula com meus alunos, e que agora finalmente torno pública.

Que a atual e as futuras gerações de cidadãos, administradores e servidores públicos possam se inspirar nas atitudes de Graciliano Ramos, agindo sempre na busca de uma administração voltada exclusivamente para a satisfação do interesse coletivo. Que se perceba que o estudo do homem público Graciliano à luz do Direito Administrativo na verdade fará com que este ramo jurídico seja iluminado pelos ensinamentos do Mestre Graça.

Enfim, quem vai finalizar este livro é o próprio Graciliano. Em seu segundo relatório, ele dizia não pretender levar ao público a ideia de que seus empreendimentos tinham vulto: *"Sei perfeitamente que são miuçalhas. Mas afinal existem. E, comparados a outros ainda menores, demonstram que aqui pelo interior podem tentar-se coisas um pouco diferentes dessas invisíveis sem grande esforço de imaginação ou microscópio".*

Que essas miuçalhas cresçam e apareçam cada vez mais!

---

[306] Sobre os relatórios, convém destacar que: "Num mundo tão moderno com a tecnologia da informação gerando sistemas que amarrem mais os processos das empresas e dos órgãos públicos para se evitar fraudes, desvios entre outras coisas que se veem diariamente, teve-se a oportunidade de voltar ao passado e descobrir, que, a qualidade da evidenciação dos resultados não está em uma Lei ou em um sistema de controles avançados. Graciliano Ramos não precisava que existisse uma Lei para executar uma boa prestação de contas, provando que a necessidade de uma boa execução das demonstrações está nas formas mais simples de se comunicar com o usuário da informação, de outro modo, se continuará buscando respostas em coisas impressionantes e se esquecerá apenas de demonstrar o que realmente pode ser útil para o usuário" (CRUZ, Vera Lúcia *et al*. Uma análise das práticas de evidenciação contábil sob a ótica de Graciliano Ramos nos anos de 1928 e 1929. *Revista de Contabilidade e Controladoria*, Universidade Federal do Paraná, Curitiba, v. 2, n. 6, p.81-95, maio-ago. 2010).

REFERÊNCIAS

ACHADOS inéditos. *Gazeta de Alagoas* – Caderno B, 28 out. 2012.

ALTAVILA, Jaime de. *História da civilização de Alagoas*. Maceió: Edufal, 1978.

ARAÚJO, Rodrigo Henriques de. Autonomia municipal, orçamento público e ativismo judicial. In: CUNHA, Bruno Santos; NERY, Cristiane da Costa; CAMPELLO, Geórgia Teixeira Jezler; CUNHA, Bruno Santos (Coord.). *Direito municipal em debate*. Belo Horizonte: Fórum, 2017. p. 172. v. 3.

ATALIBA, Geraldo. *República e Constituição*. 2. ed. São Paulo: Malheiros, 1998.

BACELLAR FILHO, Romeu Felipe. Profissionalização da função pública: a experiência brasileira. A ética na Administração Pública. In: FORTINI, Cristiana (Org.). *Servidor público*: estudos em homenagem ao professor Pedro Paulo de Almeida Dutra. Belo Horizonte: Fórum, 2009.

BANDEIRA DE MELLO, Celso Antônio. *Curso de Direito Administrativo*. 13. ed. São Paulo: Malheiros, 1999.

BARCELLOS, Ana Paula. O mínimo existencial e algumas fundamentações: John Rawls, Michael Walzer e Robert Alexy. In: TORRES, Ricardo Lobo (org.). *Legitimação dos Direitos Humanos*. Rio de Janeiro: Renovar, 2002.

BOMENY, Helena (Org.). *Constelação Capanema*. Rio de Janeiro: FGV, 2001.

BRASIL. Manual de Redação da Presidência da República, 2ª ed. revista e atualizada, Brasília, 2002.

BUENO, Eduardo. *A coroa, a cruz e a espada*: lei, ordem e corrupção no Brasil Colônia. Rio de Janeiro: Objetiva, 2006. Coleção Terra Brasilis 4.

CARVALHO, Cícero Péricles. *Formação histórica de Alagoas*. 3. ed. Maceió: Edufal, 2015.

CARVALHO, Fábio Lins de Lessa. A eficiência da Administração Pública e a efetivação dos direitos fundamentais. In: CARVALHO, Fábio Lins de Lessa (Coord.). *Direito Administrativo inovador*. Curitiba: Juruá, 2015.

CARVALHO, Fábio Lins de Lessa. *Concursos públicos no direito brasileiro*: teoria geral, fundamentos, princípios, requisitos, procedimentos e controle. Curitiba: Juruá, 2015.

CARVALHO, Fábio Lins de Lessa (Coord.). *Direito Administrativo inovador*. Curitiba: Juruá, 2015.

CARVALHO, Fábio Lins de Lessa. *O princípio da impessoalidade nas licitações*. Maceió: Edufal, 2005.

CARVALHO, Fábio Lins de Lessa. *Principiologia do concurso público*: elementos para a formação de uma teoria geral. Maceió: Edufal, 2015.

CARVALHO FILHO, José dos Santos. *Comentários ao Estatuto da Cidade*. 5. ed. São Paulo: Atlas, 2013.

COELHO, Fernando. Política de Graça: um bom exemplo de político. *Gazeta de Alagoas*, 12 set. 2010.

COELHO, Fernando. *1912-2012. Centenário da Imprensa Oficial*. Maceió: Imprensa Oficial Graciliano Ramos, 2012.

COSTA, Craveiro. *História das Alagoas*. Maceió: Sergasa, 1983.

CRUZ, Vera Lúcia et al. Uma análise das práticas de evidenciação contábil sob a ótica de Graciliano Ramos nos anos de 1928 e 1929, *Revista de Contabilidade e Controladoria, Universidade Federal do Paraná*, Curitiba, v. 2, n. 6, p. 81-95, maio-ago. 2010.

DAMATTA, Roberto. *Carnavais, malandros e heróis*: para uma sociologia do dilema brasileiro. 6. ed. Rio de Janeiro: Rocco, 1997.

DI PIETRO, Maria Sylvia Zanella. *Direito administrativo*. 14. ed. São Paulo: Atlas, 2002.

DOLHNIKOFF, Miriam. O projeto nacional de José Bonifácio. *Revista Novos Estudos*, p. 121-141, nov. 1996.

FAORO, Raymundo. *Os donos do poder*: formação do patronato político brasileiro. 11. ed. São Paulo: Editora Globo, 1997. v. 1.

FACIOLI, Valentim. Um homem bruto da terra. In: GARBUGLIO, José Carlos; BOSI, Alfredo; FACIOLI, Valentim. *Graciliano Ramos*. São Paulo: Ática, 1987.

FERREIRA, Cosme Rogério. *Habitus, campo e mercado editorial: a construção do prestígio da obra de Graciliano Ramos*. Maceió: Edufal, 2015.

FREITAS, Juarez. *Direito fundamental à boa administração pública*. 3. ed. São Paulo: Malheiros, 2014.

GOUVÊA, Gilda Portugal. *Burocracia e elites burocráticas no Brasil*. São Paulo: Paulicéia, 1994.

GRACILIANO Ramos eleito o alagoano do século. *Gazeta de Alagoas*, 01 jan.2000.

GRACILIANO Ramos, o político: ordem na literatura e na administração. *O Globo – Prosa*, 01 jul. 2013.

GROTTI, Dinorá Adelaide Musetti. A experiência brasileira nas concessões de serviço público, *In*: SUNDFELD, Carlos Ari (Coord.). *Parcerias público-privadas*. São Paulo: Malheiros, 2007.

HOLANDA, Sérgio Buarque de. *Raízes do Brasil*. 26. ed. São Paulo: Companhia das Letras, 1995.

JACONI, Sônia. *Graciliano Ramos*: o prefeito escritor. São Paulo: LCTE, 2013.

JUSTEN FILHO, Marçal. *Curso de direito administrativo*. 9. ed. rev. atual e ampl. São Paulo: Revista dos Tribunais, 2013.

LEBENSTAYN, Ieda; SALLA, Thiago Mio. *Conversas Graciliano Ramos*. Rio de Janeiro: Record, 2014.

LEBENSZTAYN, Ieda. Graciliano Ramos e a novidade. *O astrônomo do inferno e os meninos impossíveis*. São Paulo: ECidade, 2010.

LIMA JÚNIOR, Félix. *Maceió de outrora*. Maceió: Edufal, 2001. v. 2.

LIMA, Mario Hélio Gomes de. *Relatório*. Rio de Janeiro: Record, 1994.

LIMA, Mário. Jornalismo na vida e na obra de Graciliano. *Revista Graciliano*, n. 1, p. 38-39, ago. 2008.

LIMA, Mário. Jornalismo na vida e na obra de Graciliano. *Revista Graciliano*, n. 1, ago. 2008.

LIMA, Valdemar de Souza. *Graciliano Ramos em Palmeira dos Índios*. Maceió: Imprensa Oficial Graciliano Ramos, 2013.

MATIAS-PEREIRA, José. *Finanças públicas*: foco na política fiscal, no planejamento e orçamento público. 6. ed. São Paulo: Atlas, 2012.

MEDEIROS, Morton Luiz Faria de. Administrando vidas secas: ensaio sobre os relatos de Graciliano Ramos em sua experiência como Prefeito de Palmeira dos Índios/AL. *Revista de Filosofia do Direito, do Estado e da Sociedade*, v. 6, n. 2, 2015.

MEIRELLES, Hely Lopes. *Direito administrativo brasileiro*. 23. ed. São Paulo: Malheiros, 1998.

MEIRELLES, Hely Lopes; DALLARI, Adilson Abreu (Coord.). *Direito Municipal Brasileiro*. 17. ed., São Paulo: Malheiros, 2014.

MELO, Maurício. A política do mestre Graciliano Ramos. *Jornal Gazeta de Alagoas – Agenda Cultural*, 12 set. 2010.

MELLO, Marcos Bernardes de. A genialidade de Pontes de Miranda. *Revista Getúlio: Revista do GVlaw*, São Paulo, 2008.

MIRAGEM, Bruno. *A nova administração pública e o direito administrativo*. 2. ed. São Paulo: Revista dos Tribunais, 2013.

MORAES, Dênis de. *O velho Graça*: uma biografia de Graciliano Ramos. São Paulo: Boitempo, 2012.

MOREIRA NETO, Diogo de Figueiredo. A Lei de Responsabilidade Fiscal e seus Princípios Jurídicos. *Revista de Direito Administrativo*, n. 221, jul.- set. 2000.

MOREIRA, Egon Bockman. *Processo administrativo*: princípios constitucionais e a Lei 9.784/1999. São Paulo: Malheiros, 2007.

PASCOAL, Valdecir. Graciliano Ramos, a LRF e nossas vidas secas. *Revista do Tribunal de Contas de Pernambuco*, Recife, v. 12, n. 12, 2001.

PEREZ, Marcos Augusto. *A Administração Pública democrática*. Belo Horizonte: Fórum, 2004.

PINTO, José Marcelino de Rezende et al. Mapa do analfabetismo no Brasil. Brasília: Instituto Nacional de Estudos e Pesquisas Educacionais Anísio Teixeira – INEP, 2003.

RAMOS, Graciliano. Alguns números relativos à instrução primária em Alagoas. *In*: VERÇOSA, Élcio de Gusmão (Org.). *Caminhos da educação em Alagoas: da Colônia aos tempos atuais*. Maceió: Catavento, 2001.

RAMOS, Graciliano. *Angústia*. 67. ed. Rio de Janeiro: Record, 2012.

RAMOS, Graciliano. *Cartas*. Rio de Janeiro: Record, 2011.

RAMOS, Graciliano. *Garranchos*: textos inéditos de Graciliano Ramos. Organização Thiago Mia Salla. Rio de Janeiro: Record, 2013.

RAMOS, Graciliano. *Infância*. Rio de Janeiro. Record, 1995.

RAMOS, Graciliano. *Linhas tortas*. 22. ed. Rio de Janeiro: Record, 2015.

RAMOS, Graciliano. *Memórias do cárcere*. Rio de Janeiro: Record, 2008.

RAMOS, Graciliano. Quadros e costumes do Nordeste. *Cultura Política*, Rio de Janeiro, ano 1, n. 2, abr. 1941.

RAMOS, Graciliano. *Relatórios de Graciliano Ramos*. Maceió: Diário Oficial. Imprensa Oficial Graciliano Ramos, 2013.

RAMOS, Graciliano. *Vidas secas*. 130. ed. Rio de Janeiro: Record, 2016.

RAMOS, Graciliano Ramos. *Viventes das Alagoas*. Rio de Janeiro: Record, 1962.

RAMOS, Ricardo. *Graciliano retrato fragmentado*. 2. ed. São Paulo: Globo, 2011.

REALE, Miguel. *Lições preliminares de Direito*. 17. ed. São Paulo: Saraiva, 1990.

RIBEIRO, Orlando. A cidade portuguesa e a cidade espanhola na América. *In*: RIBEIRO, Orlando. Opúsculos Geográficos. Lisboa: Fundação Calouste Gulbenkian, 1994. v. 5 – Temas Urbanos.

RIDENTI, Marcelo. Graciliano Ramos e suas memórias do cárcere: cicatrizes. *Revista Sociologia & Antropologia*, Rio de janeiro, v. 4. p. 475-493, out. 2014.

ROCHA, Cármen Lúcia Antunes. *Princípios constitucionais dos servidores públicos*. São Paulo: Saraiva, 1999.

ROMARIZ, Vera. A resistência suave do algodão em rama: autoria e crítica nos "relatórios" de Graciliano Ramos. *Revista Graciliano*, n. 1, p. 16-17, ago. 2008.

SANT'ANA, Moacir Medeiros de. *Graciliano*: vida e obra. Maceió: Secom, 1992.

SILVA, José Afonso da. *Direito urbanístico brasileiro*. 6. ed. rev. atual. São Paulo: Malheiros, 2010.

SILVA JÚNIOR, Raul José da. A publicidade como instrumento da democracia. *In*: CARVALHO, Fábio Lins de Lessa (Coord.). *Direito Administrativo Inovador*. Curitiba: Juruá, 2015.

SILVEIRA, Paulo de Castro. *Graciliano Ramos*: nascimento, vida, glória e morte. Maceió: Fundação Teatro Deodoro FUNTED, 1982.

SURUAGY, Divaldo; WANDERLEY FILHO, Ruben. *Raízes de Alagoas*. 2. Ed. Maceió: [S. n.], 2014.

TÁCITO, Caio. Reformas do estatuto de concessões de serviços Públicos. *In*: TÁCITO, Caio. *Temas de Direito Público*. Rio de Janeiro: Renovar, 1997. v. 1.

TENÓRIO, Douglas Apratto. *A tragédia do populismo*: o impeachment de Muniz Falcão. 2. ed. Maceió: Edufal, 2007.

WALTENBERG, David. O direito da energia elétrica e a ANEEL. *In*: SUNDFELD, Carlos Ari (Coord.). *Direito administrativo econômico*. São Paulo: Malheiros, 2000.

REFERÊNCIAS ELETRÔNICAS: TEXTOS, ENTREVISTAS E REPORTAGENS

5 CURIOSIDADES do prefeito Graciliano Ramos que vão fazer você pensar neste ano de eleições. Disponível em: http://agendaa.com.br/vida/gente/5235/2016/03/30/5-curiosidades-do-prefeito-graciliano-ramos-que-vo-fazer-voce-pensar-neste-ano-de-eleices. Acesso em: 27 jan. 2017.

A IMPORTÂNCIA da eficiência e da eficácia na gestão pública. Disponível em: https://www.portaleducacao.com.br/educacao/artigos/55602/a-importancia-da-eficiencia-e-eficacia-na-gestao-publica. Acesso em: 23 jan. 2017.

A JUSTIÇA mais cara do mundo. *O Globo*, 12 jul. 2016. Disponível em: http://oglobo.globo.com/opiniao/a-justica-mais-cara-do-mundo-19689169#ixzz4UzIx1Zfx. Acesso em: 06 jan. 2017.

A MÁ qualidade das obras públicas. *O Globo – editorial*, 28 mar. 2013. Disponível em: http://oglobo.globo.com/opiniao/a-ma-qualidade-das-obras-publicas-7963825#ixzz4VGVuedEC. Acesso em: 09 jan. 2017.

ANDRADE, Marina Fontoura de. A nova posição do TCU e da AGU sobre as contratações emergenciais sem licitação. *Revista Jus Navigandi*, Teresina, ano 19, n. 4141, 2 nov. 2014. Disponível em: https://jus.com.br/artigos/29831. Acesso em: 19 jan. 2017.

ARAÚJO, Fernanda Dourado Aragão Sá. A apreensão de mercadorias e os direitos fundamentais do contribuinte. Rio Grande, XVI, n. 119, dez 2013. Disponível em: http://ambito-juridico.com.br/site/?n_link=revista_artigos_leitura&artigo_id=13921. Acesso em: 13 jan. 2017.

BARROS, Francisco Reynaldo Amorim de. *ABC das Alagoas*. Disponível em: http://www.abcdasalagoas.com.br/verbetes/index/P/page:4. Acesso em: 28 jan. 2017.

BERGAMIM JR, Artur Rodrigues Giba.Valores de bens de candidatos à prefeitura superam o declarado à Justiça Eleitoral. *Folha de São Paulo*, 21 ago. 2016. Disponível em: http://www1.folha.uol.com.br/poder/eleicoes-2016/2016/08/1805284-valores-de-bens-de-candidatos-a-prefeitura-superam-o-declarado-a-justica-eleitoral.shtml. Acesso em: 18 jan. 2017.

BRASIL é o 4º país mais corrupto do mundo, segundo Fórum Econômico Mundial. Disponível em: http://brasil.elpais.com/brasil/2016/10/03/internacional/1475517627_935822.html. Acesso em: 26 dez. 2016.

BRASIL, sozinho, tem mais faculdades de Direito que todos os países, publicada no site da OAB Federal em 14 de outubro de 2010. Disponível em: http://www.oab.org.br/noticia/20734/brasil-sozinho-tem-mais-faculdades-de-direito-que-todos-os-paises. Acesso em: 12 jan. 2017.

BRASIL. Ministério da Saúde. Programa Nacional de Combate da Dengue. *Amparo Legal à execução das ações de campo*: imóveis fechados, abandonados ou com acesso não permitido pelo morador. 2. ed. Brasília: Ministério da Saúde, 2006. p. 14. Disponível em: http://mosquito.saude.es.gov.br/Media/dengue/Arquivos/Amparo_Legal.pdf. Acesso em: 08 jan. 2017.

CAMBAÚVA, Daniella. *Eficiência contra o desperdício na administração pública*. Disponível em: http://www.ipea.gov.br/desafios/index.php?option=com_content&id=2914:catid=28&Itemid=23. Acesso em: 07 jan. 2017.

CARREIRO, Marcos Nunes. *Graciliano Ramos, não, mas prefeitos atuais sofrem com a falta de planejamento urbano*. Disponível em: http://www.jornalpcao.com.br/reportagens/graciliano-ramos-nao-mas-prefeitos-atuais-sofrem-com-falta-de-planejamento-urbano-4405/. Acesso em: 16 jan. 2017.

CRONOLOGIA Histórica da Saúde Pública. Uma Visão Histórica da Saúde Brasileira. Disponível em: http://www.funasa.gov.br/site/museu-da-funasa/cronologia-historica-da-saude-publica/. Acesso em: 25 jan. 2017.

DIAS, Francisco Gonçalves. Da obrigatoriedade da apresentação e atualização da declaração de bens por agentes públicos e os princípios da transparência e publicidade na administração pública. Disponível em: http://www.sintese.com/doutrina_integra.asp?id=1242. Acesso em: 18 jan. 2017.

É VERDADE que o Brasil é o único país onde o vereador ganha salário? Disponível em: http://super.abril.com.br/comportamento/e-verdade-que-o-brasil-e-o-unico-pais-onde-vereador-ganha-salario/. Acesso em: 04 jan. 2017

ENCICLOPÉDIA NORDESTE. *Verbete Graciliano Ramos*. Disponível em: http://www.onordeste.com/onordeste/enciclopediaNordeste/index.php?titulo=Graciliano+Ramos&ltr=g&id_perso=224. Acesso em: 13 jul. 2016.

EVOLUÇÃO da saúde no Brasil até os dias atuais. Disponível em: http://www.consisavrt.com.br/noticias/evolucao-da-saude-no-brasil-ate-os-dias-atuais. Acesso em: 25 jan. 2017.

FARAH, Elias. *A propaganda enganosa ou abusiva pelo poder público*. Disponível em: http://www.academus.pro.br/professor/eliasfarah/arquivos/artigos_propaganda.pdf. Acesso em: 07 jan. 2017).

FARIA, Luciana Jacques. Nova Administração Pública: o processo de inovação na Administração Pública Federal brasileira visto pela experiência do "Concurso Inovação na Gestão Pública Federal", XXXIII *Encontro da ANPAD, São Paulo*, 2009. Disponível em: http://www.anpad.org.br/admin/pdf/APS378.pdf. Acesso em: 30 jan. 2017.

FARIA, Patrícia Aparecida Gonçalves de. *Crônicas de Graciliano Ramos em Cultura Política (1941-1944)*: estudo crítico. Dissertação (Mestrado em Letras) – Faculdade de Ciências e Letras, Universidade Estadual Paulista, Assis, 2014. Disponível em: http://repositorio.unesp.br/bitstream/handle/11449/113813/000804599.pdf?sequence=1. Acesso em: 04 fev. 2014.

FEITOSA, Floriza de Abreu. Os *decretos governamentais alagoanos e a regulamentação da instrução pública*. Disponível em: http://www.editorarealize.com.br/revistas/conedu/trabalhos/Modalidade_1datahora_29_07_2014_16_03_57_idinscrito_3888_b1a4831cddabb0e0e2ee2cf-36d60f34d.pdf. Acesso em: 27 jan. 2017.

FELISBINO, Riberti de Almeida. *Os municípios brasileiros nas constituições federais, 1824 a 1988*. Disponível em: http://www.egov.ufsc.br/portal/conteudo/os-munic%C3%ADpios-brasileiros-nas-constitui%C3%A7%C3%B5es-federais-1824-1988. Acesso em: 01 jan. 2017.

FERNANDES, Maria Cristina. À procura de Graciliano Ramos. *Valor Econômico*, 15 mar. 2013. Disponível em: http://www.valor.com.br/cultura/3045934/procura-de-graciliano#ixzz2NcE-JKF5r. Acesso em: 11 jan. 2017.

GONÇALVES, Petrônio. *História das Licitações no Brasil*. Disponível em: https://licitacaoviapetroniogoncalves.blogspot.com.br/2010/07/historia-das-licitacoes-no-brasil.html. Acesso em: 20 jan. 2017.

GUEDES-PINTO, Ana Lúcia; FONTANA, Roseli Aparecida Cação. As mulheres professoras, as meninas leitoras e o menino leitor: a iniciação no universo da escrita no patriarcalismo rural brasileiro: uma leitura a partir de Infância de Graciliano Ramos. *Cad. CEDES*, v. 24, n. 63, maio/ ago. 2004. Disponível em: http://www.scielo.br/scielo.php?script=sci_arttext&pid=S0101-32622004000200004. Acesso em: 27 jan. 2017.

IMPRENSA Oficial Graciliano Ramos tem memória destruída. Disponível em: http://www.portalnh1.com.br/imprensa-oficial-graciliano-ramos-tem-memoria-destruida/. Acesso em: 27 jan. 2017.

LOPES, Marcos. *O prefeito Graciliano Ramos e seus relatórios de gestão.* Disponível em: http://diplomatizzando.blogspot.com.br/2016/09/atencao-candidatos-prefeito-relatorios.html. Acesso em: 27 jan. 2017.

MASSAÚ, Guilherme Camargo. *A Escola dos Glosadores* (o início da ciência do Direito). Disponível em: http://www.sociologiajuridica.net.br/lista-de-publicacoes-de-artigos-e-textos/66-historia-e-teoria-do-direito-/102-a-escola-dos-glosadores-o-inicio-da-ciencia-do-direito. Acesso em: 30 dez. 2016).

MENDES, Eduardo Tavares. Graciliano Ramos e a administração pública. *Gazeta de Alagoas,* Disponível em: http://gazetaweb.globo.com/portal/noticia-old.php?c=231992&e=19. Acesso em: 13 jul. 2016.

MENEZES, Dyelle. *Apenas metade do orçamento da Cultura foi utilizado nos últimos 15 anos.* Disponível em: http://www.contasabertas.com.br/website/arquivos/12909. Acesso em: 06 jan. 2017.

MODESTO, Paulo. *Notas para um debate sobre o princípio da eficiência.* Disponível em: http://jus2.uol.com.br/doutrina/texto.asp?id=343. Acesso em: 21 jan. 2017.

MODESTO, Paulo. *Participação popular na administração pública*: mecanismos de operacionalização. Disponível em: https://jus.com.br/artigos/2586/participacao-popular-na-administracao-publica. Acesso em: 05 fev. 2017.

MORAES, Dênis de. *Graciliano Ramos, um gestor para os pobres.* Disponível em: http://blogs.oglobo.globo.com/prosa/post/graciliano-ramos-um-gestor-para-os-pobres-502436.html. Acesso em: 28 jan. 2017.

MORAES, Dênis de. *Graciliano, prefeito revolucionário.* Disponível em: https://blogdaboitempo.com.br/2012/10/31/graciliano-prefeito-revolucionario/. Acesso em: 16 jan. 2017.

MORENA, Ana Carolina. *Brasil cai em ranking mundial de educação em ciências, leitura e matemática.* Disponível em: http://g1.globo.com/educacao/noticia/brasil-cai-em-ranking-mundial-de-educacao-em-ciencias-leitura-e-matematica.ghtml. Acesso em: 23 jan. 2017.

NOVOS prefeitos do RJ herdam dívidas milionárias e devem decretar estado de calamidade financeira. Disponível em: http://noticias.r7.com/rio-de-janeiro/rj-no-ar/videos/novos-prefeitos-do-rj-herdam-dividas-milionarias-e-devem-decretar-estado-de-calamidade-financeira-03012017. Acesso em: 29 jan. 2017.

O EXEMPLO de Graciliano Ramos na Administração Pública, com Marcos Lopes. *Revista Gestor,* Disponível em: https://thetomweb.wordpress.com/2013/08/17/o-exemplo-de-graciliano-ramos-na-administracao-publica/. Acesso em: 24 dez. 2016.

O PREFEITO mestre Graciliano Ramos. *O povo.* Disponível em: http://www.opovo.com.br/app/opovo/opiniao/2015/12/01/noticiasjornalopiniao,3542260/o-prefeito-mestre-graciliano-ramos.shtml. Acesso em: 13 jul. 2016.

OLIVEIRA, Luciano. Graciliano Ramos, sem caixa dois. *Diário Oficial de Pernambuco – Suplemento Cultural,* set. 2005. Disponível em: http://www.acessa.com/gramsci/?page=visualizar&id=425. Acesso em: 24 dez. 2016.

OLIVEIRA, Luiz Carlos Diógenes de. *Prêmio Graciliano Ramos de esforço fiscal?* Disponível em: http://www.opovo.com.br/app/opovo/opiniao/2015/12/29/noticiasjornalopiniao,3554879/premio-graciliano-ramos-de-esforco-fiscal.shtml. Acesso em: 11 jan. 2017.

OMS: *Para cada dólar investido em água e saneamento, economiza-se 4,3 dólares em saúde global*, publicado. Disponível em: https://nacoesunidas.org/oms-para-cada-dolar-investido-em-agua-e-saneamento-economiza-se-43-dolares-em-saude-global/. Acesso em: 05 jan. 2017.

PAIVA, Kleverson Antônio Fagundes de. Um estudo sobre a estimativa da receita orçamentária à luz da Lei de Responsabilidade Fiscal. *Revista Eletrônica Jurídico-institucional do Ministério Público do Estado do Rio Grande do Norte*, Natal, v. 1 n. 6 jan./ jun. 2013. Disponível em: http://www.mprn.mp.br/revistaeletronicamprn/abrir_artigo.asp?cod=1040. Acesso em: 13 jan. 2017.

PARANINFO perpétuo. Disponível em: http://apalca.com.br/paraninfo/. Acesso em: 27 jan. 2017.

PEREIRA, Bruno Sales. *Artigo 42 da Lei de Responsabilidade Fiscal: os restos a pagar e a gestão financeira pública*. Disponível em: http://www.conteudojuridico.com.br/artigo,artigo-42-da-lei-de-responsabilidade-fiscal-os-restos-a-pagar-e-a-gestao-financeira-publica,54200.html. Acesso em: 29 jan. 2017.

PONTE, Carlos Fidelis; LIMA, Nísia Trindade; KROPF, Simone Petraglia. *O sanitarismo (re) descobre o Brasil*. Disponível em: http://www.epsjv.fiocruz.br/upload/d/cap_3.pdf. Acesso em: 11 jan. 2017.

QUALIDADE dos novos professores no Brasil é cada vez pior, revela estudo. Disponível em: http://www.gazetadopovo.com.br/educacao/qualidade-dos-novos-professores-no-brasil-e-cada-vez-pior-revela-estudo-evksfhq93siys9entwu7uuel4. Acesso em: 23 jan. 2017.

RAMOS, Graciliano. Auto-retrato aos 56 anos. Disponível em: http://graciliano.com.br/site/autorretrato/. Acesso em: 27 jan. 2017.

RESENDE, Pedro. Inovação e gestão pública. Disponível em: http://www.fnq.org.br/informe-se/artigos-e-entrevistas/artigos/inovacao-e-gestao-publica. Acesso em: 30 jan. 2017.

RIBEIRO, Geraldo Luiz Vieira. *A evolução da licitação*. Disponível em: http://www.egov.ufsc.br/portal/sites/default/files/anexos/21103-21104-1-PB.pdf. Acesso em: 05 jan. 2017.

RIOS, Odilon. Alagoas é uma terra de vencidos e humilhados (entrevista: professor Élcio Verçosa). Disponível em: http://novoextra.com.br/outras-edicoes/2015/815/16749/lcio-vercosa-alagoas-e-uma-terra-de-vencidos-e-humilhados. Acesso em: 03 fev. 2017.

RODRIGUES, Marco Antônio. *Contos da vida burocrática*: o funcionário público na narrativa curta de ficção brasileira. Brasília: Universidade de Brasília, 2015. p. 17. Disponível em: http://repositorio.unb.br/bitstream/10482/22054/1/2015_MarcoAntonioRodrigues.pdf. Acesso em: 25 jan. 2017.

SABOYA, Renato. *Urbanismo e planejamento urbano no Brasil – 1875 a 1992*. Disponível em: http://urbanidades.arq.br/2008/11/urbanismo-e-planejamento-urbano-no-brasil-1875-a-1992/. Acesso em: 02 fev. 2017.

SALGADO, Diego. *Custo dos estádios da Copa 2014 dispara e chega a R$ 8 bilhões*. Disponível em: http://www.portal2014.org.br/noticias/12106/CUSTO+DOS+ESTADIOS+DA+COPA+20 14+DISPARA+E+CHEGA+A+R+8+BILHOES.html. Acesso em: 03 fev. 2017.

SALGADO, Gisele Mascarelli. *O direito como tradição inventada e a heteronomia*: a recepção do Direito Romano na Idade Média. Disponível em: http://www.ambitojuridico.com.br/site/?n_link=revista_artigos_leitura&artigo_id=11617. Acesso em: 30 dez. 2016.

SANTOS, Aline da Silva. *Graciliano Ramos*: literato e gestor – contribuições à educação alagoana (1920-1940). Trabalho de Conclusão (Curso de Pedagogia) – Universidade Federal de Alagoas, Maceió, 2013. Disponível em: http://www.cedu.ufal.br/grupopesquisa/gephecl/gracilianoramos.pdf. Acesso em: 03 fev. 2017.

SCAFF, Fernando Facury. *Não é obrigado a gastar: vinculações orçamentárias e gastos obrigatórios*. Disponível em: http://www.conjur.com.br/2016-mai-17/contas-vista-vinculacoes-orcamentarias-gastos-obrigatorios. Acesso em: 21 jan. 2017.

SCHMIDT, Vinícius Pomar. Literatura para um ensino jurídico crítico. *Revista Jus Navigandi*, Teresina, ano 21, n. 4875, 5 nov. 2016. Disponível em: https://jus.com.br/artigos/53462. Acesso em: 06 jan. 2017.

SCHNEIDER, Sidnei. *Uma palavrinha sobre Getúlio e Graciliano*. Disponível em: http://www.horadopovo.com.br/2006/marco/10-03-06/pag8a.htm. Acesso em: 04 fev. 2017.

SILVA, Leonardo Dantas. *Graciliano Ramos:* uma quase cronologia. Disponível em: http://www.oocities.org/gracilianoramos/cronologia.htm. Acesso em: 27 jan. 2017.

SIMINI, Fábio Villani. *A trajetória de Graciliano Ramos e a multiplicidade de sentidos de "Memórias do Cárcere"*. Dissertação (Mestrado em Memória Social) – Universidade Federal do Estado do Rio de Janeiro (UNIRIO). Disponível em: http://www.memoriasocial.pro.br/documentos/Disserta%C3%A7%C3%B5es/Diss299.pd. Acesso em: 27 jan. 2017.

SINDUSCON. *Obras públicas:* superfaturamento ou má administração? Disponível em: http://creadf.org.br/index.php/2011-08-19-13-59-20/central-de-noticias/clipping-de-noticias/item/2841-obras-publicas-superfaturamento-ou-ma-administracao. Acesso em: 03 fev. 2017.

SÓ BRASIL paga salário a vereador. Disponível em: http://www.idecrim.com.br/index.php/artigos/152-so-brasil-paga-salario-a-vereador. Acesso em: 04 jan. 2017.

SOUZA, Márcio Luiz Dutra de. *O princípio da boa-fé na Administração Pública e sua repercussão na invalidação administrativa*. Disponível em: http://www.agu.gov.br/page/download/index/id/10399422. Acesso em: 06 jan. 2017.

SUT, Helena. *Graciliano Ramos:* nosso velho Graça. Disponível em: http://www.recantodasletras.com.br/resenhas/2391. Acesso em: 13 jul. 2016.

TICIANELI, Edberto. *História da Imprensa Oficial em Alagoas*. Disponível em: http://www.historiadealagoas.com.br/historia-da-imprensa-oficial-em-alagoas.html. Acesso em: 27 jan. 2017.

VAINSENCHER, Semira Adler. Graciliano Ramos. Disponível em: http://basilio.fundaj.gov.br/pesquisaescolar/index.php?option=com_content&view=article&id=278. Acesso em: 13 jul 2016.

ANEXOS

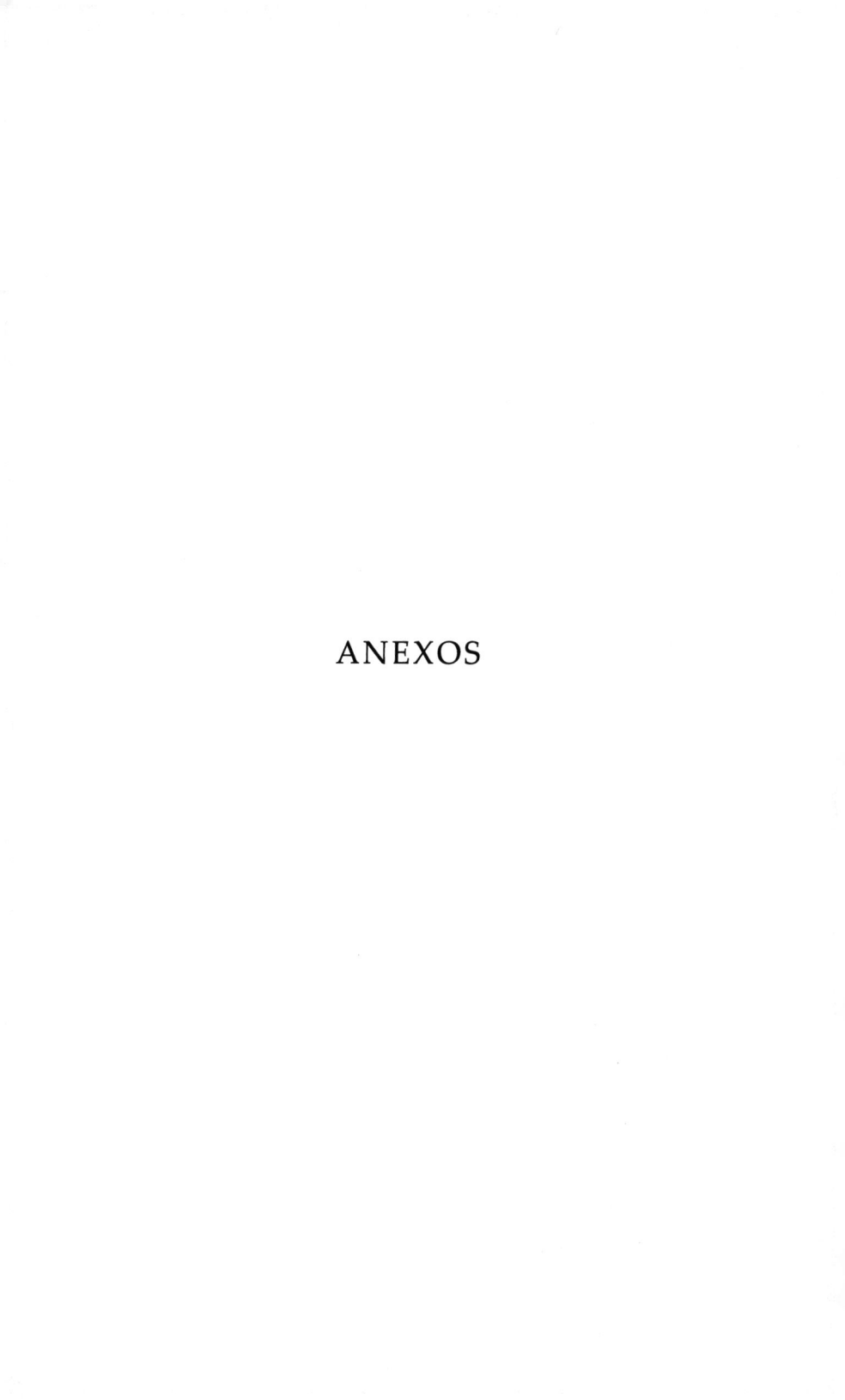

RELATÓRIO RELATIVO AO ANO DE 1928

RELATÓRIO ao Governo do Estado de Alagoas
Exmo Sr. Governador:
Trago a V. Ex.a um resumo dos trabalhos realizados pela Prefeitura de Palmeira dos Índios em 1928.
Não foram muitos, que os nossos recursos são exíguos. Assim minguados, entretanto, quase insensíveis ao observador afastado, que desconheça as condições em que o Município se achava, muito me custaram.

COMEÇOS

O PRINCIPAL, o que sem demora iniciei, o de que dependiam todos os outros, segundo creio, foi estabelecer alguma ordem na administração.
Havia em Palmeira inúmeros prefeitos: os cobradores de impostos, o Comandante de Destacamento, os soldados, outros que desejassem administrar. Cada pedaço do Município tinha a sua administração particular, com Prefeitos Coronéis e Prefeitos inspetores de quarteirões. Os fiscais, esses, resolviam questões de polícia e advogavam.
Para que tal anomalia desaparecesse lutei com tenacidade e encontrei obstáculos dentro da Prefeitura e fora dela – dentro, uma resistência mole, suave, de algodão em rama; fora, uma campanha sorna, oblíqua, carregada de bílis. Pensava uns que tudo ia bem nas mãos de Nosso Senhor, que administra melhor do que todos nós; outros me davam três meses para levar um tiro.
Dos funcionários que encontrei em janeiro do ano passado restam poucos: saíram os que faziam política e os que não faziam coisa nenhuma. Os atuais não se metem onde não são necessários, cumprem as suas obrigações e, sobretudo, não se enganam em contas. Devo muito a eles.
Não sei se a administração do Município é boa ou ruim. Talvez pudesse ser pior.

RECEITA E DESPESA

A receita, orçada em 50:000$000, subiu, apesar de o ano ter sido péssimo, a 71:649$290, que não foram sempre bem aplicados por dois motivos: porque não me gabo de empregar dinheiro com inteligência e porque fiz despesas que não faria se elas não estivessem determinadas no orçamento.

PODER LEGISLATIVO

Dispendi com o poder legislativo 1:616$484 – pagamento a dois secretários, um que trabalha, outro aposentado, telegrama, papel, selos.

ILUMINAÇÃO

A iluminação da cidade custou 8:921$800. Se é muito, a culpa não é minha: é de quem fez o contrato com a empresa fornecedora de luz.

OBRAS PÚBLICAS
Gastei com obras públicas 2:908$350, que serviram para construir um muro no edifício da Prefeitura, aumentar e pintar o açougue público, arranjar outro açougue para gado miúdo, reparar as ruas esburacadas, desviar as águas que, em épocas de trovoadas, inundavam a cidade, melhorar o curral do matadouro e comprar ferramentas. Adquiri picaretas, pás, enxadas, martelos, marrões, marretas, carros para aterro, aço para brocas, alavancas, etc. Montei uma pequena oficina para consertar os utensílios estragados.

EVENTUAIS
Houve 1:069$700 de despesas eventuais: feitio e conserto de medidas, materiais para aferição, placas.

724$000 foram-se para uniformizar as medidas pertencentes ao Município. Os litros aqui tinham mil e quatrocentas gramas. Em algumas aldeias subiam, em outras desciam. Os negociantes de cal usavam caixões de querosene e caixões de sabão, a que arrancavam tábuas, para enganar o comprador. Fui descaradamente roubado em compras de cal para os trabalhos públicos.

CEMITÉRIO
No cemitério enterrei 189$000 – pagamento ao coveiro e conservação.

ESCOLA DE MÚSICA
A Filarmônica 16 de Setembro consumiu 1:990$660 – ordenado de um mestre, aluguel de casa, material, luz.

FUNCIONÁRIOS DA JUSTIÇA E DA POLÍCIA
Os escrivães do júri, do cível e da polícia, o delegado e os oficiais de justiça levaram 1:843$314.

ADMINISTRAÇÃO
A administração municipal absorveu 11:457$497 – vencimentos do Prefeito, de dois secretários (um efetivo, outro aposentado), de dois fiscais, de um servente; impressão de recibos, publicações, assinatura de jornais, livros, objetos necessários à secretaria, telegramas.

Relativamente à quantia orçada, os telegramas custaram pouco. De ordinário vai para eles dinheiro considerável. Não há vereda aberta pelos matutos, forçados pelos inspetores, que prefeitura do interior não ponha no arame, proclamando que a coisa foi feita por ela; comunicam-se as datas históricas ao Governo do Estado, que não precisa disso; todos os acontecimentos políticos são badalados. Porque se derrubou a Bastilha – um telegrama; porque se deitou uma pedra na rua – um telegrama; porque o deputado F. esticou a canela – um telegrama. Dispêndio inútil. Toda a gente sabe que isto por aqui vai bem, que o deputado morreu, que nós choramos e que em 1559 D. Pero Sardinha foi comido pelos caetés.

ARRECADAÇÃO
As despesas com a cobrança dos impostos montaram a 5:602$244. Foram altas porque os devedores são cabeçudos. Eu disse ao Conselho, em

relatório, que aqui os contribuintes pagam ao Município se querem, quando querem e como querem.

Chamei um advogado e tenho seis agentes encarregados da arrecadação, muito penosa. O município é pobre e demasiado grande para a população que tem, reduzida por causa das secas continuadas.

LIMPEZA PÚBLICA – ESTRADAS

No orçamento limpeza pública e estradas incluíram-se numa só rubrica. Consumiram 25:111$152.

Cuidei bastante da limpeza pública. As ruas estão varridas; retirei da cidade o lixo acumulado pelas gerações que por aqui passaram; incinerei monturos imensos, que a Prefeitura não tinha suficientes recursos para remover. Houve lamúrias e reclamações por se haver mexido no cisco preciosamente guardado em fundos de quintais; lamúrias, reclamações e ameaças porque mandei matar algumas centenas de cães vagabundos; lamúrias, reclamações, ameaças, guinchos, berros e coices dos fazendeiros que criavam bichos nas praças.

POSTO DE HIGIENE

Em falta de verba especial, inseri entre os dispêndios realizados com a limpeza pública os relativos à profilaxia do Município.

Contratei com o Dr. Leorne Menescal, chefe do Serviço de Saneamento Rural, a instalação de um posto de higiene, que, sob a direção do Dr. Hebreliano Wanderley, tem sido de grande utilidade à nossa gente.

VIAÇÃO

Consertei as estradas de Quebrangulo, da Porcina, de Olhos d'Água aos limites de Limoeiro, na direção de Cana Brava.

Foram reparos sem grande importância e que apenas menciono para que esta exposição não fique incompleta. Faltam-nos recursos para longos tratos de rodovias, e, quaisquer modificações em caminhos estreitos, íngremes, percorridos por animais e veículos de tração animal, depressa desaparecerem. É necessário que se esteja sempre a renová-las, pois as enxurradas levam num dia o trabalho de meses e os carros de bois escangalham o que as chuvas deixam.

Os empreendimentos mais sérios a que me aventurei foram a estrada de Palmeira de Fora e o terrapleno da Lagoa.

ESTRADA DE PALMEIRA DE FORA

Tem oito metros de largura e, para que não ficasse estreita em uns pontos, larga em outros, uma parte dela foi aberta em pedra.

Fiz cortes profundos, aterros consideráveis, valetas e passagens transversais para as águas que descem dos montes.

Cêrca de vinte homens trabalharam nela quase cinco meses. Parece-me que é uma estrada razoável. Custou 5:049$400. Tenciono prolongá-la à fronteira de Sant'Ana do Ipanema, não nas condições e que está, que as rendas do Município me não permitiriam obra de tal vulto.

OUTRA ESTRADA
Como, a fim de não inutilizar-se em pouco tempo, a estrada de Palmeira de Fora se destina exclusivamente a pedestres e a automóveis, abri outra paralela ao trânsito de animais.
TERRAPLENO DA LAGOA
O espaço que separa a cidade do bairro da Lagoa era uma coelheira imensa, um vasto acampamento de tatus, qualquer coisa deste gênero.
Buraco por toda parte. O aterro que lá existiu, feito na administração do Prefeito Francisco Cavalcante, quase que havia desaparecido.
Em um dos lados do caminho abria-se uma larga fenda com profundidade que variava de três para cinco metros. A água das chuvas, impetuosa em virtude da inclinação do terreno, transformava-se ali em verdadeira torrente, o que aumentava a cavidade e ocasionava sério perigo aos transeuntes. Além disso outras aberturas se iam formando, os invernos cavavam galerias subterrâneas, e aquilo era inacessível a veículo de qualquer espécie.
Empreendi aterrar e empedrar o caminho, mas reconheci que o solo não fendido era inconsistente: debaixo de uma tênue camada de terra de aluvião, que uma estacada sustentava, encontrei lixo. Retirei o lixo, para preparar o terreno e para evitar fosse um monturo banhado por água que logo entrava em um riacho de serventia pública. Quase todos os trabalhadores adoeceram.
Estou fazendo dois muros de alvenaria, extensos, espessos e altos, para suportar o aterro. Dei à estrada nove metros de largura. Os trabalhos vão adiantados.
Durante meses mataram-me o bicho do ouvido com reclamações de toda a ordem contra o abandono em que se deixava a melhor entrada para a cidade. Chegaram lá pedreiros – outras reclamações surgiram, porque as obras irão custar um horror de contos de réis, dizem.
Custarão alguns, provavelmente. Não tanto quanto as pirâmides do Egito, contudo. O que a Prefeitura arrecada basta para que nos não resignemos às modestas tarefas de varrer as ruas e matar cachorros.
Até agora as despesas com os serviços da lagoa sobem a 14:418$627.
Convenho em que o dinheiro do povo poderia ser mais útil se estivesse nas mãos, ou nos bolsos, de outro menos incompetente do que eu; em todo o caso, transformando-o em pedra, cal, cimento, etc., sempre procedo melhor que se o distribuísse com os meus parentes, que necessitam, coitados. (Os gastos com a estrada de Palmeira de Fora e com o terrapleno estão, naturalmente, incluídos nos 25:111$152 já mencionados).
DINHEIRO EXISTENTE
Deduzindo-se da receita a despesa e acrescentando-se 105$858 que a administração passada me deixou, verifica-se um saldo de 11:044$947.
40$897 então em caixa e 11:004$050 depositados no Banco Popular e Agrícola de Palmeira. O Conselho autorizou-me a fazer o depósito.

Devo dizer que não pertenço ao banco nem tenho lá interesse de nenhuma espécie. A Prefeitura ganhou: livrou-se de um tesoureiro, que apenas serviria para assinar as folhas e embolsar o ordenado, pois no interior os tesoureiros não fazem outra coisa, e teve um lucro de 615$050 de juros.
Os 40$897 estão em poder do secretário, que guarda o dinheiro até que ele seja colocado naquele estabelecimento de crédito.

LEIS MUNICIPAIS

Em janeiro do ano passado, não achei no Município nada que se parecesse com lei, fora as que havia na tradição oral, anacrônicas, do tempo das candeias de azeite

Constava a existência de um código municipal, coisa intangível e obscura.

Procurei, rebusquei, esquadrinhei, estive quase a recorrer ao espiritismo, convenci-me de que o código era uma espécie de lobisomem.

Afinal, em fevereiro, o secretário descobriu-o entre papéis do Império. Era um delgado volume impresso em 1865, encardido e dilacerado, de folhas soltas, com aparência de primeiro livro de leitura de Abílio Borges. Um furo. Encontrei no folheto algumas leis, aliás bem redigidas, e muito sebo. Com elas e com outras que nos dá a Divina Providência consegui agüentar-me, até que o Conselho, em agosto, votou o código atual.

CONCLUSÃO

Procurei sempre os caminhos mais curtos. Nas estradas que se abriram só há curvas onde as retas foram inteiramente impossíveis.

Evitei emaranhar-me em teias de aranha.

Certos indivíduos, não sei por que, imaginam que devem ser consultados; outros se julgam autoridade bastante para dizer aos contribuintes que não paguem impostos.

Não me entendi com esses.

Há quem ache tudo ruim, e ria constrangidamentre, e escreva cartas anônimas, e adoeça, e se morda por não ver a infalível maroteirazinha, a abençoada canalhice, preciosa para quem a pratica, mais preciosa ainda para os que dela se servem como assunto invariável; há quem não compreenda que um ato administrativo seja isento de lucro pessoal; há até quem pretenda embaraçar-me em coisas tão simples como mandar quebrar as pedras dos caminhos. Fechei os ouvidos, deixei gritarem, arrecadei 1:325$500 de multas.

Não favoreci ninguém. Devo ter cometido numerosos disparates. Todos os meus erros, porém, foram da inteligência, que é fraca.

Perdi vários amigos, ou indivíduos que possam ter semelhante nome. Não me fizeram falta.

Há descontentamento. Se a minha estada na Prefeitura por estes dois anos dependesse de um plebiscito, talvez eu não obtivesse dez votos. Paz e prosperidade.

Palmeira dos Índios, 10 de janeiro de 1929.
GRACILIANO RAMOS

RELATÓRIO RELATIVO AO ANO DE 1929

Sr. Governador.

Esta exposição é talvez desnecessária. O balanço que remeto a V. Ex.a mostra bem de que modo foi gasto em 1929 o dinheiro da Prefeitura Municipal de Palmeira do Índios. E nas contas regularmente publicadas há pormenores abundantes, minudência que excitaram o espanto benévolo da imprensa.

Isto é, pois, uma reprodução de fatos que já narrei, com algarismo e prova de guarda-livros, em numerosos balancetes e nas relações que os acompanharam.

RECEITA – 96:924$985

No orçamento do ano passado houve supressão de várias taxas que existiam em 1928. A receita, entretanto, calculada em 68:850$000, atingiu 96:924$985.

E não empreguei rigores excessivos. Fiz apenas isto: extingui favores largamente concedidos a pessoa que não precisavam deles e pus termo à extorsões que afligiam os matutos de pequeno valor, ordinariamente raspados, escorchados, esbrugados pelos exatores.

Não me resolveria, é claro, a pôr em prática no segundo ano de administração a eqüidade que torna o imposto suportável. Adotei-a logo no começo. A receita em 1928 cresceu bastante. E se não chegou à soma agora alcançada, é que me foram indispensáveis alguns meses para corrigir irregularidades muito sérias, prejudiciais à arrecadação.

DESPESA – 105:465$613

Utilizei parte das sobras existentes no primeiro balanço.

ADMINISTRAÇÃO – 22:667$748

Figuram 7:034$558 despendidos com a cobrança das rendas, 3:518$000 com a fiscalização e 2:400$000 pagos a um funcionário aposentado. Tenho seis cobradores, dois fiscais e um secretário. Todos são mal remunerados.

GRATIFICAÇÕES – 1:560$000

Estão reduzidas.

CEMITÉRIO – 243$000

Pensei em construir um novo cemitério, pois o que temos dentro em pouco será insuficiente, mas os trabalhos a que me aventurei, necessários aos vivos, não me permitiram a execução de uma obra, embora útil, prorrogável. Os mortos esperarão mais algum tempo. São os munícipes que não reclamavam.

ILUMINAÇÃO – 7:800$000
A Prefeitura foi intrujada quando, em 1920, aqui se firmou um contrato para o fornecimento de luz. Apesar de ser o negócio referente à claridade, julgo que assinaram aquilo às escuras. É um *bluff*. Pagamos até a luz que a lua nos dá.

HIGIENE – 8:454$190
O estado sanitário é bom. O posto de higiene, instalado em 1928, presta serviços consideráveis à população. Cães, porcos e outros bichos incômodos não tornaram a aparecer nas ruas. A cidade está limpa.

INSTRUÇÃO – 2:886$180
Instituíram-se escolas em três aldeias. Serra da Mandioca, Anum e Canafístula. O Conselho mandou subvencionar uma sociedade aqui fundada por operários, sociedade que se dedica à educação de adultos.
Presumo que esses estabelecimentos são de eficiência contestável. As aspirantes a professoras revelaram, com admirável unanimidade, uma lastimosa ignorância. Escolhidas algumas delas, as escolas entraram a funcionar regularmente, como as outras.
Não creio que os alunos aprendam ali grande coisa. Obterão, contudo, a habilidade precisa para ler jornais e almanaques, discutir política e decorar sonetos, passatempos acessíveis a quase todos os roceiros.

UMA DÍVIDA ANTIGA – 5:210$000
Entregaram-me, quando entrei em exercício, 105$858 para saldar várias contas, entre elas uma de 5:210$000, relativa a mais de um semestre que deixaram de pagar à empresa fornecedora de luz.

VIAÇÃO E OBRAS PÚBLICAS – 56:644$495
Os gastos com viação e obras públicas foram excessivos. Lamento, entretanto, não me haver sido possível gastar mais. Infelizmente a nossa pobreza é grande. E ainda que elevemos a receita ao dobro da importância que ela ordinariamente alcançava, e economizemos com avareza, muito nos falta realizar. Está visto que me não preocupei com todas as obras exigidas. Escolhi as mais urgentes.
Fiz reparos nas propriedades do Município, remendei as ruas e cuidei especialmente de viação.
Possuímos uma teia de aranha de veredas muito pitorescas, que se torcem em curvas caprichosas, sobem montes e descem vales de maneira incrível. O caminho que vai a Quebrangulo, por exemplo, original produto de engenharia tupi, tem lugares que só podem ser transitados por automóvel Ford e lagartixa. Sempre me pareceu lamentável desperdício consertar semelhante porcaria.

ESTRADA PALMEIRA A SANTANA
Abandonei as trilhas dos caetés e procurei saber o preço duma estrada que fosse ter a Sant'Ana do Ipanema. Os peritos responderam que ela

custaria aí uns seiscentos mil-réis ou sessenta contos. Decidi optar pela despesa avultada.

Os seiscentos mil-réis ficariam perdidos entre os barrancos que enfeitam um caminho atribuído ao defunto Delmiro Gouveia e que o Estado pagou com liberalidade: os sessenta contos, caso eu os pudesse arrancar ao povo, não serviriam talvez ao contribuinte, que, apertado pelos cobradores, diz sempre não ter encomendado obras públicas, mas a alguém haveriam de servir. Conheci os trabalhos em janeiro. Estão prontos vinte e cinco quilômetros. Gastei 26:871$930.

TERRAPLENO DA LAGOA

Este absurdo, este sonho de louco, na opinião de três ou quatro sujeitos que sabem tudo, foi concluído há meses.

Aquilo, que era uma furna lôbrega, tem agora, terminado o aterro, um declive suave. Fiz uma galeria para o escoamento das águas. O pântano que ali havia, cheio de lixo, excelente para a cultura de mosquitos, desapareceu. Deitei sobre as muralhas duas balaustradas de cimento armado. Não há perigo de se despenhar um automóvel lá de cima.

O plano que os técnicos indígenas consideravam impraticável era muito mais modesto.

Os gastos em 1929 montaram a 24:391$925.

SALDO – 2:504$319

Adicionando-se à receita o saldo existente no balanço passado e subtraindo-se a despesa, temos 2:504$319.

2:365$969 estão em caixa e 138$350 depositados no Banco Popular e Agrícola de Palmeira.

PRODUÇÃO

Dos administradores que me precederam uns dedicaram-se a obras urbanas; outros, inimigos de inovações, não se dedicaram a nada.

Nenhum, creio eu, chegou a trabalhar nos subúrbios.

Encontrei em decadência regiões outrora prósperas; terras aráveis entregues a animais, que nelas viviam quase em estado selvagem. A população minguada, ou emigrava para o Sul do País ou se fixava nos municípios vizinhos, nos povoados que nasciam perto das fronteiras e que eram para nós umas sanguessugas. Vegetavam em lastimável abandono alguns agregados humanos.

E o palmeirense afirmava, convicto, que isto era a princesa do sertão. Uma princesa, vá lá, mas princesa muito nua, muito madraça, muito suja e muito escavada.

Favoreci a agricultura livrando-a dos bichos criados à toa; ataquei as patifarias dos pequeninos senhores feudais, exploradores da canalha; suprimi, nas questões rurais, a presença de certos intermediários, que estragavam tudo; facilitei o transporte; estimulei as relações entre o produtor e o consumidor.

Estabeleci feiras em cinco aldeias: 1:156$750 foram-se em reparos nas ruas de Palmeira de Fora.

Canafístula era um chiqueiro. Encontrei lá o ano passado mais de cem porcos misturados com gente. Nunca vi tanto porco.

Desapareceram. E a povoação está quase limpa. Tem mercado semanal, estrada de rodagem e uma escola.

MIUDEZAS

Não pretendo levar ao público a idéia de que os meus empreendimentos tenham vulto. Sei perfeitamente que são miuçalhas. Mas afinal existem. E, comparados a outros ainda menores, demonstram que aqui pelo interior podem tentar-se coisas um pouco diferentes dessas invisíveis sem grande esforço de imaginação ou microscópio.

Quando iniciei a rodovia de Sant'Ana, a opinião de alguns munícipes era de que ela não prestava porque estava boa demais. Como se eles não a merecessem. E argumentavam. Se aquilo não era péssimo, com certeza sairia caro, não poderia ser executado pelo Município.

Agora mudaram de conversa. Os impostos cresceram, dizem. Ou as obras públicas de Palmeira dos Índios são pagas pelo Estado. Chegarei a convencer-me de que não fui eu que as realizei.

BONS COMPANHEIROS

Já estou convencido. Não fui eu, primeiramente porque o dinheiro despendido era do povo, em segundo lugar porque tornaram fácil a minha tarefa uns pobres homens que se esfalfam para não perder salários miseráveis. Quase tudo foi feito por eles. Eu apenas teria tido o mérito de escolhê-los e vigiá-los, se nisto houvesse mérito.

MULTAS

Arrecadei mais de dois contos de réis de multas. Isto prova que as coisas não vão bem.

E não se esmerilharam contravenções. Pequeninas irregularidades passam despercebidas. As infrações que produziram soma considerável para um orçamento exíguo referem-se a prejuízos individuais e foram denunciadas pelas pessoas ofendidas, de ordinário gente miúda, habituada a sofrer a opressão dos que vão trepando.

Esforcei-me por não cometer injustiças. Isto não obstante, atiraram as multas contra mim como arma política. Com inabilidade infantil, de resto. Se eu deixasse em paz o proprietário que abre as cercas de um desgraçado agricultor e lhe transforma em pasto a lavoura, devia enforcar-me.

Sei bem que antigamente os agentes municipais eram zarolhos. Quando um infeliz se cansava de mendigar o que lhe pertencia, tomava uma resolução heróica; encomendava-se a Deus e ia à capital. E os Prefeitos achavam razoável que os contraventores fossem punidos pelo Sr. Secretário do Interior, por intermédio da polícia.

REFORMADORES
O esforço empregado para dar ao Município o necessário é vivamente combatido por alguns pregoeiros de métodos administrativos originais. Em conformidade com eles, deveríamos proceder sempre com a máxima condescendência, não onerar os camaradas, se rigorosos apenas com os pobre-diabos sem proteção, diminuir a receita, reduzir a despesa aos vencimentos dos funcionários, que ninguém vive sem comer, deixar esse luxo de obras públicas à Federação, ao Estado ou, em falta destes, à Divina Providência.

Belo programa. Não se faria nada, para não descontentar os amigos: os amigos que pagam, os que administram, o que hão de administrar. Seria ótimo. E existiria por preço baixo uma Prefeitura bode expiatório, magnífico assunto para commérage de lugar pequeno.

POBRE POVO SOFREDOR
É uma interessante classe de contribuintes, módica em número, mas bastante forte. Pertencem a ela negociantes, proprietários, industriais, agiotas que esfolam o próximo com juros de judeu.

Bem comido, bem bebido, o pobre povo sofredor quer escolas, quer luz, quer estradas, quer higiene. É exigente e resmungão.

Como ninguém ignora que se não obtém de graça as coisas exigidas, cada um dos membros desta respeitável classe acha que os impostos devem ser pagos pelos outros.

PROJETOS
Tenho vários, de execução duvidosa. Poderei concorrer para o aumento da produção e, conseqüentemente, da arrecadação. Mas umas semanas de chuva ou de estiagem arruínam as searas, desmantelam tudo – e os projetos morrem.

Iniciarei, se houver recursos, trabalhos urbanos.

Há pouco tempo, com a iluminação que temos, pérfida, dissimulavam-se nas ruas sérias ameaças à integridade das canelas imprudentes que por ali transitassem em noites de escuro.

Já uma rapariga aqui morreu afogada no enxurro. Uma senhora e uma criança, arrastadas por um dos rios que se formavam no centro da cidade, andaram rolando de cachoeira em cachoeira e danificaram na viagem braços, pernas, costelas e outros órgãos apreciáveis.

Julgo que, por enquanto, semelhantes perigos estão conjurados, mas dois meses de preguiça durante o inverno bastarão para que eles se renovem. Empedrarei, se puder, algumas ruas.

Tenho também a idéia de iniciar a construção de açudes na zona sertaneja. Mas para que semear promessas que não sei se darão frutos? Relatarei com pormenores os planos a que me referia quando eles estiverem executados, se isto acontecer.

Ficarei, porém, satisfeito se levar ao fim as obras que encetei. É uma pretensão moderada, realizável. Se não realizar, o prejuízo não será grande. O Município, que esperou dois anos, espera mais um. Mete na Prefeitura um sujeito hábil e vinga-se dizendo de mim cobras e lagartos.

Paz e prosperidade.

Palmeira dos Índios, 11 de janeiro de 1930.

GRACILIANO RAMOS

CRONOLOGIA DE GRACILIANO NA ADMINISTRAÇÃO PÚBLICA[1]

1926 – Em 03 de novembro, com 34 anos de idade, é nomeado Presidente da Junta Escolar de Palmeira dos Índios (AL), cargo que se assemelha com o de Secretário Municipal de Educação.
1927 – Depois de muita relutância, é convencido a se candidatar ao cargo de Prefeito de Palmeira dos Índios. É eleito em 07 de outubro.
1928 – Em 07 de janeiro, toma posse como Prefeito de Palmeira dos Índios.
1929 – No dia 08 de janeiro, envia o primeiro relatório de prestação de contas (relativo ao ano de 1928) ao Governador do Estado de Alagoas, que o publica em 24 de janeiro no Diário Oficial do Estado.
1930 – Encaminha no dia 11 de janeiro o segundo relatório de prestação de contas (relativo ao ano de 1929) ao Governador do Estado de Alagoas, que o publica em 16 de janeiro no Diário Oficial. Em 10 de abril, após 27 meses de mandato, renuncia ao cargo de Prefeito. Em 31 de maio, é nomeado Diretor da Imprensa Oficial do Estado de Alagoas.
1931 – No dia 29 de dezembro, exonera-se do cargo de Diretor da Imprensa Oficial do Estado de Alagoas, após permanecer no citado cargo por quase 18 meses.
1933 – No dia 18 de janeiro, é nomeado Diretor da Instrução Pública de Alagoas, cargo que corresponderia atualmente ao de Secretário Estadual de Educação.
1936 – Após quase 38 meses no cargo de Diretor da Instrução Pública de Alagoas, é demitido do cargo ao ser preso em Maceió no dia 03 de março, sendo levado para o Rio de Janeiro (permaneceu preso até 03 de janeiro do ano seguinte).
1939 – Morando no Rio de Janeiro desde que saiu da prisão, é nomeado em agosto para o cargo de Inspetor Federal de Ensino Secundário.
1953 – Aos 61 anos, após vários meses em tratamento de saúde, morre de câncer no pulmão no dia 20 de março. Até então vinha desempenhando o cargo de Inspetor Federal de Ensino Secundário, no qual permaneceu durante cerca de 151 meses.

---

[1] Informações obtidas no *site* oficial do escritor Graciliano Ramos. Disponível em: http://graciliano.com.br/site/vida/biografia/. Acesso em: 04 fev. 2017. Vê-se que tais informações estão de acordo com a cronologia descrita na obra MORAES, Dênis de. *O velho Graça*: uma biografia de Graciliano Ramos. São Paulo: Boitempo, 2012.

Esta obra foi composta em fonte Palatino Linotype, corpo
10 e impressa em papel Polen 70g (miolo) e Supremo
250g (capa) pela Gráfica Star 7.